실용프로그래밍언어론

실용프로그래밍언어론

초판1쇄 발행 2018년 8월 30일
초판2쇄 발행 2021년 2월 5일

지은이 | 장덕성
펴낸이 | 신일희
펴낸곳 | 계명대학교출판부
등 록 | 1970. 9. 1.(신고번호 제347-1998-1호)

주 소 | 42601 대구광역시 달서구 달구벌대로 1095
전 화 | 전화 053-580-6233 팩스 053-580-6235
홈페이지 | www.kmupress.com

ISBN 979-11-89468-36-1 93000
값 17,000원

이 도서의 국립중앙도서관 출판예정도서목록(CIP)은 서지정보유통지원시스템 홈페이지(http://seoji.nl.go.kr)와 국가자료종합목록시스템(http://www.nl.go.kr/kolisnet)에서 이용하실 수 있습니다. (CIP제어번호 : CIP2018027185)

실용프로그래밍언어론

장 덕 성

계명대학교 출판부

서 문

지난 수십년간 프로그래밍언어를 강의하면서 프로그래밍언어가 많이도 발전해 왔고, 계속 변천하고 있다는 생각을 끊임없이 하게 된다. 필자는 1970년대 Fortran부터 시작하여 COBOL과 PL/1, Algol을 공부하였고, 그 후 1980년대에는 Pascal과 C를 공부하게 되었다. 이때까지는 완속도였다고 느껴진다. 그러나 1980년 후반부터는 Object-Pascal을 필두로 C++, Java, C# 등 엄청나게 빠른 속도로 새로운 언어들이 탄생하게 되었다. 새로운 언어들이 등장할 때마다 어떤 특장점이 있는가 하여 열심히 자료들을 뒤지던 기억이 주마등처럼 지나간다.

익히 알고 있다시피 필자가 완속도로 공부한 프로그래밍언어들은 절차형언어(procedural language)에 속하는 언어들이고, 1980년 후반부터 공부한 프로그래밍언어들은 객체지향언어(object-oriented language)에 속하는 언어들이다. 아마도 변화의 속도를 빠르게 느낀 이유는 언어 개념 자체가 판이하게 달랐기 때문일 것이다. 더욱 힘든 것은 함수형언어와 논리형언어였고, 마크업언어(markup language), 스크립트언어(script language)도 만만치 않았다. 프로그래밍언어의 신택스(syntax) 보다도 개념 자체를 이해하는 것이 쉽지 않았다. 이전의 언어들도 쓸만한데 왜 완전히 새로운 개념의 언어가 필요한가 하는 의구심과 함께, 당분간 낯선 환경에 적응해야하는 부담감 때문에 살짝 두려움도 있었다. 어쩌면 오랜 시간을 투자해 공부한 것들이 모래성처럼 무너져내릴 때의 허전함 같은 것을 두려워했을지 모른다. 대표적인 언어가 MFC이다. Visual C++을 학습하기 위해 반드시 거쳐야 하는 MFC는 보통 책의 두께가 1000 페이지를 넘는다.

그러나 이게 끝이 아니다. 새로운 언어들이 계속해서 탄생하고 있다. Python과 F#이 대표적인 언어이다. 이렇게 많은 변화를 겪고 있는 프로그래밍 언어들을 정리해보고 싶었다. 프로그래밍언어의 세계는 새로운 언어들이 탄생하고 일부는 도태되는 변화무쌍한 생태계라 할 수 있다. 변화에 적응하지 못하면, 승자로서의 지위를 오랫동안 누릴 수 없다. 빠르게 변화하는 기술 세계에서 낡은 기술로 승부를 보겠다고 하는 것은 넌센스이기 때문이다. 많은 프로그래밍언어들이 난무하는 것이 사실이지만, 그것들을 개념별로 분류하고 개념을 잘 좇아가는 것이 중요하다고 할 수 있다. 본서는 프로그래밍언어의 패러다임 변천을 따라가면서 개념 파악에 주안점을 두었다. 그렇다고 개념적으로만 서술하지 않았다. 많은 예제를 통해서 실전에 활용할 수 있도록 배려하였다. 그래서 책의 제목을 [실용프로그래밍언어론]이라 하였다.

자연어는 어휘와 구문을 배워 독해, 회화, 작문을 하게 되지만, 프로그래밍언어는 문법을 배워서 곧바로 한치의 논리 오류와 구문 오류도 없는 작문을 하는 것이 위주가 된다. 아는 것만으로는 도움이 되지 못한다. 머리로 배우고 실전에 활용하면서 몸으로 익히는 과정을 꾸준히 반복하는 것이 최상의 방법이다. 본서로 프로그래밍언어를 공부하는 많은 후학들에게 학문의 진전과 성과가 있기를 기원한다.

2018년 6월

저자: 장 덕 성
dsjang@kmu.ac.kr

목 차

CHAPTER

1

서 론

CHAPTER 1 | 서론

1.1 학습목적 및 내용

200개 이상의 프로그래밍 언어가 존재한다. 각 회사 혹은 연구 단체마다 과제의 성격에 맞게 선택한 개발도구가 있다. 대학에서 하나의 프로그래밍 언어만 배워 사용하면 좋겠지만 현실은 그렇지 못하다. 어떤 언어 어떤 환경 속에서 프로그래밍 언어를 사용하게 될지 모르기 때문에 하나의 프로그래밍 언어만을 고집할 수 없다. 그렇다고 현재 나와 있는 수 많은 프로그래밍 언어를 다 공부할 수는 없다. 그래서 이 프로그래밍 언어론을 통해서 프로그래밍 언어들마다 가지고 있는 공통된 특징을 배우고, 후에 새로운 프로그래밍 언어를 접할 때 보다 쉽게 접근할 수 있다.

본 교재는 프로그래밍 언어의 이론적 개념을 다루고 있지만, 지나치게 이론적인 부분은 배제하고 실제 적용할 수 있는 사례를 많이 인용하여 실무에 적용할 수 있도록 구성하였다.

1.1.1 학습목적

프로그래밍 언어를 배우는 목적은 '새로운 언어를 배울 수 있는 능력을 기른다'라는 것이다. 프로그래밍 언어는 인공언어인 것이다. 인공언어는 완벽하지 못하다. 그래서 더 좋은 언어를 만들어보고자 새로운 언어들이 탄생하게 되고, 오늘날 200여 가지 프로그래밍 언어가 존재하게 되었다. 그 중 서너가지 정도의 프로그래밍 언어를 대학에서 배우게 된다. 하지만 현장에 진출하면 다른 언어를 사용해야 하는 경우도 많으니까, 프로그래밍 언어들의 공통적인 특징을 모아서 프로그래밍 언어론을 학습하게 된다.

프로그래밍 언어를 배워서 소프트웨어를 개발할 수 있는 능력을 기르는 것, 즉 응용할 수 있는 능력의 배양이 매우 중요하다. 이것은 '응용에 적절한 언어를 선택할 수 있게 함'으로써 가능하다.

대학을 비롯한 연구기관에서는 '새로운 언어를 개발할 수 있도록' 하는 목적도 있을 수 있다. 예를 들어 어떤 로봇을 개발했을 때, 해저활동이 목적이면, '잠수' '노를 저어' '미역을 따' 등의 명령이 있을 수 있다. 이런 명령은 일반적으로 PC나 인터넷에 사용하는 명령어와는 다르다. 특별한 경우에 특별한 명령을 개발해야 할 경우, 컴파일러 기술과 함께 프로그래밍 언어 이론이 꼭 필요하다. 정리하면 프로그래밍 언어를 배우는 목적은 다음과 같다.

① 새로운 언어를 배울 수 있는 능력을 기른다.

② 응용에 적절한 언어를 선택할 수 있게 한다.

③ 새로운 언어를 개발할 수 있도록 한다.

1.1.2 학습내용

먼저 프로그래밍 언어의 역사를 간략히 다루고, 문법(grammar)과 파싱(parsing)에 대해 배운다. 문법이라는 것은 매우 중요하다. "프로그래밍 언어가 발전했다"는 말은 "문법체계가 잘 갖추어졌다"라는 말과 같다. 다시 말하자면 프로그래밍 언어론에서 가장 중요한 부분이 문법이라고 말할 수 있다. 문법으로 프로그램 언어가 기술되고 어떻게 번역되는 지 설명할 수 있다. 문법을 공부하면 자동적으로 파싱에 대해서도 설명하게 된다.

프로그램을 여러 단위로 나눈 것이 서브프로그램(subprogram)이다. 서브프로그램은 이름을 주고 호출(call)해서 사용한다. 서브프로그램의 동작원리 즉, 구현방법에 대해 설명한다. 구현방법에서 가장 중요한 것은 활성 레코드(activation record)이다. 변수의 범위 규칙과 규칙이 작동하는 원리에 대해서도 배운다. 그것도 역시 활성 레코드로 구현된다. 그리고 객체지향언어에 대해서도 다루고 함수언어에 대해서도 배우게 된다. 학습할 내용을 요약하면 다음과 같다.

(1) 프로그래밍언어의 역사

1957년에 Fortran I 이 발표가 되었고, 점차 발전되어 Fortran IV,

Fortran 77, Fortran 90이 나타나게 되었다. 2000년대에는 더 많은 변화가 있어서 Fortran 2x 라고 쓴다. 2001년, 2004년, 2007년 계속해서 새로운 버전이 나오는데 다른 언어들과 영향을 주고 받으면서 서로 비슷해지기 시작한다. Fortran 90 즈음부터는 Ada나 Algol과 같은 특징들이 많이 수용되기 시작하였다. 이들을 Fortran 계열이라고 부른다. Fortran이라고 하고 뒤의 번호만 바뀌는 이유는, 후기 버전의 경우 성능이 매우 좋아졌지만, 이전 버전으로 개발된 프로그램들이 수행되지 않으면 안된다. Fortran 90이 Fortran IV로 만들어지 프로그램을 수행할 수 없으면 않되기 때문에 이들은 모두 Fortran 이라는 이름을 붙여 같은 계열임을 명시한다. Fortran은 과학 기술용으로 개발되었고 지금도 토목이나 우주항공 분야에서는 많이 사용한다. 이와 같이 대규모 데이터를 처리하는 언어를 데이터 프로세싱(data processing) 용이라고 한다.

Fortran과 더불어 컴퓨터 발전에 지대한 공헌을 한 언어가 COBOL이다. 60년대에 나타난 COBOL은 상업용으로 개발되어 금융계와 기업체에 두루 사용된 언어이다. 금융의 특성상 시스템을 금방 바꿀 수 없기 때문에 약 40~50년간 사용되었다. 최근에는 COBOL 보다 더 획기적인 언어들이 많기 때문에 사용하지 않는다 하더라도, 기본적인 문법은 알고 있어야 COBOL로 만들어진 수많은 소프트웨어들을 다른 언어로 변환(conversion)할 때, 소스코드(source code)를 읽어낼 수 있을 것이다. 최근에는 COBOL 대신, Power Builder 혹은 C#, 같은 것으로 전환되는 추세이다. 소프트웨어의 개발 도구를 변환할 때, 소스코드와 목적코드(target code)를 모두 다 잘아는 사람을 구하기 힘들다. 예를 들어 COBOL도 알고 Power Builder도 아는 인력이 흔치않다는 뜻이다.

Pascal이라는 언어도 중요한 비중을 차지한다. 보통 대학에서 가장 먼저 배우는 언어가 C 언어(간략하게 C라고 한다)이다. C에 가장 영향을 끼친 언어는 Pascal이다. 보통은 B라는 언어가 발전해서 C가 되었기 때문에 교재에는 모두 B라고 되어 있지만, 사실은 Pascal과 더 연관성이 깊다. (B라는 언어는 배우지 않지만, Pascal은 꼭 알아야 한다는 뜻이기도 하다)

오늘날 가장 강력한 언어를 꼽으라면, Ada라고 할 수 있다. 슈퍼컴퓨터를 위해 개발되었고, 병렬 컴퓨팅이 가능하기 때문에 대학에서 쉽게 접할 수 있는 언어는 아니다. 그러나 일기예보, 우주항공 개발 등 크고 묵직한 소프트웨어는 슈퍼컴퓨터가 쓰이고, 병렬 컴퓨팅이 필요하다. 국방용으로도 많이 사용된다.

대학에서 가장 많이 배우는 언어는 C, C++, java 와 같은 언어들이다. 이런 언어들은 과목별로 심도있게 다루니까 본 교재에서는 깊이있게 다루지는 않는다. 하지만 객체지향 개념은 매우 중요하기 때문에 주로 C++을 중심으로 개념을 설명하게 될 것이다.

LISP라는 언어는 함수언어(functional language)의 효시이다. 다른 표현으로 인공지능 언어라고도 한다. 함수언어는 일반적인 명령형 언어(imperative language)와는 개념이 다르다. 함수언어는 재귀(recursion)가 기본이고, 괄호로 프로그램의 내포구조를 나타낸다. 함수언어가 왜 인공지능 분야에 적합한지 공부하게 될 것이다. 함수언어는 여러 가지 변종들이 있다. 본 교재에서는 LISP

와 아주 유사한 Scheme을 대상으로 함수언어를 소개할 계획이다.

(2) 문법과 파싱(parsing)

문법에는 논터미널(nonterminal) 이라는 것이 있다. 예를 들어

```
〈compound_stmt〉 -〉 begin 〈statements〉 end
〈statements〉 -〉 〈stmt〉+
```

이 있다면, 중복문(compound statement)이란 begin과 end 사이의 여러 문장들(statements)로 구성되어 있고, statements는 하나 이상의 문장들로 이루어진다는 뜻이다. 이것을 논터미널이라는 것으로 나타낸다.

"〈compound_stmt〉는 정의되기를" begin과 end 사이에 〈statements〉가 존재하는 것이다. "〈statements〉는 정의되기를" 〈stmt〉+ 이다. 다음 줄에 〈stmt〉를 정의하여야 하지만 여기서는 생략했다. 기호 "+"에 대해서도 자세히 설명하겠지만 "1번 이상 여러 번" 반복된다는 뜻이다. 한 라인으로 구성되는 문장이 1번 이상 여러 번 반복되어 나타나는 것이 〈statements〉이다.

문법도 하나의 언어이므로 메타 언어(meta languane)라고 한다. 메타 언어란 다른 언어를 표현하기 위한 언어이다. Fortran 시대, COBOL 시대에는 문법이라는 것이 없었다. 이후에 문법이 탄생하였고, 문법을 기초로 Algol, Pascal과 같은 언어들이 나타나기 시작했고, 프로그래밍 언어가 급진적으로 발전하게 되었다. 컴퓨터 과학이

발전하는데 문법이 매우 큰 영향을 끼쳤다고 할 수 있다.

문법을 공부하다보면 파싱(parsing)을 자연스럽게 공부하게 된다. 파싱의 결과 파스 트리(parse tree)가 나타나는데, 이것은 그림이 아니고 파싱하는 과정을 그림으로 표현한 것이다. 파싱은 컴파일러에서도 다룬다. 이런 의미에서 프로그래밍 언어론은 컴파일러의 기초 과목이라 할 수 있다.

(3) 서브프로그램(Subprogram)과 활성레코드(Activation Record)

서브프로그램은 전체 procedure P가 있고, 그 안에 procedure Q가 포함되어 있을 때, 포함된 procedure Q를 서브프로시져 혹은 서브프로그램이라고 한다. procedure P 안에 procedure R도 있을 수 있고, procedure R 안에 procedure S가 들어갈 수 있다. 맨 바깥에 있는 procedure P을 main이라고 하는데, 프로그램은 항상 main에서부터 시작한다. main인 procedure P에서 procedure R을 call했다고 하면, 사람은 call하는 것을 눈으로 추적하고 프로그램을 읽을 수 있다. 그런데 컴퓨터는 어떻게 프로그램을 추적해서 처리하느냐가 중요하다.

procedure P에 대한 정보를 저장해놓고, procedure R로 분기가 일어난다. procedure R에 대한 수행을 마친 후에는 다시 procedure P로 돌아가야 하고, 이때 저장한 procedure P의 정보를 회복해야 한다. 이 복잡한 과정을 구현하는 방법이 바로 활성 레코드(activation record) 라는 것이다.

활성 레코드는 스택(stack)에 올라온다. 먼저 procedure P가 수행 중이면 P에 대한 활성 레코드가 올라가고, R을 call하면 R의 활성 레코드가 올라온다. 활성 레코드 안에 로컬 변수의 정보, 리턴 어드레스, 이전 활성 레코드의 주소, 자기를 포함하는 블록의 활성 레코드 주소 등 모든 정보들이 모두 들어있다. 이 활성 레코드는 서브 프로그램의 호출과 복귀, 그리고 매개변수 전달을 구현하는 필수 요소이다.

(4) 변수의 범위규칙과 구현 방법

변수의 범위규칙도 매우 중요하다. 예를 들어 C에서 void A( ) 라는 서브 프로그램(C에서는 함수라고 부른다)이 있고, void B( )가 있고, void C( )가 있을 때, 그리고 main( ) 안에서 float p; 해서 p를 선언했고, B( )에서 s와 t를 선언했고, A( )에는 y가 선언되었다고 했을 때, 함수 A( ) 바깥에서 y를 참조(reference)할 수 있는가? 즉, main( )이나 C( )나 혹은 B( )에서 y를 접근(access)할 수 있는가? 하는 문제이다. 이런 문제를 범수의 범위규칙(scope rule)이라는 것으로 설명한다. 정답은 접근하지 못한다는 것이다. 이유는 y가 함수 A( ) 내에서 지역(local) 변수이기 때문이다. 우리는 눈으로 지역변수 인지 아닌지 쉽게 알 수 있다. 컴퓨터에서는 어떻게 구현되느냐 하는 문제이다.

정답은 역시 활성 레코드로 구현한다. 만약 함수 A()가 현재 수행 중이면 스택의 최상위에 A( )의 활성 레코드가 존재하게 되고, 함수 A( ) 바깥에서는 y를 참조할 수 없게 되는 것이다. 우리는 활성 레코드를 통해서 범위규칙에 대해서 자세히 배우게 된다.

(5) 객체지향언어

객체지향언어(object-oriented language)는 과거 추상 데이터 타입(abstract data type) 이라는 개념이 있었다. 쉽게 말하자면 클래스(class)와 같은 개념이 Simula라는 언어를 통해 나타났다. 여기에 상속, 다형성과 같은 개념을 포함해서 객체지향언어를 만들었다. 최근에는 거의 대부분 객체지향 개념으로 설계하고, 객체지향언어를 사용하여 개발한다. 대부분의 대학이 Java, C++, C# 같은 언어를 가르치는 과목이 개설되어 있다. 가장 강력한 언어라고 하는 Ada도 역시 객체지향 개념을 가지고 있다. Java, C++, C# 등은 각 과목에서 심도있게 다루지만, 본 교재에서는 C++을 통해 객체지향 개념을 설명한다.

(6) 함수언어

함수언어는 인공지능을 위한 언어이다. 일반적인 언어와는 구조가 매우 다르다. 기본 구조는 괄호로 되어있다. 예를 들어 함수를 선언할 때도 괄호를 사용한다. 다음은 두 개의 리스트 lis1과 lis2가 같은지를 비교하는 함수이다.

```
(DEFUN equal_lists (lis1 lis2)
  (COND
      ((ATOM lis1) (EQ lis1 lis2))
      ((ATOM lis2) NIL)
      ((equal_lists (CAR lis1) (CAR lis2))
```

```
            (equal_lists (CDR lis1) (CDR lis2)))
          (T NIL)
    )
  )
```

COND, ATOM, EQ와 같은 기본적인 술어 함수(primitive function)들을 미리 만들어놓고 이를 사용해서 다른 함수를 만들고, 또 그것을 사용해서 더 큰 함수를 만들고 하는 방법이다. 함수언어는 인공지능 언어라고도 한다. 즉, LISP로 대표되는 함수언어를 알아야 인공언어 교재를 읽고 이해할 수 있다.

1.2 프로그래밍 영역

프로그래밍 영역에 대해 다루기 전에, 프로그래밍 언어론을 배우는 이유에 대해 다시 한번 짚어보자. "생각을 표현할 수 있는 능력의 향상"이라고 했다. 생각은 곧 개념(concept)이다. 개념의 반대말은 실제(physical)이다. 우리가 생각하는 것, 상상하는 것들이 모두 개념이다. 그러면 구현(implementation) 이라는 것은 무엇인가? 개념적(conceptual)인 것을 실제적(physical)인 것으로 mapping하는 과정을 구현이라고 한다. 구현을 한꺼번에 할 수 없기 때문에 알고리즘(algorithm)을 통해서 순차적으로 절차적으로 하는 방법을 찾아낸다. 다시 말하면, 개념적인 것을 알고리즘으로 변환하고, 알고리즘을 프로그램해서, 실세계에서 작동하도록 하는 것이다. 정리하면 문제를 논리적으로 분석해서 알고리즘으로 표현하고, 알고리즘을 프로그래밍 언어로 표현하는 것을 코딩(coding)이라고 한다.

우리 주변에는 프로젝트(project) 라고 부를 수 있는 수많은 소프트웨어를 개발 분야들이 있다. 그리고 프로젝트마다 사용해야 할 프로그래밍 언어가 각기 다르다. 가장 적합한 프로그래밍 언어를 선택할 수 있는 능력을 길러야 한다. 그림 1은 어떤 프로그래밍 언어가 얼마만큼 많이 사용되느냐는 것을 보여준다.

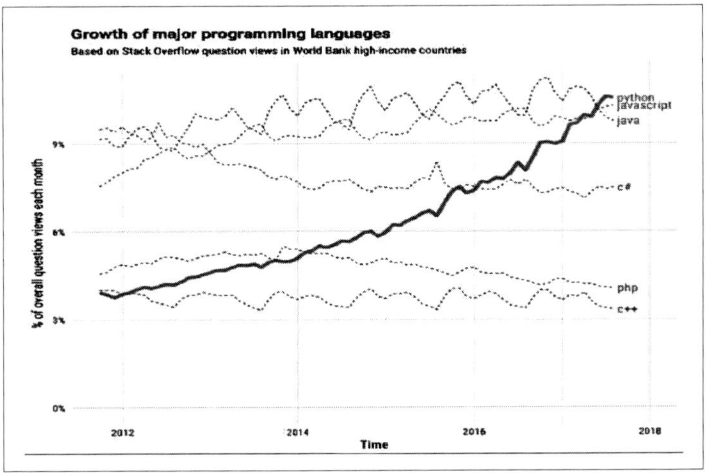

그림 1. 프로그래밍 언어 사용 빈도

2011년도에 가장 많이 사용된 언어는 Java로서 약 18.48% 쓰였고, C가 14.98%, C++가 8.18% 사용되었다. Python이 7%, PHP가 6.9% 사용되었다. 2018년 현재는 C#이 많이 올라가 있을 것으로 예산된다. 프로그래밍 언어의 사용 빈도는 응용 프로그램에 따라 많이 다르다. 어떤 응용에는 C++가 쓰였을 수 있고, 어떤 응용에는 Python 많이 쓰일 수 있다는 것이다. 응용의 분야를 세부적으로 살펴보자. 응용의 분야를 프로그래밍 영역(domain)이라고 한다.

1.2.1 과학응용 분야

가장 많이 사용되는 영역으로 과학 응용분야가 있다. 그 다음이 사무응용 분야, 인공지능 분야, 시스템 프로그래밍 분야가 있고, 웹 소프트웨어 분야가 있다.

과학 응용분야는 1940년대부터 시작되었다. 그 당시에는 배열을 성언하고 데이터를 배열에 넣어 가공하는 일이 주 업무였다. 2차원 배열은 수학의 행렬과 같은 것이다. 행렬은 가로축이 있고 세로축이 있다. 마찬가지로 2차원 배열도 가로축과 세로축으로 생각하면 되니까, 행렬을 다루기 아주 편리한 구조인 것이다.

컴퓨터에서의 가장 많은 응용은 미적분이나 로그가 아니라 행렬을 비롯한 선형대수와 관련된 수학이 많다. 행렬을 이용해서 물체를 회전하고 축소하고 확대하는 수학적 응용 즉, 물체 회전을 위한 회전방정식, 벡디를 등한 직선 방정식, 그리고 누 직선이 만났을 때 접점을 구하는 접선 방정식과 같은 수학이다. 이런 수학적 알고리즘은 이미 1940년에 나와 있고, Fortran이 나왔을 때, 이런 수학적 연산들을 컴퓨터를 이용해서 빠르게 처리할 수 있었던 것이다.

그리고 정밀 계산을 위해서는 부동 소수점(floating point number) 연산이 매우 중요하다는 걸 알게 되었고, 역시 Fortran이 나왔을 때부터 부동 소수점 연산이 가능하게 되었다. 소수점 이하의 자리 수를 유효숫자라고 한다. 유효 숫자가 많으면 많을수록 정밀하게 표현할 수 있다. 유효숫자가 몇 자리 수를 정밀도(precesion)라고 표현하는 이유도 여기에 있다. 부동 소수점에 대비되는 데이터 구조는 정수형(integer)이다. 정수형은 소수점이 없기 때문에 부동 소수점에 비해 다루기 쉽다. 부동 소수점에서의 덧셈은 다음 과정을 거친다.

1) 두 피연산자의 지수를 맞춘다.
2) 가수부끼리 서로 더한다.
3) 공통의 지수를 붙인다.

부동 소수점에서의 곱셈은 다음 과정을 거친다.

1) 가수부끼리 서로 곱한다.
2) 지수끼리 서로 더한다.

이런 복잡한 과정을 거치지만 부동 소수점의 연산은 과학 응용계산에 있어서 매우 중요하다. 역시 Fortran에서 부동소수점 산술연산을 할 수 있도록 수용한 것이다.

for문 처럼 반복하는 제어구조를 루프(loop)라고 한다. Fortran에서는 for 대신에 DO라고 쓰지만, 대부분의 언어에서는 for 또는 while을 사용한다. 그리고 제어구조에 가장 많이 사용되는 if문이 있다. if문을 보통 선택문이라고 한다.

과학 응용 분야에 있어서 중요한 것은 속도와 효율성이다. Fortran

은 속도와 효율성을 갖춘 최초의 과학응용 분야 언어이다. 그후 Pascal, C 같은 언어들도 속도와 효율성을 강조하면서 발전하였고, 과학응용 분야에 널리 사용되게 되었다.

1.2.2 사무응용 분야

사무응용 분야가 있다. 다시 말하면 비즈니스 쪽인데, COBOL이 대표적인 언어이다. Common Business-oriented Language의 약자로서 비즈니스에서는 보고서가 매우 중요하다. 요즈음 엑셀(Excel)이 많이 사용되듯이, 비즈니스에서는 표가 중요하고, 출력물로 보고서를 잘 생성해낼 수 있는 언어로 COBOL이 만들어졌다. 보고서에는 십진수도 있을 수 있고, 문자 데이터도 있을 수 있다. 이런 여러 가지 종류의 양식들을 표현하고 보고서로 나타낼 수 있도록 한 것이다.

1.2.3 인공지능 분야

인공지능 분야에서는 수치 계산보다는 기호 위주의 계산이 훨씬 많다. 예를 들어, 'ABBCD'라는 문자열이 있을 때, 이 중에 B가 연속해서 나오는 것을 찾으라고 하면, 두 번째에서부터 세 번째에 B가 연속으로 나온다. 이런 것을 찾는 알고리즘이 스트링 매칭(string matching)인데, 스트링 매칭은 여러 가지 매칭 중 가장 기본이다. 이미지 처리, 음성 처리 등의 분야에 패턴(pattern) 매칭이 있다. 홍채 인식 같으면 홍채가 전부 다르다. 그 중 같은 모양의 홍채를 찾는 것

그것이 패턴 인식이다. 문자열에서 똑같은 것을 찾는 것과 같은 이치이다.

스트링 매칭, 패턴 매칭 같은 것이 인공지능의 기초인데, 매칭 알고리즘에서는 기호 위주의 계산이 일반적인 수치계산 보다 훨씬 많다. 기호 위주의 계산을 잘 할 수 있게 만든 언어로 LISP가 있다. LISP가 발전해서 Scheme, Miranda, Hope, Haskell 등 여러 변종들이 나오게 되었다.

LISP는 리스트(list) 처리언어이다. 그래서 LISt Processing Language의 약자로 LISP라는 이름이 붙어졌다. 이것은 개념이 일반적인 C나 C++ 과는 많이 다르다. LISP는 기호 조작을 쉽게 할 수 있도록 도와주고, 구조는 재귀(recursion)를 기본으로 사용한다. 자기 자신을 되부르면서 순환된다. 일반적인 언어에서는 반복이라고 하지만, 함수언어에서는 순환이라고 한다. 반복문에서도 이탈 조건이 필요한데, 순환에서도 순환을 마치기 위한 이탈 조건이 필요하다. 자세한 내용은 뒤 장에 나오는 함수언어에서 다루게 된다.

1.2.4 시스템 프로그래밍 분야

시스템 프로그래밍을 위한 언어는 C언어이다. C는 UNIX를 만들 때 탄생한 언어이다. OS나 컴파일러나 linker, loader 등을 시스템 소프트웨어라고 한다. 이런 시스템 소프트웨어의 제작에 적합하게 만들어진 언어가 C언어이다. 컴퓨터 전공자들은 시스템 소프트웨어에 대해 모르면 안되고, 따라서 C를 모르면 안된다. 이것이 C가 널리 사용되게 된 이유이기도 하다.

C언어는 고급 언어이면서 저급 언어이기도 하다. 사람 측에서 봤을 때 사람에 가까우면 고급 언어(high-level language), 기계 쪽에 가까우면 저급 언어(low-level language)라고 한다. 기계어와 어셈블리언어(assembly language)를 저급 언어라고 한다. 기계어는 1과 0로 되어 있고 읽기 어려우니 그것을 기호화해서 읽기 쉽게 만든 것이 어셈블리언어이다. 예를 들어 기계어에서 더하기를 ’로 썼다면, 어셈블리언어는 ‘ADD’라고 썼다. 어셈블리 언어는 기계어와 마찬가지라고 해도 되지만, 기계어보다는 훨씬 읽기 쉽다. 과거에는 시스템 프로그래밍할 때 어셈블리 언어를 사용했다. 이제는 C언어가 그 자리를 대체했다.

1.3 언어 평가기준

어떤 언어가 좋은지 평가하려면, 평가기준(criteria)이 있어야 한다. 평가기준에는 판독성(readability), 작성력(writability), 신뢰성(reliability), 비용(cost)의 4가지가 있다. 판독성이라고 하는 것은 ‘읽기 쉬운가’라는 것이다. 작성력을 ‘작성하기 쉬운가’라는 이야기이다. 신뢰성은 ‘얼마나 신뢰성이 있는 프로그램을 작성할 수 있는가’하는 것이며, 비용은 ‘프로그램 개발 비용 등’이다.

1.3.1 판독성

판독성을 프로그램을 쉽게 읽을 수 있게 하는 능력이다. 읽기 쉬운

프로그래밍을 위해서는 프로그래밍 언어가 단순하고, 직교성을 가져야하고, 제어문이 있어야 하고, 데이터 타입과 구조를 가지고 있어야 한다. 그리고 덧붙여서 구문이 잘 만들어져야 한다.

(1) 단순성

먼저 단순성은 프로그래밍 언어가 너무 복잡하면 안 된다는 것이다. 카메라가 기능이 너무 많으면 카메라를 다루기 힘들다는 이치와 같다. 언어의 규모가 크면, 너무 많은 기능을 가지게 될 것이고 특징들이 또 중복될 수 있다는 것이다.

(2) 직교성

직교성(orthogonality)은 선형대수에서 직교 벡터(orthogonal vector)에서 유래한 말이다. 한 벡터와 다른 벡터 서로 수직할 때, 한 벡터와 또 다른 한 벡터가 똑같이 생겼지만, 기능이 다르다는 뜻이다. 예를 들어 'int x'와 'int *x'는 서로 비슷하게 생겼지만 의미는 완전 다르다는 것이다. 하나는 x가 int이고, 하나는 x가 포인터 타입인데, 그것이 가리키는 것의 내용은 int라는 것이다. 비슷한 예로, 데이터 타입에 정수형, 실수형, 배정도형, 문자형 등이 있고, 타입 연산자라고 해서 배열, 포인터 등이 있을 때, 타입 연산자와 데이터 타입을 융합하면, 새로운 데이터 구조가 만들어지게 된다.

직교성이 존재하면 이해하기가 쉽고, 읽기 쉬운 프로그램을 만들 수 있다. 의미가 문맥 독립적이 된다. 문맥 독립적이라는 것은 영어로 'context independent'이라는 것이다. 앞 뒤 문맥에 영향을 받지 않음을 의미한다. 프로그래밍 언어 즉, 인공 언어는 문맥 독립적이여야 한다. 'int x'는 항상 'int x'여야 하지 문맥에 따라 변하면 안된다는 뜻이다. 서로 다른 표현은 서로 다른 의미를 갖는다는 뜻과 같다. 'int x'와 'int *x'는 비슷한 것 같지만 의미가 완전히 다르다는 것이다.

작은 수의 기본 구문, 예를 들어 5가지~10가지 정도의 기본 구문을 만들어놓고 그것을 조합해서 다른 기능을 표현할 수 있다. 그러면 모든 조합은 합법적인 것이 된다. 그렇게 하면 간단한 구문을 조합해서 더 많은 기능을 갖게 할 수가 있다. 직교성이 결여되면 의미가 서로 중복된다는 의미와 같다. 그래서 예외 사항이 초래되고, 프로그램을 작성하기 어려워지고, 에러(error)가 발생할 수 있다. 직교성은 'Algol 68'에 최초로 적용되었다.

다음에 '직교적이면 단순한가?'하는 문제를 살펴보자. 몇 가지의 단순한 구문들을 조합해서 새로운 구문을 만들 수 있다고 했다. 조합해서 만들어진 새로운 구문이 복잡한 양상을 띠면, 복잡하겠지만, 조합해서 만들어진 구문도 대체로 단순하다. 완전히 새로운 구문을 만드는 것보다 훨씬 단순하다는 뜻이다. 예를 들어, 'int'가 있고, '*'가 있을 때, 조합하면 '*int'가 된다. 새로운 데이터 타입을 정의하는 것보다 '*int'가 보다 단순하다는 뜻이다.

(3) 제어문의 존재

판독성을 높이기 위해서는 충분한 제어문이 필요한다. 만약에 for

문은 없고 while문만 존재한다고 가정하면, for문의 조건절에 초기값, 최종값, 증가분이 필요하고, while문은 조건절에 최종값만 들어간다. for가 없고 while만 쓴다고 하면 while문의 바깥에 초기값을 주고, while의 body 내에서 증가분을 줘야만 한다. 이런 while문은 읽기가 무척 힘들다. 증가분과 초기값이 있을 때는 for문을 쓰고, 초기값과 증가분도 필요없을 때는 while을 쓰는 것이 맞다. 또 do while도 있고, repeat도 있다. 또 if도 필요하고 if-then-else도 필요하다. 이런 것들을 모두 제어문이라고 한다. 여러 다양한 종류의 제어문이 있을 때, 프로그램을 읽기 쉬워진다.

(4) 데이터 타입과 구조

데이터 타입과 구조가 충분히 제공되어야 한다. boolean 타입을 예로 들면, boolean 타입이란 것이 없을 때는 0, 1로써만 표현할 수 있다. 0, 1은 프로그램을 읽기 어렵게 만든다. 'true'나 'false'라고 쓰면 훨씬 읽기 쉽다. 또 다른 예로 구조체(struct)가 제공되지 않으면 전부 배열로 표현해야 할 것이다. 그러면 프로그램 읽기 힘들어지는 것은 당연하다.

(5) 구문 고려사항

판독성을 높이기 위해서 몇가지 구문에 대한 고려가 필요하다.

1) 식별자(identifier)는 변수 이름 만들 때 필요한 것이다. id로 변

수 이름만 만드는 것이 아니고, 함수 이름, 클래스 이름 등을 만든다. 만약에 id의 길이에 제한이 없다면 무슨 일이 발생할까? 변수의 의미는 분명해지겠지만, 프로그램을 읽기가 힘들어질 것이 분명하다. 그래서 길이에 제한을 둔 것이다. 또한 id를 저장하는 symbol table에 id를 넣어야 하는데, 길이에 제한이 없다면, symbol table에 저장할 수가 없다. 길이는 언어마다 다르지만 보통 6자까지만 가능하다, 어떤 언어는 8자까지 가능하다.

2) 예약어(reserved word)를 둔다. if, while, for, int 등이 모두 예약어이다. 예약어는 변수로 사용할 수 없다. 만약 예약어를 두지 않으면, 예를 들어 Fortran에서 "IF (X .LT. 0.99) IF = 105.8"라고 하면 읽을 수 있겠는가? Fortran 시대에는 예약어라는 개념이 없었기 때문에 조건절이 참인 경우, IF에 105.8이라는 값을 할당하는 것이 가능했다. 이렇게 하면 프로그램을 읽기 힘드니까, 예약어는 변수로 쓸 수 없도록 하는 것이다. 또한 .GT. 도 "greater than"이라는 뜻인데, 여기에 사용되는 점이 소수점과 헷갈린다. 그래서 오늘날의 언어들은 모두 '〈'와 같은 기호를 쓴다.

1.3.2 작성력

작성력에 영향을 주는 것은 직교성과 단순성, 그리고 추상화 이다. 직교성과 단순성에 대해서는 판독성에서 이미 설명했기 때문에 여기서는 추상화(abstraction)에 대해서만 설명하고자 한다. 간단히 말하자면 많은 세부사항이 무시할 수 있는 방식을 말한다. 세부사항이 무시된다는 것은 구체적인 사실을 요약하는 것이다. 요약하는 과정을 추상화라고 한다.

(1) 추상화

복잡한 데이터구조나 연산을 정의하는데 보통 이름만으로 추상화 한다. 프로세스 추상화(process abstraction)이라는 것은, 서버 프로그램에 이름을 주고 필요할 때 불러서 사용하는 방식이다.

예를 들어 스택에 값을 넣는 push( ) 라는 함수를 만들고, 스택에 넣을 값을 v로 해서 매개변수로 넘겨주면 되는 것이다. 스택에 값을 넣는 다소 복잡한 과정을 push(v)라고 간단히 쓰는 방법, 그것이 프로세스 추상화이다. 이런 추상화는 프로그램을 작성하기 훨씬 쉽게 만든다. 추상화를 정리하면 복잡한 데이터 구조나 연산을 정의하고, 그것을 사용할 수 있는 능력이다.

데이터도 마찬가지로 추상화할 수 있다. 변수, 배열, 구조체 등을 데이터라고 한다. (물론 그러한 데이터 구조 안에 들어있는 자료를 데이터라고 하지만, 그 담는 그릇을 간단히 데이터라고도 부른다) 데이터는 홀로 쓰이지 않는다. 반드시 데이터를 사용하는 연산(operation)과 함께 사용된다. 이것을 합쳐서 하나로 추상화 한 것을 데이터 추상화(data abstraction)이라고 한다.

데이터 추상화와 프로세스 추상화를 합해서 추상 데이터 타입(ADT: abstract data type)이라고 한다. C++나 Java에서 사용하는 클래스(class)가 추상 데이터 타입을 정의한 것이다. class Stack의 예를 보자.

```
class Stack
  int  a[ ];
public:
  void push(v);
  int pop( );
  bool isfull( );
  bool isempty( );
}
```

a라는 배열과, a[ ]를 사용하기 위한 push( )와 pop( )과 같은 함수들을 정의한다. 스택이 찾는지 또는 비었는지를 확인하기 위한 isfull( ), isempty( )함수도 있다. 이들 함수들에 대한 자세한 코드들은 클래스 안에서 작성할 수도 있지만 클래스 밖에서도 작성할 수 있다. C++에서는 자세한 코드들을 클래스 밖에서 정의하고, 이것을 구현부(implementation part)라고 한다. 클래스가 선언된 부분은 명세부(specification part)라고 한다. 이렇게 구현부에서부터 명세부를 분리할 수 있는 방법을 데이터 추상화라고 한다.

(2) 표현력

작성력에 도움을 주는 것에 표현력이 있다. 예를 들면 i = i + 1을 i++로도 표현할 수 있다. 보다 간단히 작성할 수 있기 때문에 i++을 더 선호한다. 더욱이 i = i + 1을 번역하면,

```
LOAD   i
LOAD   1
```

```
ADD
STORE   i
```

로 번역된다. LOAD i에 의해 I의 값을 스택에 push하고, LOAD 1에 의해 1을 push하고, ADD 한다. 그러나 i++는

```
INC   i
```

로 번역된다. INC는 increment로서 스택에 push 하는 동작없이 바로 i의 값을 증가시킨다. 물론 inc i가 세 라인을 수행하는 것보다 훨씬 빠르다. 수행 속도도 빠르고 표현력도 좋아졌기 때문에 i = i + 1 보다 i++를 선호한다.

표현력 증가의 좋은 예로 case문이 있다. case문이 없으면 if-then-else를 사용해야 한다. if-then-else를 여러 번 사용하면 프로그램 읽기도 힘들지만 작성하기도 힘들다. case문은 표현력에 크게 도움을 준다.

1.3.3 신뢰성

(1) 타입 검사

프로그램의 신뢰성을 위해 컴파일 시나 실행 중에 프로그램의 타입 오류를 검사한다. 그것을 타입 검사(type checking)이라고 한다. 이를 위해 사전에 type을 선언하여야 한다. 예를 들어 int x 또는 float a 라고 선언하고, 문장 중에서 “a = x * 3.14;”라고 하면 먼저 타

입 검사부터 한다. x는 int 이고, 3.14는 float이니까, 바로 연산이 안 된다. 컴퓨터 내부에서의 연산은 반드시 int와 int 연산, 그리고 float와 float의 연산만이 가능하다. int와 float를 직접 연산하지 못하므로 int를 float로 바꿔줘야 된다. 타입 변환(type conversion) 순서는 다음과 같다.

char 〈 int 〈 float 〈 double

그래서 x를 float로 변환하고 floating-point number 연산하도록 한다. 그 결과를 a에 저장하는데 a가 int이므로, 소수점 뒤를 잘라버린다. 반올림이 아니다. 자르고(truncation) int로 저장한다. 이렇게 연산하기 위해 데이터를 선언하고, 선언에 근거해서 type을 검사한다. 타입 검사의 중요성은 배열에 index를 사용할 때도 적용된다. index는 반드시 int여야 한다.

(2) 예외 처리

최근의 프로그래밍 언어들은 try-catch문을 사용하여 예외처리를 허용한다.

예전 try-catch문이 없을 때는 에러(error)가 나면, 예외처리 루틴이 없으니까, 프로그램을 종료하는 경우가 대부분이었다. try-catch문이 생기니까 의심가는 부분을 try문 안에 작성하고, 예외 발생시 처리해야할 루틴(exception handler)을 catch문 안에 두는 것이다. try문을 수행하다가 문제가 생기면 exception handler를 통해 어떤 처리를 해야 하는지를 지시할 수 있고, 신뢰성이 향상되는 것이다.

(3) 별칭

별칭(aliasing)은 동일한 기억장소를 두 개 이상의 다른 이름으로 참조하는 것이다. 예를 들어 x와 y가 같은 기억장소를 가리킬 때, x라고 해도 되고, y라고 해도 된다. 이것을 aliasing이라고 한다. 이것은 신뢰성에 도움이 되지않는다. 타입 검사나 예외 처리는 신뢰성에 도움이 되지만, 별칭은 신뢰성에 도움이 되지 않으니까 제한적으로 별칭을 사용하여야 한다.

1.3.4 비용

비용에는 여러 가지 비용이 있다. 프로그래머 교육 비용, 프로그램 작성 비용, 프로그램 컴파일 비용 등이다. 컴파일 비용과 언어 구현 비용은 비슷한 것 같지만 서로 다르다. 컴파일 비용은 컴파일러를 통해서 번역하는데 드는 비용이다. 어떤 프로그래밍 언어를 "번역하는데 시간이 많이 걸린다"하면 그것은 컴파일 비용이 많이 드는 것이다.

언어 구현 비용은 컴파일러를 만드는데 드는 비용이다. 무척 잘 설계된 언어가 있지만, 이 언어의 "컴파일러를 만드는데 너무 많은 비용이 든다"하면. 이것은 언어 구현 비용이 많이 드는 것이다. Algol이라는 언어가 바로 언어 구현 비용이 많이 든 언어였다. 그 당시에는 획기적인 프로그래밍 언어를 설계를 했는데 컴파일러 만드는 기술이 발전하지 못해서, 많은 사람들이 투입되었고, 컴파일러를 만드는데 시간이 많이 걸렸다.

실행 비용은 컴파일을 마치고 실행 파일이 만들어졌을 때. 실행 파일을 통해 결과를 도출할 때까지의 시간을 말한다. 여기서 말하는 시간은 곧 비용이다. 실행 시간이 많이 걸리는 언어는 실행 비용이 많이 드는 언어이다.

프로그램 유지보수 비용이 있다. 프로그램 언어의 신뢰성 부족하면 신뢰성을 확보하기 위해 프로그램을 수정해야 하는 일이 잦아진다. 신뢰성 부족에 따른 비용은 곧 프로그램 유지보수 비용이 된다.

언어 비용 중에서 가장 중요한 요소는 뭘까? 여러 가지 비용 중에 프로그램 작성비용이 가장 중요한 요소이다. 프로그램을 작성하는데 시간이 많이 걸리고, 비용이 많이 들고, 인력이 많이 투입되어야 되면 결코 좋은 언어라 할 수 없다. 프로그램 작성비용이 저렴한 언어가 좋은 프로그램 언어로 평가될 수 있다.

1.3.5 기타 언어 평가 요소

판독성, 작성력, 신뢰성, 비용이 프로그래밍 언어의 중요한 평가 요소이지만, 그 외에도 이식성 (portability), 일반성 (generality), 분명성(well-definedness) 등이 있다.

이식성은 어느 한 플랫폼에서 개발된 프로그램을 다른 플랫폼에 이식할 수 있는가 하는 것이다. 다른 플랫폼으로 옮겼을 때 프로그램을 다시 작성해야하면 좋은 언어라고 할 수 없다. 일반성은 어디서나 광범위하게 사용할 수 있는 언어를 말한다. 어느 특정 분야에만 사용되는 특별한 언어는 좋은 언어라고 평가받지 못한다. 여기에 물론 예외는 있다. 특수한 목적으로 만들어진 특수언어를 특수 목적언어(special purpose language)라고 한다. 문법적으로 아주 잘 정의되어 있는 언어들을 잘 정의된 언어라고 하고 좋은 언어로 평가받는다.

표 1은 언어의 특성과 언어 평가 기준을 대비한 표이다. 단순성/직교성, 제어구조, 데이터 타입과 구조, 구문 설계는 모든 평가 기준에 영향을 미친다. 그리고 신뢰성은 모든 언어 특성과 연관이 있음을 보여준다.

언어특성	평가기준 판독성	 작성력	 신뢰성
단순성/직교성	*	*	*
제어 구조	*	*	*
데이터의 타입과 구조	*	*	*
구문 설계	*	*	*
추상화 지원		*	*
표현력		*	*
타입 검사			*
예외 처리			*
제한된 별칭			*

표 1. 언어의 특성과 평가 기준

연습문제

1.1 다음 언어들을 판독성, 작성력, 신뢰성, 비용의 4가지 기준으로 평가하고, 상, 중, 하로 표시된 평가표를 작성하시오.

(a) Fortran (b) Pascal (c) C (d) C++ (e) Java

1.2 많은 컴퓨터과학자들은 Fortran, Basic, Cobol 같은 언어들에 대해서는 좋은 평가를 주지 않았다. 그러나 Algol 이후의 언어들에 대해서는 후한 점수를 주었다. Pascal과 같은 Algol 이후의 언어들이 후한 평가를 받을 수 있었던 근거는 무엇인가?

CHAPTER

2

언어 부류와 컴파일러

CHAPTER 2 | 언어 부류와 컴파일러

2.1 폰 노이만 컴퓨터구조

프로그램 언어 설계에 가장 크게 영향을 미친 요소는 컴퓨터 구조이다. 오늘날 컴퓨터들은 거의 모든 컴퓨터가 폰 노이만(von Neumann) 컴퓨터이니까 영향을 받지 않은 언어들이 없다. 폰 노이만 컴퓨터의 기본 구조는 그림 1처럼 메모리와 CPU이다. 메모리에 번역된 기계어 프로그램을 적재를 했다가, 한 문장을 CPU로 가져와서(fetch), 디코딩(decoding) 하고, 연산(execution) 하는 과정을 반복한다. fetch-decode-execute 의 순환 과정을 CPU 사이클(cycle) 이라고 한다.

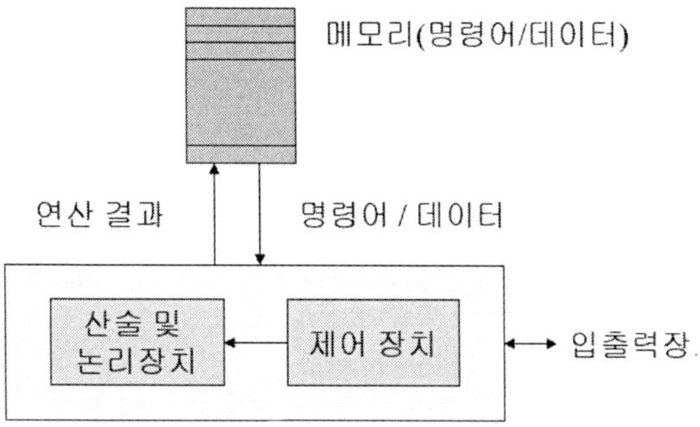

그림 1. 폰 노이만 컴퓨터

메모리에 있는 한 라인을 fetch하면, 그것이 명령어일 수도 있고 데이터일 수도 있다. 만약 명령어이면 op-code(operation code)를 decode해서 add인지 subtract인지를 판단한다. fetch는 메모리의 한 명령어(instruction)을 읽는 것이니까 주소가 필요하다. 1씩 증가하는 PC(program counter)의 값이 MAR(memory address register)로 전달되고, MAR에 연결된 메모리의 명령어가 읽혀서 MBR(memory buffer register)로 fetch된다. 이렇게 1씩 증가하는 PC 때문에 메모리의 기계어 프로그램이 한 라인씩 순서대로 fetch 되고 처리되는 것이다. impcrative language란 한 라인씩 순차적으로 처리하는 방식을 말하고 폰 노이만 컴퓨터 구조가 이를 뒷받침한다.

참고로 decoding은 명령어의 op-code를 해독해서 add면은 더할 수 있도록 산술 및 논리 장치(ALU, arithmetic logic unit)에 더하라는 시그널을 주고, subtract면 빼기를 위한 시그널을 준다. 이 과정이 제어장치에서 일어난다. ALU의 가장 중요한 회로가 adder입니다. 논리회로에서 배운 full adder 혹은 half adder가 그것이다. ALU에는 adder밖에 없다(논리연산은 논 외로 하고). 빼기는 보수를 취해서 더하면 되고, 곱하기는 더하기를 반복하면 되고, 나누기는 빼기를 반복하면 되기 때문이다. 논리연산을 위해서는 AND 게이트, OR 게이트, NAND 게이트 등이 있다.

연산의 결과를 다시 메모리에 저장해주어야 한다. 이 때도 주소가 필요한데 명령어의 뒷 부분에 주소가 있다. one-address machine, two-address machine, three-address machine이 있는데, 예를 들어 one-address machine의 경우 'store A'라는 명령어가 있을 때, 주소 A를 MAR에 전달하고 해당 메모리 위치에 결과를 저정하게 된다.

이렇게 메모리에 프로그램을 적재해 놓고, 한 문장씩 fetch(인출), decode(해석), execute(실행) stored programming concept라고 한다. 폰 노이만 컴퓨터란 stored programming concept의 다른 표현이다.

2.2 언어부류

프로그래밍 언어에는 크게 네 가지 카테고리(category)가 있다. 명령형 언어(imperative language), 객체지향 언어(OOP, object-oriented language), 논리 언어(logic language), 함수 언어(functional language)가 그것이다. 그 외 시각 언어(visual language), 스크립트 언어(script language), 마크업 언어(markup language)가 있지만, 사실은 imperative language 혹은 object-oriented language에 속한다.

2.2.1 명령형 언어

명령형 언어는 폰 노이만 컴퓨터 영향을 가장 많이 받은 언어이다. 오늘날 폰 노이만 컴퓨터의 영향을 받지 않은 언어들이 없지만, 다른 부류의 언어들은 명령형언어와는 프로그래밍 스타일 혹은 방법론이 조금씩 다를 뿐이고, 기계어로 번역된 다음 한 라인씩 수행하는 방법은 서로 비슷하다. 우리가 아는 대부분의 언어가 명령형 언어이다. C, Pascal, Fortran, Basic 등이 여기에 속한다.

C++, JAVA도 객체 지향 언어로 알려져 있지만 그것은 프로그램 방법론을 이야기 하는 것이고, 번역되고 난 후 기계어로 변환된 이후에는 폰 노이만 구조에 기반하여 수행된다.

명령형 언어의 특징은 변수가 있고, 변수의 값을 메모리 속에 저장했다가 그 값을 꺼내 연산하는 것이다. 이것을 데이터 fetch라고 한다. 할당문(assignment statement)은 A = B; 를 예로 들때 오른쪽의 B값을 왼쪽의 A에 저장하는 것이다. 오른쪽 편을 가리켜 RHS(right-hand side), 왼쪽 편에 있는 것을 LHS(left-hand side)라고 한다. 그런데 X = X + 1; 이라면 right-hand side에 있는 X의 의미와 left-hand side에 있는 X의 의미가 다르다. RHS의 X는 X의 값(value)을 뜻한다. LHS의 X는 X의 위치(location)를 뜻한다. 같은 X이지만 의미가 다르다.

한 문장씩 fetch해서 decode, excute 하는 것이 폰 노이만 컴퓨터의 기본인데, 수행되는 문장의 순서를 바꿀 때는 어떻게 할까? if문 혹은 for문을 제어문이라고 한다. 제어문들은 조건을 검사한다. 조건절을 통해서 true이면 true절로 가고, false면 false절로 간다. true이면 MAR에 true절의 시작 주소를 넣고, false이면 false절의 시작 주소를 넣는다.

1970년대, 프로세스지향(process-oriented) 설계 방법론이라는 것이 나타났다. 이것은 명령형 언어로 코딩하기 전, 구조적 방법으로 설계하자는 것이다. 설계의 기본은 큰 규모의 문제를 작은 규모의 문제로 점차 세분화하여 나누어 가는 방식이다. 이를 divide-and-conquer라고 하며, 일종의 하향식(top-down design) 방식이다. 쉽게 말하자면 큰 규모의 문제를 작은 단위의 sub procedure로 나누어서 각 procedure 별로 이름을 주고, 그 procedure들을 불러서 사용하는 방식이다. 그 외 타입 검사, 제어구조 등이 명령형 언어에 포함되게 되었다.

2.2.2 객체지향 언어

1970년대 후반에 탄생한 데이터지향(data-oriented) 설계 방법론으로 말미암아 데이터 추상화(data abstraction)가 나타나게 되었다. C++나 Java에서 볼 수 있는 클래스(class) 라는 것이다. 하향식 설계에서는 큰 문제를 sub program으로 세분화 한다고 했다. 이를 프로세스 추상화(process abstraction)라고 한다. 이것이 발전하여 70년대 후반에는 데이터 추상화 즉, 클래스 개념이 탄생하게 되었다. 클래스 개념을 제일 먼저 도입한 언어가 SIMULA 67이다. 67년도에 나온 언어이기 때문에 67라 붙였고 SIMULA라는 이름이 simulation language의 약자이다. simulation이라는 분야는 컴퓨터 응용 에서 아주 중요한 분야이다. SIMULA와 같은 언어들을 특수 언어라고 한다. 특수 언어들은 범용성에서 떨어지는 것으로 평가받기도 하지만, 모의실험할 수 있는 강력한 기능을 제공한다.

1980년대에 데이터 추상화가 발전하여 객체지향 설계(object-oriented design) 방법론이 나왔다. 데이터 추상화에 상속과 다형성 개념을 포함하여 OOP로 발전한 것이다. 즉 class에 상속과 다형성이 더해져서 객체지향 프로그래밍 개념이 된 것이다. OOP의 효시는 smalltalk이라는 언어이다. smalltalk은 Allen Kay에 의해 만들어졌는데, 유타대학의 박사학위 논문을 위해 고안된 언어이다. 이 아이디어를 Xerox사에서 가져가서 사용했고, 이것을 Steve Jobs가 Macintosh 운영체제에 활용하게 되었다. 화면 상에서 파일을 잡아 끌어 휴지통에 놓으면 delete 되는 방식이 그것이다. 그 전에는 "del 파일명"이라는 명령어(command)를 알아야만 했었는데, 그림 중심의 운영체제로 바뀐 것이다. 이것이 발전하여 MS사의 Windows라는 운영체제가 만들지게 되었고 널리 사용되기 시작했다.

파일도 객체이고 휴지통도 객체이다. 파일을 휴지통으로 끌고가는 행위는 휴지통에 drag라는 메시지를 준 것으로 해석할 수 있다. 이때 파일은 drag의 파라메터(parameter)가 된다. C++는 이런 객체지향 프로그램의 영향을 받아서 C의 기능을 확장하여 만들어진 언어이다.

그러니까 C++ 컴파일러는 C의 기능을 모두 포함한다. C++ 코드를 작성할 때 C 신택스를 그대로 사용한다. C++의 영향을 받아서 C++의 객체지향적 요소만 추려낸 것이 Java이다. C#은 MS사에서 Java에 대항하기 위해 만든 언어이다.

2.2.3 함수 언어

함수 언어는 수학의 함수에 기반을 둔 것이다. 예를 들어 $f(x)=2x^2+3x+4$ 가 있을 때 이것을 미분하면 $f'(x)=4x+3$ 가 된다. 폰 노이만 컴퓨터에서는 미분하라고 하면 예를 들어 x = 2일 때, 11이라는 값이 되지만 수학에서의 미분은 값이 아니라 $f'(x)=4x+3$ 함수이니까, $D(F(x))$ 로 쓰고, $f(x)=2x^2+3x+4$ 를 미분할 때, $D(F(x))$ 로 표현하자는 뜻이다. 그러면 결과가 $f'(x)=4x+3$ 의 수식이 되고, 이것을 프로그래밍 언어로 표현할 수 있도록 한 것이 함수 언어(functional programming language)이다. “x + y”도 ADD(x, y)로 표현한다. ADD를 함수로 보고 x와 y를 매개변수로 취급한다. 연산자를 비롯해서 작은 함수들을 미리 만들고 그것을 조합해서 더 큰 함수를 만드는 방식이다.

이런 개념을 McCarthy가 LISP라는 언어를 만들 때 제안했다. MIT 박사학위 논문으로 제출한 것이다. 컴파일러가 대세이던 시대에 인터프리터 언어로 제안했기 때문에 처음에는 각광을 받지 못했다. 오랜 시간이 지난 후에 Fortran을 만든 John Backus가 “Can we be liberated from von Neumann?” (“폰 노이만으로부터 자유로워 질 수 있는가?")라는 논문을 통해 프로그래밍 언어가 LISP 처럼되어야 한다는 것을 주장했다. Backus는 이 논문에서 폰 노이만 컴퓨터의 문제를 지적했다. 폰 노이만 컴퓨터에서는 프로그램을 메모리에다 적재하고(stored programming concept이므로), 한 라인씩 fetch해서 처리하는, 사람의 사고방식과는 완전히 다른 방식을 사용한다는 점을 지적하였다. 그래서 프로그래밍이 어렵고, 이런 식으로는 컴퓨터가 발전하지 못한다는 점을 지적하였다. 대안은 McCarthy가 제안한 functional programming language 여야 한다는 것이다. 다음은 gcd(최대공약수)를 구하는 LISP 프로그램이다.

```
(define (gcd u v)
   (if (= v 0) u (gcd v (remainder u v))
   )
)
```

gcd는 함수 이름이고 매개변수가 u와 v이다. if v가 0이면 그 결과가 u가 되고, 아니면 아래 문장을 실행한다. gcd 자기 자신을 되부른다. 이것을 재귀(recursion)라고 한다. 재귀는 함수 언어의 기본이다. 자기 자신을 되부를 때 매개변수의 값을 바꾼다. u를 v로, v를 (remainder u v)로 부른다. remainder 역시 함수로써 u와 v를 나눈 나머지를 구하는 것이다. remainder라는 작은 함수를 미리 만들어 놓고 그것을 이용해서 gcd라는 함수를 정의한다. 그러면서 자기 자신을 되부를 수 있도록 하고, 반복된다. 명령형 언어에서는 for나 while로 반복을 나타내지만 함수 언어는 재귀로 반복을 수행한다. 그래서 반복의 마지막 탈출 조건이 필요하다. if v 가 0이면 u를 리턴해 주고 탈출하도록 되어있다.

이것을 C 언어로 작성하면 다음과 같다. while문에서 u와 v가 같지 않으면 반복한다. u가 더 크면 u = u-v 하고 아니면 v = v-u 한다. 이것을 u와 v가 같을 때까지 반복한다. C로 작성하면 프로그램이 이렇게 길어진다. LISP를 사용하면 단 몇 줄이면 된다. 그래서 함수 언어는 간단명료한 언어라고 한다. 인공지능에서 사용되는 기호들을 처리하기 편히하기 때문에 기호처리 언어라고 한다. LISP에는 Hope, Miranda, Haskell 등 많은 변종들이 있다. 10장에서 Scheme을 대상으로 함수 언어에 대해서 좀더 깊이 있게 공부하게 될 것이다.

```
int gcd(int u, v)
{
    while (u != v)  {
        if (u 〉 v) u = u-v;
        else
            v = v-u;
    }
    return  u;
}
```

2.2.4 논리 언어

가장 대표적인 논리 언어는 Robert A. Kowalski(Edinburgh 대학) 등이 창안한 Prolog이다. Kowalski는 "알고리즘 = 논리 + 제어"라는 방정식을 설정하고, 무엇(논리)과 어떻게(제어)를 구분하는데 중점을 두었다. 프로그래머라면 당연히 제어의 지정에 골몰한다. 그러나 논리 언어에서는 제어에 크게 신경 쓰지 않아도 된다. 이를 비절차적 언어라고 한다.

정렬(sorting)하는 예를 들어 보자. C와 같은 언어에서 정렬은 정렬 알고리즘의 모든 세부사항을 프로그래머가 기술함으로써 실행된다. 그러나 비절차적 언어는 정렬된 리스트의 특성을 기술하기만 하면 된다. 그것은 인접한 두 원소의 각 쌍에 대해 주어진 관계식이 성립하는 주어진 리스트의 치환이다. 이것을 형식적으로 설명하기 위해 정렬되는 리스트가 첨자범위 1...n을 갖는 배열 list가 있다고 가정하자. 주어진 리스트(old_list)의 원소를 정렬하고 그 결과를 다른 배열(new_list)에 놓는다는 개념을 다음과 같이 표현할 수 있다.

sort(old_list, new_list)⊂permute(old_list, new_list)∩
sorted(new_list)
sorted(list)⊂∀j such that 1≤j〈n, list(j)≤list(j+1)

여기서 permute는 재배치라는 뜻으로서 두 번째 매개변수 배열이 첫 번째 매개변수의 치환이면 true를 반환하는 술어 함수(predicate function)이다.

이 서술로부터 정렬된 리스트를 생성할 수 있다. 마치 소프트웨어의 요구 명세 만으로 결과를 도출하겠다는 의도로 보이게 한다. 그래서 논리형 프로그램은 실행 효율성이라는 심각한 문제에 직면하게 된다. 그럼에도 불구하고 1981년 일본 정부가 제5세대 프로젝트(Fifth Generation Project)를 위한 기반 언어로 채택하였다. 이 프로젝트의 목표는 추론기법과 인간의 이해를 통합시킨 고등 컴퓨터 시스템의 개발이었다. 1992년 다소 어정쩡한 상태로 막을 내렸고, 이후 자연어 이해와 전문가 시스템(expert system) 분야를 제외하면 Prolog의 사용은 내리막길을 걸었다. 그러나 제약 논리 프로그래밍 언어(constraint logic programming language), 논리-유사 언어(logic-like language), 등식 시스템(equational system) 등과 같은 새로운 시도에 큰 영감을 준 언어이다. Prolog는 문제에 대해 다음과 같이 기술해 준다.

1) 사실(fact)를 기술해 준다.
2) 규칙(rule)을 기술해 준다.
3) 해결하고 싶은 목표(goal)를 기술해 준다.

예를 들어,
"사자가 있다."
"사자는 동물이다."
"사자는 고기를 먹는다."
하면,

```
lion.
animal(lion).
eat(lion, meat).
```

라고 기술한 것을 사실(fact)라고 한다. Prolog 인터프리터는 사실을 데이터베이스에 입력시킨다. 질문(query)은 물음표로 시작한다. 만약

```
?- lion.
```

하면, yes

```
?- dog.
```

하면, no

로 답한다.

```
?- animal(X).
X = lion
```

하면, yes

```
X = tiger
```

하면, no 이다.

```
?- animal(X), eat(X, meat).
X = lion
```

하면, yes

```
X = tiger
```

하면, no 이다.

이런 식으로 시실만을 근거로 질의에 대한 답을 찾기에는, 데이터베이스의 양이 방대해 질 수 밖에 없다. 그래서 규칙(rule)을 기술해 준다. 육식동물(carnivor)을 다음과 같이 정의하자.

```
carnivor(X):- animal(X), eat(X, meat).
```

그리고 ?- carnivor(X).

X = lion

하면, yes

X = tiger

하면, no 로 답한다.

이로부터 다음 예제를 쉽게 이해할 수 있을 것이다.

```
ancestor(X, Y):- parent(X, Z), ancestor(Z, Y).
ancestor(X, X).
parent(amy, bob).
?- ancestor(amy, bob).
```

하면, yes 로 답한다.

이것의 해를 풀기 위해 Prolog 인터프리터는 탐색트리를 사용한다. parent(amy, Z) 가 성립되기 위해서는 ancestor(Z, bob)이 성립되어야 하므로, 다시 ancestor(X, Y)를 찾는다. 이때 X는 Z로, Y는 bob으로 대입되어, parent(Z, Z)가 true가 되고, ancestor(Z, bob)이 성립하면 된다. ancestor(Z, bob)은 parent(amy, bob)이라는 사실에 의해 Z가 amy와 같다는 것을 추론하고, 결과 yes로 답하게 된다.

앞서 최대공약수를 구하는 gcd를 Prolog로 표현하면 다음과 같다.

```
gcd(u, v, u):- v = 0, u
gcd(ui, v, x):- v 〉0, gcd(v, u mod v, x)
```

2.2.5 시각 언어

시각 언어(visual language)는 크게 명령형 언어에 속한다. 그러나 최근 윈도우 프로그래밍이 중요해지고 입출력을 위해 화면을 설계하는 것이 프로그래밍의 중요한 부분이 되었기 때문에, 프로그래밍 언어가 화면 설계를 쉽게 할 수 있는 기능이 있는 지 없는 지 구분하는 것이 중요하게 되었다.

비주얼이라고 이름 붙은 것은 MS사에서 Visual C/C++는 같은 컴파일러를 개발했고, 널리 사용되었기 때문이다. 뒤이어 Visual BASIC도 나오게 되었고, C#, J#, F#과 같은 프로그래밍 언어들이 잇달아 출시되게 되었다. 다시 말하면 MS사에서 window programming을 위해 만든 언어들이라고 할 수 있다. 이러한 언어들을 사용해서 GUI(graphical user interface) 프로그램 할 수 있기 때문에 GUI 프로그래밍 이라고도 한다.

GUI 프로그램 할 때는 일단 Form부터 만든다. Form은 각종 구성요소(component) (혹은 콘트롤(control)이라고 함.) 들로 구성되는데, 도구상자에서 해당 구성요소 선택하여 Drag and Drop 하여 화면을 완성한다. 구성요소 마다 크기, 색깔, 초기값 등을 설정해 줄 수 있는데 이를 속성(property)을 부여한다고 한다. 속성 부여 이후에, 각 구성요소의 기능에 대해 코딩(coding)해 주게 된다.

Form을 만드는 방법과 속성 부여 방법은 대부분의 시각 언어들이 비슷하다. 하지만 코딩을 위한 신택스(syntax)가 각각 다르다. 기본 신택스가 C이면 Visual C가 되고, C++이면 Visual C++가 되, BASIC

이면 Visual BASIC인 것이다.

Visual BASIC은 4세대 언어(fourth generation language)라고도 널리 알려져 있다. 4세대 언어로 유명한 Power Builder는 기본 신택스로 C 언어를 사용하고, Delphi는 기본 신택스로 Pascal을 사용한다. 4세대 언어는 화면을 쉽게 구성할 수 있을 뿐만 아니라, 데이터베이스에 대한 접근이 원활하도록 설계된 언어들을 말한다.

2.2.6 스크립트 언어

스크립트(script) 언어는 HTML 문서 같은데 끼워 넣어서 동적인 web페이지를 만드는 것이다, 이것 역시 명령형 언어에 속한다. 컴파일하지 않고, 작성해서 바로 실행시킬 수 있도록 하며, 변수 타입을 선언하지 않는다는 특징이 있다. 사용자로부터 받은 요청을 스크립트 언어로 처리하여 인터프리터를 통해 실행하여 처리결과를 다시 사용자에게 전달할 때 사용된다. 독자적으로 실행되지 않고, 다른 프로그램에 내장되어 사용되는 경우가 많다. ASP, PHP, JSP, Perl, CGI 등이 스크립트 언어에 해당된다.

스크립트(scripts)는 연극 용어인 스크립트에서 유래되었으며 초창기 스크립트 언어는 배치언어(batch languages) 또는 작업 제어 언어(job control language)라고도 불리었다. 일반적으로 스크립트 언어는 매우 빠르게 배우고 작성하기 위해 고안되었으며, 짧은 소스 코드 파일이나 REPL(read-eval-print loop)로 상호작용하는데 적합하다. 일반적으로 상대적으로 단순한 구문과 의미를 내포한다. 1950년대에 초기의 메인프레임 컴퓨터는 상호작용적이지 않았으며 일괄 처리를 대신 사용하였다. IBM의 작업 제어 언어(JCL)은 일괄 처리를 제어하기 위해 사용된 언어의 원형이다. 최초의 인터랙티브 셸(interacive shell)은 시분할 시스템의 동작을 원격 제어하기 위해 1960년에 개발되었다.

대부분의 스크립트 언어들은 인터프리터(interpreter)로 처리된다. ASP는 마이크로소프트사의 웹 서버인 IIS 환경에서 구동되는 프로그램으로서 ASP(active server page) 또는 일종의 CGI(common gateway interface)라고 할 수 있다. CGI는 서로 다른 시스템이 정보를 교활할 수 있는 인터페이스 혹은 응용 프로그램의 하나로, 웹 상에서의 카운터, 방명록, 게시판, 대화방, 검색엔진, 자료실 등을 구현할 수 있다.

리눅스 환경에서는 서버 구축에 Apache를 사용하고 Apache에서 구동되는 PHP, Perl, JavaScript 같은 스크립트 언어들이 사용된다. 최근에는 Python을 많이 사용하는 경향이 있다. Python은 매우 간단하고 활용도가 높은 언어이다. C++나 C# 과도 연동이 잘 되고, DB도 접근도 우수하고, web과도 연동도 원활하다. 최근에는 여러 종류의 플랫폼이 사용되고, 언어도 다양하고, 데이터베이스도 다양하기 때문에 연동 잘되는 언어를 선택한다는 것은 매우 중요하다. 그래서 web page를 만들 때나, 스마트폰의 App을 만들 때, Python의 사용이 매우 두드러지고 있다.

2.2.7 마크업 언어

HTML, XHTML 등을 마크업 언어(mark-up language)라 한다.

XHTML은 HTML의 확장이다. XML은 HTML 문서를 만들 때 DB를 쉽게 검색하도록 하면서 HTML과 함께 쓸 수 있도록 한 마크업 언어이다. 마크업 언어이면서 자바 스크립트와 함께 쓸 수 있는 XSLT, JSLT도 있다. 이런 언어들은 하이브리드 언어(hybrid language)라고 한다.

마크업 언어들은 web 페이지를 구축할 때는 각괄호로 둘러싸인 태그(tag)를 사용한다. 가장 간단한 마크업 언어이면서 널리 사용되는 HTML 문서의 예를 보자.

```
〈html〉〈head〉〈title〉Greeting〈/title〉〈/head〉〈body〉
〈h1〉Greeting〈/h1〉
〈p〉아침과 낮에〈/p〉
〈ul〉
    〈li〉좋은 아침입니다. 〈/li〉
    〈li〉안녕하세요. 〈/li〉
〈/ul〉
〈/body〉〈/html〉
```

이런 문서를 만들고 브라우저(browser)로 실행하면, 다음과 같이 화면에 출력된다.

> Greeting
> 아침과 낮에
> • 좋은 아침입니다.
> • 안녕하세요.

〈head〉로 시작되는 부분을 〈head〉 섹션이라고 하고, 〈body〉로 시작되는 부분을 〈body〉 섹션이라고 한다. 모두 〈/...〉로 닫는다. 〈h1〉은 글자체의 크기를 나타내고, 〈p〉는 새로운 문단의 시작이다.

〈ul〉은 unordered list의 약자로서 순번없이 list가 만들어지는 것이고, 〈ol〉은 ordered list의 약자로서 list에 차례대로 번호가 붙여진다. 〈ul〉은 〈ul type=circle〉 혹은 〈ul type=square〉을 지정하게 되어있는데, 디폴트 타입은 circle이다. 그래서 〈li〉 라는 list들 앞에 작은 원 모양의 썸 네일이 나타난다. 만약에 타입이 square이면, 작은 네모 모양의 썸 네일이 나타난다. 이와 같이 모든 태그마다 의미가 있으므로 태그의 의미와 역할을 숙지해야 한다.

종종 마크업 언어는 메타 언어와 서로 혼동해서 사용되기도 한다. 다음의 XML 문서에서,

```
〈meta NAME="Author" CONTENT="홍길동"〉
〈meta NAME="Keywords" CONTENT="소설"〉
```

저자는 홍길동이고, 키워드는 소설이라는 뜻이다. 여기서 CONTENT에 넣을 데이터를 메타 데이터(meta data)라고 하고, 메타 데이터를 표현하는 포괄적인 언어를 메타 언어(meta language)라고 한다. 마크업 언어를 메타 언어라고 부르기도 하지만 크게 차이는 없다.

2.3 언어구현 방법

소스 코드(source code)를 작성하고 나면, 머신 코드(machine code)로 변환하여야 한다. 머신 코드는 컴퓨터 내에서 돌아갈 수 있는 1, 0로 된 코드이다. 소스 코드만으로는 수행될 수 없으니, 머신

코드로 변환하여야 하고, 번역기를 통해 머신 코드를 만들어 내는 과정을 언어 구현이라고 한다. 언어 구현 방법은 컴파일러(compiler) 방법이 있고, 순수 해석기(pure interpreter) 방법이 있고, 이 둘을 혼합한 혼합형(hybred)이 있다.

2.3.1 컴파일러

컴파일러는 소스 코드를 머신코드로 번역하기 위해 그림 2와 같이 어휘 분석기(lexical analyzer), 구문 분석기(syntax analyzer), 중간코드 생성기(intermediate code generator), 코드 생성기(code generator) 등 여러 과정을 거친다. 어휘 분석기는 소스 코드를 입력받아 어휘 단위(token)을 출력해 낸다. 예를 들어 result = initial * rate; 라는 문장이 있을 때, 의미 단위로 자르면

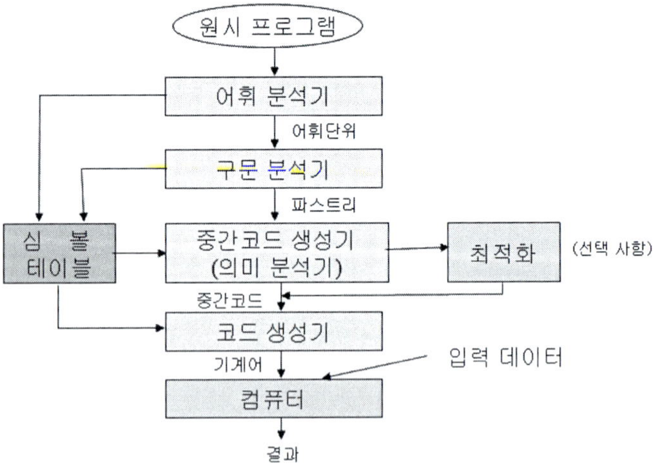

그림 2. 컴파일러의 단계

result /= /initial /* /rate /; 로 자를 수 있다. 각 토큰은 숫자로 변환되는데 "result"는 〈id, 1〉, "initial"과 "rate"는 각각 〈id, 2〉와 〈id, 3〉으로 변환된다. 하나의 토큰은 컴퓨터 내에서 두 개의 상수로표현되는 것이다. 만약 C로 프로그램 한다면 #define ID 1 이라고 정의할 수 있고, 〈1, 1〉, 〈1, 2〉, 〈1, 3〉 으로 표현된다. 글로 표현할 때는 id_1, id_2, id_3 인 것이다. "="과 같은 특수기호는 한 문자 당 하나의 상수로 대응시키면 된다. 예를 들어 #define '=' 5 하면, 〈5, 무〉 로 표현될 수 있다. ('무'란 아무런 숫자도 없다는 뜻, 보통은 비워두거나 '–'(하이픈)으로 표시한다.) 그러면 5라는 하나의 수로 "="이라는 토큰을 표현할 수 있다. "*"도 마찬가지로 #define '*' 7 이라고 정의하면, 〈7, 무〉로 표현된다. ";"도 역시 상수로 표현해서 〈9, 무〉 라고 표현할 수 있다. 글로 표현할 때는 단순히 =, *, ; 으로 표현하든지, 〈=, –〉, 〈*, –〉, 〈;, –〉과 같이 나타낸다.

이와 같이 문장을 토큰별로 나누고, 각 토큰을 상수로 표현되도록 하는 것이 어휘 분석기가 하는 일이다.

다음 구문 분석기에서는 어휘 분석기에서 출력된 토큰 스트림(한 문장을 이루는 일련의 토큰)을 받아서, 파스 트리(parse tree)를 만든다.

parse tree의 목적은 문장을 분석하는데 있다. "id_1 = id_2 * id_3"가 있을 때, "id_2 * id_3"를 먼저 해서 id1에 저장하여야 한다. parse tree를 그리면"id_2 * id_3"가 아래 쪽에 나타나고 깊이우선 탐색(depth-first search) 해서 아래 쪽에 있는 수식을 먼저 처리하기 때문이다.

일반적으로 문장에는 "+"도 있고 "–"도 있고 괄호도 있다. 사람은 직관적으로 괄호부터 가장 먼저 처리하고, 다음에 "*"를 처리하고,

"+"는 맨 나중 처리하는 것을 안다. 컴퓨터는 어떤 방법으로 우선순위를 결정하게 되는가? 해답은 문법과 문법을 이용한 파싱(parsing)에 있다. 우리는 이것을 주제로 4장에서 자세히 배우게 된다. 간단히 결론을 이야기하면 괄호가 가장 우선순위가 높고, 다음에 "*", 다음에 "+"순으로 처리되도록 문법을 만든다. 그 문법을 토대로 파서(parser)를 만든다. 이 파서가 구문 분석기 이다.

중간 코드 생성기는 파스 트리를 입력받아 중간 코드를 생성하는 단계이다. parse tree의 아래 쪽에 "$id_2 * id_3$"가 있으면 이것을 먼저

```
LOAD   id2
LOAD   id3
MUL
```

라는 코드로 만들어 낸다. parse tree의 위쪽에 id_1 이 있으므로

```
STORE   id1
```

라는 코드를 만들어 id1에 저장하도록 한다.

LOAD id_2 의 의미는 id_2 (즉, initial)의 값을 메모리에서부터 찾아서 (만약 7이면) 7을 stack에 push한다. (그래서 LOAD라는 명령어 대신 PUSH)라고 하는 컴파일러도 있다.) 다음 LOAD id_3 는 id_3 (즉, rate)의 값을 메모리에서부터 찾아서 (만약 9이면) 9를 stack에 push한다. MUL는 stack에 있는 두 값을 pop하여 두 값을 곱하고, 그것을 다시 push한다. 그러면 63이 stack에 존재하게 된다. STORE는 63을

메모리의 id1 (즉, result)에 저장하는 것이다. 이런 코드를 중간 코드라고 한다.

여러 종류의 중간코드가 있지만, stack을 기본으로 하는 pseudo code(줄여서 p-code라고 부른다)가 가장 이해하기 쉽고, 널리 알려져 있다. pseudo code는 stack을 가정하고 만들어진 스택 모의 코드(stack simulation code)이다. 중간코드는 아직 완전한 머신코드가 아니다. 한 단계를 더 거쳐 다음 단계에서 머신코드가 만들어진다. 완전한 머신코드는 머신(machine) 자체가 복잡하다보니 머신코드 또한 다루기 어렵고 복잡하다. 그러나 중간코드는 stack이라는 간단한 머신을 가정하고 만든 코드이기 때문에 매우 간단하고 다루기 쉽다. 그래서 머신코드를 대상으로 하는 것보다는 중간코드를 대상으로 속도나 성능 혹은 용량을 개선하기 용이하다는 것이다.

중간코드를 대상으로 속도나 성능 혹은 용량을 개선하는 과정이 최적화(optimizing) 과정이다. 최적화에는 다양한 기술들이 개발되어 있다. 자료흐름 분석(data flow analysis) 이라든가, 생사 체인(live-dead chain) 같은 기법을 사용해서 변수가 어디에서 정의되고, 어디에서 사용되며, 어디에서 더 이상 사용되지 않는 지를 분석하여, 잘못 사용되고 있는 변수들을 찾아낸다. 또한 루프 불변(loop invariant)라는 기법을 사용하여 loop(반복문을 뜻한다)를 아무리 돌아도 값이 변하지 않는 변수를 찾아내어 loop 밖으로 끌어낸다. 그러면 속도의 향상에 크게 도움된다. 자료흐름 분석은 프로그램 증명 분야에도 활용되는 기법이다. 프로그램을 실행하기 전에 프로그램의 로직(logic)이 맞는지 아닌지 증명하는 것이다.

중간 코드가 나오면 그 다음으로 코드 생성기(code generator)를 거치게 된다. 기계어는 바이너리(binary)로 표현되기 때문에 이해하기 힘들다. 그래서 어셈블리어(assembly language)로 표현한다.

앞서 예를 든 중간언어

```
LOAD   id2
LOAD   id3
MUL
STORE   id1
```

는 머신코드로 다음과 같이 번역될 것이다.

```
MOVE   R1, id2
MOVE   R2, id3
MUL    R3, R1, R2
STORE   R3, id1
```

MOVE R1, id_2 는 id_2에 있는 내용을 레지스터 R1에 옮기라는 뜻이다. CPU 내에는 여러 가지 레지스터(register)들이 있다. MAR, MBR, PC, R1~Rn 등 여러 가지가 있고 용도도 다양하다. 머신코드는 이러한 레지스터를 활용해서 결과를 만들어내는 코드이다. 레지스터는 메모리보다 속도가 빠르고, 메인 메모리 내용이 레지스터로 옮겨져야 수행이 가능하다. 그리고 레지스터는 회로 상 ALU에 직접 연결되어 있다. 그래서 R1에 있는 값과 R2에 있는 값을 더하라 하면, 회로가 ALU와 연결되어있기 때문에 R1에 있는 내용과 R2에 있는 내용이 adder에 의해 바로 더해진다. MOVE R2, id_3에 의해 id_3의 값을 R2로 옮기고, MUL R3, R1, R2로 R1의 값과 R2의 값을 곱해서 R3에 넣은 다음, STORE R3, id_1 해서 R3의 값을 id_1에 저장한다는 것이다.

이런 과정 중에 심볼 테이블(symbol table)의 역할은 매우 중요하다. 어휘 분석기와 구문 분석기에서 분석한 것을 심볼 테이블에 저장한다. 심볼 테이블은 레코드 배열과 같은 것이다. 어휘 분석할 때 result를 만나면, (배열의 0번지는 비워놓고) 1번지에 result를 넣는다. 〈id, 1〉에서 뒤에 있는 1은 심볼 테이블의 위치(entry)이다. = 은 그 자체가 상수이므로 심볼 테이블에 넣을 필요가 없다. initial을 만나면 그것도 심볼 테이블에 저장한다. 2번지에 들어갔으니깐 〈id, 2〉가 됩니다. 마찬가지로 rate도 심볼 테이블 3번지에 저장하고 〈id, 3〉이 된다. 각 심볼들에 문자뿐만 아니라 타입들도 저장된다. result가 float이고, initial이 int이면 이런 타입들이 각 심볼과 함께 저장된다. 또한 배열이 선언되어 있다면 몇 차원인지, 상한과 하한값은 얼마인지, 선언한 모든 변수(기호)에 대한 정보들이 모두 심볼 테이블에 저장된다.

이 정보들은 중간코드 만들거나 머신코드를 만들 때 사용된다. 그래서 어휘 분석기, 구문 분석기 단계를 분석(analysis) 단계라고 하고, 중간코드 생성기, 코드 생성기를 종합(synthesis) 단계라고 한다. 규모가 작은 컴파일러도 5000라인 이상이고, 규모가 큰 컴파일러(예를 들어, C 컴파일러)는 8000라인 이상이다.

머신코드로 된 파일을 목적파일(object file)이라고 하고, 파일명에 *.obj라는 확장자가 붙는다. 번역해서 목적한 기계에 맞춘 코드라는 뜻이다. 목적코드가 다른 라이브러리들과 연결되고 합쳐져야 비로소 실행 가능한 코드가 된다. 연결하는 것은 링커(linker)가 담당한다. 링커가 링킹(ilnking)하고 나면, 메모리에 적재시켜야 한다. 적재하는 것을 로딩(loading)이라고 한다. 로딩은 로더(loader)가 담당한다. 링커나 로더를 컴파일러의 이웃사촌이라고 하고, 링커와 로더를 통해서 비로서 실행파일(excutable file)이 만들어진다. 실행파일의 파일명은 *.exe라는 확장자가 붙는다.

컴파일러는 결국 소스코드(예를 들어 *.C)를 받아서 실행파일(*.exe)을 만들어 내는 것이다.

2.3.2 순수 인터프리터

그 다음에, 순수 인터프리터(pure interpreter)는 인터프리터에 의해서 처리되는 것을 뜻한다. 인터프린터는 원시 프로그램을 받으면 원시 프로그램을 복잡한 과정을 거치지 않고 바로 해석해서 결과를 만들어 낸다. 그림 3에서 보는 바와 같이 *.obj 나 *.exe 이 만들어지지 않는다.

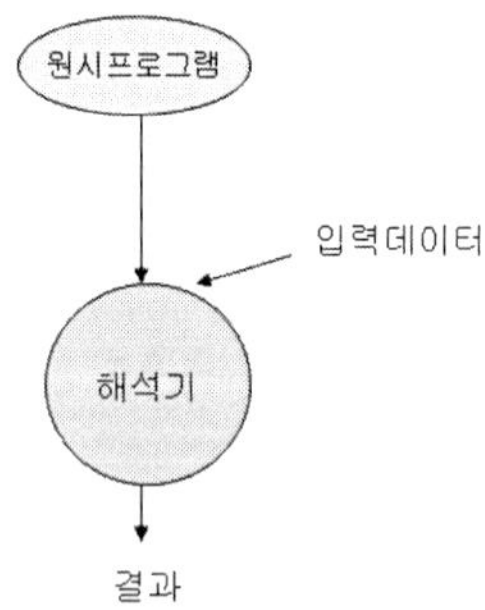

그림 3. 순수 인터프리터

소스 프로그램을 바로 번역해서 결과를 구하는 방법이다. 컴파일러보다 빠를 것 같지만 결코 빠르다고 하지 않는다. 컴파일러보다 느리다고 한다. 이유는 *.obj파일이나 *.exe파일이 만들어지지 않기 때문에, 결과를 만들어 내려면 소스코드를 다시 처음부터 해석해서 실행해야 하기 때문이다. 실행할 때마다 소스코드를 분석해서 결과를 만들어야 하므로 느린 것이다. 그러나 컴파일러는 *.exe 파일이 생성되어 있기 때문에, 실행할 때는 *.exe 만 실행하면 된다.

그럼 장점은 무엇일까? 번역과정이 간단하다는 것이다. 그래서 BASIC 같은 언어는 처음에 인터프리터 언어로 만들어졌다. BASIC은 Fortran의 신택스(syntax)에서 아주 기본적인 것들만 가져와서 만든 간단한 언어이다. BASIC과 같이 간단한 신택스를 가진 언어들, 예를 들어 APL, SNOBOL, LISP와 같은 언어들은 인터프리터 언어들이다. JavaScript 와 같은 스크립트 언어들도 인터프리터 방식으로 처리된다.

2.3.3 하이브리드 방식

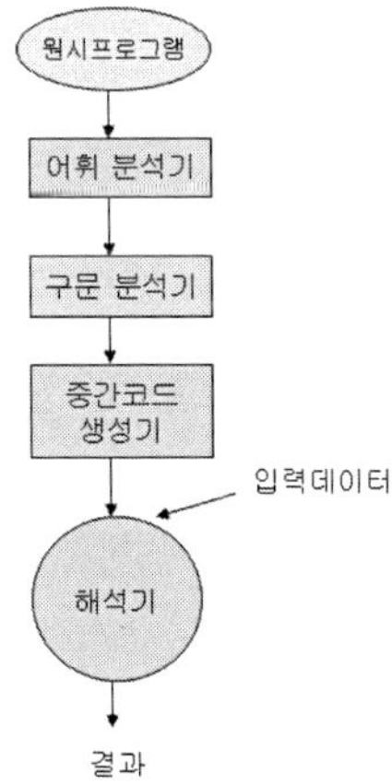

그림 4. 하이브리드 방식

하이브리드(hybrid) 방식은 컴파일러와 인터프린터를 혼합한 것이다. 분석 단계는 컴파일러 방식으로 처리하고 종합 단계는 인터프린터 방식으로 처리한다. 소스코드에 대해 어휘 분석, 구분 분석, 중간 코드 생성까지는 컴파일러 방식을 통해 중간 코드(p-code)를 만든다.

p-code는 Pascal을 만들 때 N. Wirth에 의해 제안되었다. stack-machine을 가상해서 만든 가상코드라는 뜻이다. 가상의 스택 머신에 대한 어셈블리 코드라고 할 수 있다. p-code 파일을 구하면 p-code를 실행할 수 있는 시뮬레이터(simulator)를 만들어di 하는데 이것이 p-code에 대한 인터프린터이다. 인터프린터는 p-code를 받아서 한 문장씩 실행하면 된다. 이런 방식을 컴파일러-인터프린터 방식이라고 한다.

Java는 중간 코드로 바이트 코드(byte code)라는 것을 생성한다. 바이트 코드를 처리 할 수 있는 인터프린터가 바이트 머신(byte machine)이다. 이 바이트 머신을 다운받아서 실행할 수 있는 컴퓨터는 어떤 컴퓨터든지 Jave를 실행할 수 있다. 그래서 Java 특성을 플랫폼(platform) 독립적이라고 한다. Jave도 컴파일러- 인터프린터 혼합 방식을 사용한다.

C#같은 .NET 언어는 중간 코드로 IL(Intermediate language)을 만들어낸다. 그러나 IL을 처리할 때, 인터프리터 방식을 쓰는 것이 아니라, JIT(just-in time)라는 컴파일러를 사용한다. 즉 컴파일러-컴파일러 방식을 채택하였다. C#은 IL로 번역한 것을 다시 한번 컴파일하여 *.obj와 *.exe 파일을 만든다. 최근의 언어들은 이렇게 하이브리드 방식을 많이 쓴다. 컴파일러의 장점도 취하고 인터프린터의 장점

도 취하는 것이다. Python도 처음에는 인터프린터 방식으로 만들어 스크립트 언어로 사용되었지만, 점점 신택스가 복잡해지고 C#이나 C++ 같은 언어와 연동해서 사용할 필요성이 대두되면서 컴파일러 방식이 혼합되게 되었다. 목적파일이 만들어져야 링킹이 가능하고 연동이 되기 때문이다.

2.3.4 전처리기

전처리기(preprocessor)는 컴파일러가 번역하기 전에 미리 사전 처리하는 것이다. 링커나 로더와 더불어 컴파일러의 사촌이라고 한다. 전처리기는 처음에 C에서부터 사용되었다. C에서 #define 또는 #include 할 때와 같이 "#"이 붙어 있으면, 전처리기가 #을 보고 컴파일하기 전에 필요한 일들을 먼저 처리한다. #define 이면 소스 코드에서 해당 상수를 찾아 지정한 상수값을 모두 대치한다. #include 이면 해당 파일을 찾아 끼워 넣는다. 이렇게 끼워넣는 기능을 매크로(macro) 라고도 한다.

서브 프로그램(sub program)은 문장 중에서 서브 프로그램의 이름을 호출하면(call) 해당 서브 프로그램이 있는 곳으로 분기(jump)가 일어나고 수행한 후에, 복귀 주소(return address)로 돌아오는 방식이다. 하지만 매크로는 문장 중에 매크로의 이름이 발견되면 매크로로 정의된 코드가 삽입된다. 그래서 매크로로 정의되는 문장이 너무 길어서는 안된다. 1~2줄 정도의 아주 짧은 문장만 매크로 정의가 가능하다.

연습문제

2.1 본 교재에서 다루어지는 Fortran, Pascal 외에도 인터넷을 찾아보면, Perl, Eiffel, F# 등 수많은 언어들이 있다. 20가지 이상의 언어들을 찾아보고, 각 언어들이 프로그래밍 언어 분류 상 어느 부류에 속하는지를 밝히시오.

(Python, F# 같은 언어는 여러 부류에 속한다.)

2.2 프로그래밍언어론은 컴파일러의 선수과목이라고 할 만큼 밀접한 관계가 있다.

컴퓨터공학이라는 학문에서 프로그래밍언어론이 중요한 비중을 차지하는 이유를 설명하고, 또 컴파일러가 중요한 이유를 설명하시오. 그러면 자연스럽게 프로그래밍언어론과 컴파일러의 관계에 대해 이해하게 되리라 기대한다. 두 과목의 관계에 대해 설명하시오.

CHAPTER

3

프로그래밍 언어들의 특징

CHAPTER 3 | 프로그래밍 언어들의 특징

3.1 서론

그림 1은 프로그래밍 언어들의 계보이다. 주요한 언어들만 나타나 있지만 오늘날 200가지 이상의 프로그래밍 언어들이 있고, 서로 영향을 주고받고 있기 때문에 계보를 자세히 그리기는 사실상 불가능하다. 그러나 그 많은 프로그래밍 언어들 중에서도 컴퓨터의 발전에 크게 기여한 언어들이 있다. 그 중 가장 대표적인 언어가 Fortran일 것이다.

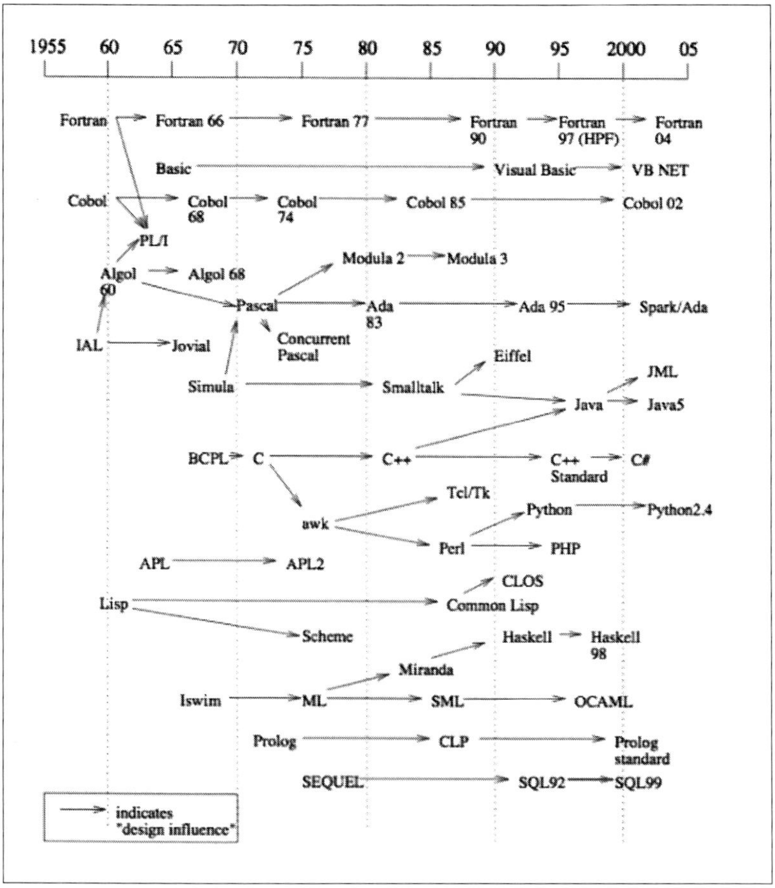

그림 1. 프로그래밍 언어들의 계보

Fortran은 1957년 첫 버전이 발표된 이후 현재는 Absoft의 Fortran v11.0, 그리고 Intel사의 Visual Fortran이 나오기까지 장구한 세월 동안 많은 사람들에 의해 사용되었다. 가장 괄목할 만한 것은 1962년 발표된 Fortran IV이다. 과학기술용 언어로 만들어졌기 때문에 당시 과학의 발전에 지대한 공헌을 미쳤고, 지금도 대규모 데이터를 처리하는 토목이나 우주항공 분야에 널리 사용된다. 그래서 데이터 프로세싱 언어로 불리운다. COBOL도 유명한 데이터 프로세싱 언어이다. COBOL은 상업용으로 개발되었기 때문에 은행 등 금융기관과 그 밖의 많은 기업체에서 사용된 언어이다. Pascal도 컴퓨터의 발전에 크게 기여하였다. Pascal은 강력한 데이터 구조를 제공하고, 문법적으로 잘 정의된 언어이다. Pascal은 ALGOL이라는 언어가 크게 영향을 끼쳤다. ALGOL은 매우 잘 설계된 언어였지만, 컴파일러 기술의 부재로 완성을 보지 못한 언어였다. 그러나 프로그래밍 언어의 발전 방향을 제시하는데 큰 역할을 하였다. BASIC은 PC의 등장과 함께 많이 사용된 언어이다. 지금의 Visusl BASIC은 기본 신택스(syntax)로 BASIC을 사용한다. 2장에서 다룬 언어 부류 중, 함수언어가 있고, 그 대표적인 언어가 LISP이다. LISP는 많은 변종들이 만들어져 있다. 본 장에서는 컴퓨터 발전에 크게 기여한 Fortran, BASIC, ALGOL, Pascal, COBOL의 특징을 살펴보고자 한다.

3.2 Fortran

Fortran 77이나 95는 현대적인 프로그래밍 언어들과 매우 흡사하다. 현대적인 언어는 다른 언어들로도 충분히 공부할 수 있기 때문에 Fortran IV를 소개하고자 한다. Fortran IV는 1962년 개발되어 Fortran 77이 나올 때까지 상당히 오랫동안 사용된 언어이다.

Fortran IV는 양식화된 언어(formatted language)라고 해서, 1번부터 80번 칼럼까지 있는코딩 용지(coding sheet)에 작성하였다. 이 용지는 모눈종이처럼 세로와 가로로 줄이 있고, 6번 칼럼은 조금 더 진하게 표시되어 있다. 1번 칼럼부터 5번 칼럼까지는 문장 번호를 적게 되어있고, 7번 칼럼부터 72번 칼럼까지 문장을 적도록 되어있다. 6번 칼럼은 문장이 다음 줄과 이어질 때, 아무 기호나 쓰면, 다음 라인과 같이 이어지는 문장임을 뜻한다. C같은 현대 언어들은 세미콜론으로 문장의 끝을 나타낸다. 1번 칼럼에 C는 comment의 약자로서 주석문이라는 뜻이다. Fortran IV는 모두 대문자로 쓴다.

7번 칼럼부터 시작되는 DIMENSION이 배열을 뜻한다. C에서의 array다. 배열의 이름은 LIST이고 하한은 1, 상한은 99이다. FORTRAN의 영향을 받아서 BASIC은 배열을 선언할 때, DIM이라고 쓴다. I = 0는 초기값을 준 것인데, 변수 I를 선언한 것이 보이지 않는다. Fortran IV는 변수명의 첫글자가 I, J, K, L, M, N 으로 시작하면 INTEGER형이 된다. 그 외의 문자로 시작하면 REAL형이 된다. 이것을 내재적 형선언(implicit typing)이라고 한다. 타입 선언이 따로 없고, 변수의 이름만으로 타입이 결정되는 것이다. SUM, RESULT를 그냥 쓰면 실수형이 되니까 I를 붙여 정수형으로 표현할 수 있다.

```
1      7                                                72  80
----------------------------------------------------------------
C--    FORTRAN EXAMPLE
       DIMENSION LIST(99)
       IRESULT = 0
       ISUM = 0
```

```
      READ 60, LEN
      IF ((LEN .GT. 0) .AND. (LEN .LT. 100)) GO TO 101
      GO TO 102
 101  DO 55 ICOUNT = 1, LEN, 1
         READ 70, LIST(ICOUNT)
         ISUM = ISUM + LIST(ICOUNT)
  55  CONTINUE

C--   Computer the Average
         AVERAGE = ISUM / LEN
      DO 66 ICOUNT = 1, LEN, 1
         IF (LIST(ICOUNT).GT. AVERAGE) IRESULT = IRESULT + 1
  66  CONTINUE

C--   Print the Result
      WRITE 80, IRESULT
      GO TO 103
 102  WRITE 90
 103  STOP

  60  FORMAT(0X, I2)
  70  FORMAT(2X, I3)
  80  FORMAT(5X, '*** Result is ***', 2X, I5)
  90  FORMAT(5X, 'Error – list length is not legal)

      END

C--   DATA
50
```

```
75
96
88
76
.
.
```

입력은 READ문을 통해 이루어진다. 60은 문장 번호이다. 문장 번호 60에 양식(FORMAT)이 있는데, 양식 X는 빈칸을 의미한다. 0X는 빈칸 띄울 필요없고, I2는 정수형으로 2칸 잡아 데이터를 읽어라는 뜻이다. "CData"라는 바로 다음 라인부터 입력 데이터가 있는데, 첫 줄의 50이 LEN에 입력된다. IF문은 "〉" 대신 ".GT."(Great Than)이 사용된다. AND도 이와 같이 양 가에 점을 찍는다. ".LT."(Less Than)는 "〈"를 대신한다. 조건식이 true이면, 조건식의 우측 식을 수행하고, false이면 우측 식을 수행하지 않고 그 다음 라인으로 진행된다. 여기서는 true이니까 GO TO 101로 간다. IF-THEN-ELSE가 없었기 때문에 이런 방법을 사용한 것이다.

101번 문장은 DO문이다. DO는 항상 CONTINUE를 수반하는 루프(loop)문이다. 현대 언어의 for문과 비슷하다. (BASIC도 FORTRAN의 영향을 받아서 DO를 쓴다. BASIC에는 for도 있고 DO도 있지만, for문 혹은 while문은 조건식이 루프의 선두에 존재하므로 조건식을 검사해서 false이면 for을 한 번도 수행하지 않고 루프에서 빠지게 되고, DO는 조건식이 루프의 맨 마지막에 있기 때문에 루프를 무조건 한번은 수행하게 된다는 차이점이 있다.) 조건식을 DO의 선두에 쓴

다는 것이 현대 언어의 DO와 차이가 있기는 하지만, DO문을 최초로 사용한 언어가 Fortran이다. DO 다음의 문장번호가 55번이고, 55 CONTINUE 까지가 DO의 바디(body)이다. 그리고 ICOUNT는 초기값 1, 최종값 LEN, 증가분 1을 갖는 인덱스(index)이다. LEN이 50이니까 50번 반복한다.

ICOUNT가 1일 때 70번 FORMAT에 의해 두 번째 데이터를 읽는다. 2X에 의해 두 칸을 띄우 I3의해 세 자리를 정수형으로 읽으면, 75를 읽고 그것을 LIST(1)에 입력한다. 같은 방법으로 50개의 학생 성적을 읽으면서 ISUM = ISUM + LIST(ICOUNT) 에 의해 합을 구한다. IF문 다음의 "GO TO 102"는 조건식이 false일 때 수행하는 문장이다. ELSE가 문장이 없었기 때문에 이렇게 한 것이다. 102번 문장은 출력문이다. 90번 FORMAT으로 WRITE 한다. 출력용지에 5칸을 띄우고 "ERROR - list length is not legal"이라고 출력한다.

DO를 모두 처리하고 루프에서 빠져나오면 AVERAGE를 구한다. 학생들의 성적 총합이 ISUM이니까, ISUM / LEN 에 의해 평균이 구해지고, 그 값이 AVERAGE에 저장된다. AVERAGE는 실수형이다. AVERAGE를 출력하게 되면 "FORMAT(3X, F5.2)"와 같은 양식으로 출력하게 될 것이다. "F5.2"란 전체 5칸을 잡아서 찍되 소수이하 2자리라는 말이다. 소수점이 한자리 차지하므로, 정수값은 2자리가 된다.

"DO 66"은 AVERAGE 보다 성적이 좋은 학생 수를 구한 것이다. 그것을 IRESULT라고 하고 80번 양식으로 출력하였다. 만약에 "GO T0 103"이 없으면, IRESULT 출력한 다음에 또 "ERROR - list length is

not legal"를 출력하게 될 것이다. GO T0 103에 의해 바로 STOP문으로 가게 된다. STOP문은 실행을 멈추는 실행문이다. END는 프로그램의 끝을 나타내는 것이고 실행문은 아니다. END 다음에 입력 데이터를 기록하게 되어 있다.

Fortran Ⅳ는 Fortran 95로 발전되었다. 물론 77에서부터 조금씩 바뀌기 시작해서 95를 거쳐 지금은 2008까지 나왔는데, 77에서부터는 코딩 용지없이 프리 포맷(free format)으로 코딩하였다. 느낌표로 코멘트를 표현하고, Implicit none이 도입되었다. Implicit none이란, implicit typing을 허용하지 않겠다는 것입니다. implicit typing은 앞서 설명한 바와 같이 "I~N으로 시작하는 변수는 정수"라는 묵시적 선언이다. 묵시적 선언을 사용하지 않으므로, 변수 사용 전에 꼭 선언을 해야 한다. 그래서 Sum, Average, Result 등의 변수를 Integer로 선언하였다. list_len, count도 만찬가지입니다. 이 Implicit none을 BASIC에서도 사용한다. BASIC에서도 Implicit none이라고 하고, 변수의 타입을 선언한다.

!!! Fortran 95 예제 !!!

```
Implicit none
Integer::int_List(99)
Integer:: List_Len, Counter, Sum, Average, Result
Result = 0
Sum = 0
Read *, List_Len
If ((List_Len 〉 0) .AND. (List_Len 〈 100)) Then
```

```
! 학생 성적 읽기
   Do Counter = 1, List_Len
      Read *, Int_List(Counter)
      Sum =  Sum + Int_List(Counter)
   End Do
! 평균값 계산
   Average = Sum / List_Len
! 평균 보다 높은 성적을 받은 학생 수 세기
   Do Counter = 1, List_Len
      If (Int_List(Counter) 〉 Average) Then
         Result = Result + 1
      End If
   End Do
! 결과 출력
   Print *, '평균 보다 높은 성적을 받은 학생 수:', Result
Else
   Print *, 'Error - 리스트의 길이가 너무 크거나 작음'
End If
End
```

입출력 문에서는 FORMAT이 없어졌다. *는 FORMAT이 있는 문장 번호가 있던 자리였는데 흔적만 남겨두었다. FORMAT 없이 알아서 읽는다. If문에서는 .GT. 대신 연산자 〉 이 도입되었고, Then과 Else로 참일 때 해야 할 문장과, 거짓일 때 해야 할 문장을 묶어 놓은 것이 획기적입니다. Do의 끝은 CONTINUE가 아니라, End Do로 바뀌었다. GOTO를 쓰면 제어가 여기 저기 옮겨지기 때문에 프로그램의 가독성(readability)가 떨어지지만, Then과 Else를 사용하여, 참일 때의

문장과 거짓일 때의 문장을 묶는 것이 매우 획기적이다. 그것을 블록(block)이라고 한다. 블록으로 구획을 지정하였다는 뜻이다. 블록은 다음 절에서 다루는 Algol이 효시이다.

3.3 Algol

Algol과 같은 언어를 블록으로 구조화된 언어(block structured language)라고 한다. if문의 경우, 조건이 참이면, then에 대한 begin-end 사이의 문장을 수행한다. 조건이 거짓이면, else에 대한 begin-end 사이의 문장을 수행한다. 이 begin-end를 블록(block)이라고 한다. Pascal도 block_structured 언어 개념을 적용해서 begin-end를 블록을 나타내었다. C언어는 중괄호 열고-닫고로 블록을 나타낸다. 블록 개념은 Fortran IV의 시행착오로부터 나온 것이다. GOTO를 많이 쓰면 프로그램의 흐름이 여기갔다 저기갔다 혼란스럽다. 그래서 GOTO가 없는 gotoless 프로그램을 하라고 한다. gotoless는 블록이 있어야만 가능하다.

comment Algol 60 예제

```
begin
   integer array intlist[1:99];
   integer listlen, counter, sum, average, result;
   result = 0;
```

```
    sum = 0;
    readint (listlen);
    if ((listlen 〉 0) ∧ (listlen 〈 100)) then
      begin
comment  학생 성적 읽기
      for counter = 1 step 1 until listlen do
        begin
            readint (intlist(counter));
            sum =  sum + intlist(counter);
        end;
comment  평균값 계산
      average = sum / listlen;
comment  평균 보다 높은 성적을 받은 학생 수 세기
      for counter = 1 step 1 until listlen do
        if (intlist(counter) 〉 average) then
            result = result + 1;
comment  결과 출력
      printstring("평균 보다 높은 성적을 받은 학생 수:");
      printint(result)
      end
    else
      printstring("Error - 리스트의 길이가 너무 크거나 작음");

end
```

굵은 글씨체로 된 것은 예약어(reserved word)이다. 예약어란 변수로는 사용 불가한 단어이다. 제일 바깥에 큰 블록이 있고, 블록 안에 작은 블록이 들어갈 수 있다. 주석문은 comment로 적는다. 프로그램의 제목이 있고, input과 output의 설명이 있다. 배열은 array로 선언

한다. 배열의 하한 값은 1이고, 상한 값은 99이다. 하한값은 마이너스도 가능하다. 문장의 끝을 나타내는 세미콜론 역시 Algol에서 도입되었다. readint( )는 integer 값을 읽을 수 있도록 한 것이다. .AND.도 ∧로 바 뀌었다. .GT.도 〉로, .LT.도 〈로, .OR.도 ∨로 쓴다.

DO는 for-do로 바뀌었다. 인덱스 counter를 1부터 증가분(step) 1씩, 최종값(until) listlen까지 증가한다. listlen이 50이라면 50번 반복하게 된다. for-do의 do는 Fortran의 흔적이라 할 수 있다. 최근의 언어들은 for-do를 함께 쓰지 않는다. do-while이 있고, while-do가 있다. 이들은 for문과 다르다. 이것들의 차이점은 다른 부분에서 다루도록 하겠다. 예시로 보여준 Algol 프로그램은 Fortran과 마찬가지로 학생들의 성적을 읽어서 배열에 넣어서 그 값을 모두 더해서 평균을 구하고 평균값보다 큰 학생이 몇 명인지 그 결과를 읽는 프로그램이다.

3.4 BASIC

BASIC의 탄생 초기에는 키워드 혹은 변수명을 만들 때, 3자까지만 허용했다. 그래서 코멘트를 뜻하는 REMARK도 REM이라고 했고, DIMENSION도 DIM이라고 썼다. 변수 result도 res 로 인식되고, 변수 reseme도 res로 인식되기 때문에, 두 개의 변수는 같은 변수가 되어버린다. 물론 최근 버전에서는 그렇지 않다. 초기 버전에서의 이야기이다. 그러나 키워드는 여전히 3자로 만들어진 것들이 많다. 키워드는 대문자로 표시하였다. 예약어와 키워드의 다른 점은 예약어는 변수로 사용할 수 없지만, 키워드는 변수로도 사용 가능하다.

입력문은 read 대신 input이라고 했다. Fortran IV에서 쓰던 FORMAT은 사용하지 않았다. IF문도 THEN과 ELSE를 사용하여 GOTO의 번거로움 제거하였다. 그리고 루프문은 DO 대신에 FOR를 사용하고 끝은 NEXT로 나타내었다.

그러나 이런 문법 자체의 변화보다도 획기적인 것은 타임 쉐어링(time sharing)이라는 기법의 도입이었다. 당시에는 메인 프레임(main frame)에 더미 터미널(dummy terminal, 메모리나 CPU 없이 터미널만 존재)을 붙여 작업을 하였다. 여러 사람들이 동시에 작업을 할 때, 각자가 혼자 컴퓨터를 쓰는 것처럼, 메인 프레임이 시간을 나누어 조금씩 서비스 해주는 것이다. 시간을 나누어 쓸 수 있도록 한 것이 타임 쉐어링이고,BASIC은 이러한 면에서 컴퓨터 발전에 크게 기여하였다. BASIC은 나중에 Visual BASIC으로 발전하게 된다.

REM BASIC 예제 !!!

```
DIM intlist(99)
result = 0
sum = 0
INPUT listlen
IF listlen > 0 AND listlen < 100 THEN
REM  학생 성적 읽기
     FOR counter = 1 TO listlen
         INPUT intlist(counter)
         sum = sum + intlist(counter)
```

```
        NEXT counter
    REM  평균값 계산
        average = sum / listlen
    REM  평균 보다 높은 성적을 받은 학생 수 세기
        FOR counter = 1 TO listlen
            IF intlist(counter) 〉 average THEN
                result = result + 1
        NEXT counter
    REM  결과 출력
        PRINT "평균 보다 높은 성적을 받은 학생 수:"; result
    ELSE
        PRINT "Error - 리스트의 길이가 너무 크거나 작음"
    END IF
    END
```

3.5 Pascal

Pascal은 Agol 이후에 Niklaus Wirth에 의해 만들어졌다. Algol은 매우 좋은 언어였지만 컴파일러 기술의 미비로 Algol은 크게 빛을 보지 못하였다. 그러나 Pascal은 Algol과 비슷하면서도 가볍기도 하고 때마침 불어온 PC시대를 맞아 컴퓨터의 발전에 크게 기여하였다. 특히 Borland사의 Turbo Pascal이 많이 사용되었다. Turbo Pascal은 이후 Borland Pascal로 발전되었는데 Turbo Pascal은 DOS용이고, Borland Pascal은 Windows용이다. (C도 Turbo C와 Borland C가 있다) 4세대 언어인 Delphi는 Pascal 신택스를 기본으로 하고 있다.

Pascal은 주석문으로 중괄호를 사용한다. C에서는 /* 로 열고 */로 닫는다. 열고 닫는 방식을 Pascal에서부터 먼저 시작했다. 이 프로그램의 이름은 pasex(pascal example의 약자)이고, 끝을 end. 으로 표시한다. 마침표가 있는 end가 있고 없는 end가 있다. 마침표 있는 end는 프로그램의 맨 마지막이다. begin에서부터 end. 사이에 main 프로그램의 본체(body)가 들어간다. 굵은 글씨는 예약어를 나타낸다.

{ Pascal 예제 }

```
program pasex (input, output);

  type intlisttype = array [1..99] of integer;
  var
    intlist : intlisttype ;
    listlen, counter, sum, average, result : integer;
  begin
  result = 0;
  sum = 0;
  readln (listlen);
  if ((listlen 〉 0) and (listlen 〈 100)) then
    begin
{ 학생 성적 읽기 }
    for counter = 1 to listlen do
      begin
        readln (intlist[counter]);
        sum =  sum + intlist[counter];
```

```
        end;
  { 평균값 계산 }
      average = sum / listlen;
  { 평균 보다 높은 성적을 받은 학생 수 세기 }
      for counter = 1 to listlen do
        if (intlist[counter] 〉 average)
          then result = result + 1;
  { 결과 출력 }
      writeln('평균 보다 높은 성적을 받은 학생 수:', result)
      end
    else
      writeln('Error - 리스트의 길이가 너무 크거나 작음')

end.
```

begin-end를 블록이라 하고 블록 안에 또 다른 블록이 있다. 블록에 이름을 줄 수가 있는데, A, B, C, D 이런 식으로 주면 A라는 블록이 가장 바깥에 있고, 그 안에 B와 C가 있고, C안에 D가 있을 때, 이런 구조를 트리로 나타낼 수 있고 구조를 분명하게 파악할 수 있다. 이런 개념을 block structured language 라고 했고, Algol이 효시라고 했다. 그래서 block structured language들을 ALGOL-like language(알골 유사 언어) 라고 한다. Algol과 마찬가지로 if문이나 for문이 블록을 가지고 있고 for문에는 여전히 do가 사용된 것을 볼 수 있다. Pascal에서 중요한 것은 바로 type문이다. type은 사용자가 타입을 스스로 정의할 때 사용한다. 이것을 사용자 정의 타입(user defined type) 이라고 한다. 1부터 99까지의 integer 배열을 intlisttype 이라고 정의하였다. var은 변수를 선언한다는 뜻이다. 이때 intlist라는 변수를 intlisttype으로 선언했다. 그러면 intlist는 integer 배열이 된다. 배열을 하나만 정의할 때는 큰 효과가 없지만, 여러 개의 배열을 정의하고자 할 때 효과가 있고, 복잡한 자료구조를 정의할 때 더욱 빛을 발한다.

다음 레코드 정의를 보면, record 안에 name, number(학번), 그리고 department(학과)와 같은 필드들이 있을 때, 사용자 정의 타입 Tstudent를 정의할 수 있다.

```
program Pgm_Ex;

type
      Tstudent = record
         name : string[25];
         number : integer;
         department : string[20];
      end;
var
      student : Tstudent;

begin
      student.name = 'Gil-Dong Hong';
      student.number = 4120427;
      student.department = 'Management';
```

Tstudent를 사용하여 student를 선언하고, student.name, student.number, student.department에 값을 줄 수 있다. 이러한 방식을

Pascal이 처음 도입했고, Pascal은 강력한 data structuring 기능을 갖는다고 한다. 레코드(record)를 C에서는 구조체(structure)라 하여 사용하고 있다.

그 아래쪽 listlen, count 등의 변수들은 integer 형으로 선언되어 있다. integer 형은 시스템 정의 타입(system defined type)이라고 한다. 이때의 시스템이란 OS가 아니고 컴파일러를 말한다. 사용자 정의 타입이란 integer라고 선언하는 것과 같은 방법으로 변수를 선언하도록 하는 획기적인 방법이다.

3.5 C 언어

C는 너무나 잘 알려진 언어이다. 주석문을 /*과 */ 사이에 둔다. C는 항상 main이라는 함수로 시작한다. OS는 main부터 시작하고 return 0로 OS로 되돌아간다. OS는 0라는 값을 받을 때 성공적으로 끝났음을 안다. 중괄호 열고 닫고는 Pascal의 begin-end와 같이 블록을 나타낸다. 변수의 선언도 간명해졌다. integer 라고 전부 다 쓰지않고 int만 썼다. 변수명 뒤에 대괄호만 보고 배열임을 알 수 있다. array라는 키워드를 생략한 것이다.

```
/* C 예제 */

void main( ) {

int intlist[99], listlen, counter, sum, average, result;
```

```
result = 0;
sum = 0;
scanf("%d", &listlen);
if ((listlen > 0) && (listlen < 100)) {
/* 학생 성적 읽기 */
    for (counter = 0; counter < listlen ; counter++) {
        scanf("%d", &intlist[counter]);
        sum =  sum + intlist[counter];
    }
/* 평균값 계산 */
    average = sum / listlen;
/* 평균 보다 높은 성적을 받은 학생 수 세기 */
    for (counter = 0; counter < listlen ; counter++) {
        if (intlist[counter] > average) result++;
    }
/* 결과 출력 */
    printf("평균 보다 높은 성적을 받은 학생 수:%d", result);
}
else
    printf("Error - 리스트의 길이가 너무 크거나 작음");

}
```

입력문은 scanf를 사용한다. f는 함수라는 뜻이고 괄호 안에 " " %d, %f 등으로 입력 양식(format)을 준다. d는 decimal이고, f는 float이다. 조금 혼란스러운 것은 변수 listlen앞에 &를 붙인 것이다. 이것은 변수의 주소를 주고 그 위치에 입력값을 저장하기 위함이다. 그 외에는 Pascal과 거의 비슷하다. if문의 조건절에 and 의 의미로 &&라고 쓴다. & 하나만 있는 것과는 의미가 다르다. 그래서 C는 가독성(readability)이 결여된 언어라고 한다. 대신에 ++와 같은 증감연산자는 표현력에 있어서는 좀 더 유리하다. 여러 가지 면에서 Pascal이 더 좋은 언어로 평가된다. 그럼에도 불구하고 C가 더 많이 쓰이는 이유는 무엇일까? C는 고급언어(high level language)이면서 동시에 저급언어(low level language) 특성을 가지고 있기 때문이다. 저급언어란 기계 쪽에 가깝다는 뜻이다. 즉 어셈블리언어(assembly language)처럼 레지스터를 직접 다룰 수가 있는 언어이다. 그리고 BIOS 프로그램을 통해 센서로부터 들어오는 값을 지정한 포트로 읽어들일 수 있다.

3.6 Ada

Ada 프로그래밍 언어는 1970년대와 1980초에 걸쳐 미 국방성(DOD)의 재정 지원하에 개발되었다. 미 국방성의 방대한 지휘 통제 소프트웨어 시스템을 작성하는데 수백 개의 언어들이 사용되고 있어서 미 국방성은 대부분의 필요한 상황을 충족시키는 하나의 언어를 원하고 있었다. Ada 언어를 개발할 때 Pascal이 기반언어로 선택되었지만 최종적으로 나온 Ada 언어는 파스칼과는

```
-- Ada 예제

with Ada.Text_IO, Ada.Integer.Text_IO;
use Ada.Text_IO, Ada.Integer.Text_IO;
procedure Ada_EX is
```

```
    type Int_List_Type is array (1..99) of Integer;
    Int_List : Int_List_Type;
    List_Len, Sum, Average, Result : Integer;
begin
    Result := 0;
    Sum := 0;
    Get (List_Len);
    if (List_Len > 0) and (List_Len < 100) then
-- 학생 성적 읽기
      for Counter := 1 .. List_Len loop
        Get (Int_List(Counter));
          Sum := Sum + Int_List(Counter);
      end loop;
-- 평균값 계산
      Average := Sum / List_Len;
-- 평균 보다 높은 성적을 받은 학생 수 세기
      for Counter := 1 .. List_Len loop
        if (Int_List(Counter) > Average) then
          Result := Result + 1;
        end if;
-- 결과 출력
      Put("평균 보다 높은 성적을 받은 학생 수:");
      Put(Result);
      New_Line;
   else
      Put_Line("Error - 리스트의 길이가 너무 크거나 작음");
   end if;

end Ada_Ex;
```

많이 다른 모습을 보였다. Ada라는 이름은 시인 Lord Byron경의 딸인 Lady Ada Lovelace부인의 이름에서 유래했다. 부인은 1980년대의 초에 Charles Babbage가 설계한 기계식 컴퓨터인 Analytical Engine을 위한 장치의 최초의 프로그램 작성자로 널리 인정받고 있다. Ada의 중요한 기능 중 하나는 멀티태스킹 기능이다. 이로써 프로그래머는 여러 활동이 병렬로 동시에 실행될 것을 지시할 수 있게 되었다. C와 C++를 비롯해서 널리 사용되는 다른 언어들에서는 한 시점에서 하나의 동작만을 실행하는 프로그램 외에는 작성할 수 없다.

Ada에서는 객체지향언어에서 사용되는 클래스 대신 package를 사용한다. 하이펀(--)을 사용해서 주석문을 나타내고, 입출력문을 위해 Ada.Text_IO, Ada.Integet.Text_IO를 with로 가져온다. 그리고 use를 적어주어야 한다. with는 C의 #include와 비슷하고, use는 C++의 using과 비슷하다. 필요한 것만 가져와서 쓰겠다는 것이다. procedure Ada_Ex 라고 프로그램 제목을 주고, is라는 키워드를 사용한다. type은 Pascal의 type과 비슷한데, 역시 is가 있다. procedure는 package 안에 존재하는 프로그램 단위이다. procedure마다 프로시져 이름이 있고 파라메터(parameter)가 있을 수 있다. begin-end로 블록을 나타내고 블록이 시작되기 전에 선언문이 들어간다. 변수를 선언하기 전에 type문으로 사용자 정의 타입을 만들 수 있다. intlist는 사용자 정의 타입을 통해서 만든 Int_List_Type 타입이다. 이와 같이 변수를 선언하는 방법, 프로시져의 정의가 Pascal과 매우 유사하다는 것을 알 수 있다.

입력문은 Get을 쓰고, 출력문은 Put을 쓴다. 그리고 C에서 개행할 때 '＼n'하는 것처럼 Put_Line 으로 자동 개행할 수 있다.

3.7 COBOL

COBOL은 COmmon Business Oriented Language의 약자이며 이름 그대로 상업용이다. 수식이 별로 없고, 모두 영어 문장처럼 만들어져 있다. IDENTIFICATION DIVISION, ENVIRONMENT DIVISION, DATA DIVISION 그리고 PROCEDURE DIVISION으로 나누어져 있다.

첫 번째 구역 IDENTIFICATION DIVISION은 프로그램의 ID를 뜻한다. 프로그램의 이름이 PRODUCE-REORDER-LISTING이다. 생산-재주문-목록을 만든다는 뜻이다.

두 번째 구역은 ENVIRONMENT DIVISION이다. 환경을 나타내는데 CONFIGURATI ON SECTION과 INPUT-OUTPUT SECTION, 두 가지 SECTION이 있다. CONFIGURATION SECTION은 구성을 나타낸다. 소스코드는 DEC과 VAX에서 작성되었고, 목적코드 역시 DEC과 VAX이므로 컴파일러는 해당 컴퓨터의 목적코드로 컴파일해야 한다. INPUT-OUTPUT SECTION은 입출력을 위한 섹션이다.

BAL-FWD-FILE을 READER에 할당해서 입력파일로 지정하고, REORDER-LISTING은 LOCAL-PRINTER에 할당해서 출력파일로 지정한다. BAL이란 balance 즉, 잔고 혹은 재고라는 뜻이다. 입고는 stock, 출고는 release이다. 입고에서 출고를 빼고 남는 것이 재고

(balance)이다. FWD는 forward 즉, 전달 혹은 전송을 뜻한다(예상 혹은 선도 라는 뜻도 있다). 그래서 BAL-FWD-FILE은 재고 전달을 위한 파일이라는 뜻이 된다. reorder는 재주문이라는 의미이다. 재주문을 얼마만큼 해야 되는지, 그것을 리스트로 만든 후 출력하려고 하는 프로그램이다. INPUT-OUTPUT SECTION에서는 이러한 입력파일과 출력파일을 지정하는 일을 한다.

```
IDENTIFICATION DIVISION.
PROGRAM-ID. PRODUCE-REORDER-LISTING.

ENVIRONMENT DIVISION.
CONFIGURATION SECTION.
SOURCE-COMPUTER. DEC-VAX.
OBJECT-COMPUTER. DEC-VAX.
INPUT-OUTPUT SECTION.
FILE-CONTROL.
  SELECT BAL-FWD-FILE ASSIGN TO READER.
  SELECT PRODUCE-REORDER-LISTING
                            ASSIGN TO LOCAL-PRINTER.

DATA DIVISION.
FILE SECTION.
FD BAL-FWD-FILE.
  LABEL RECORDS ARE STANDARD
  RECORD CONTAINS 80 CHARACTERS.
01 BAL-FWD-CARD.
  02 BAL-ITEM-NO              PICTURE IS 9(5).
```

```
    02 BAL-ITEM-DESC              PICTURE IS Z(20).
    02 FILLER                     PICTURE IS X(5).
    02 BAL-UNIT-PRICE             PICTURE IS 999V99.
    02 BAL-REORDER-POINT          PICTURE IS 9(5).
    02 BAL-ON-HAND                PICTURE IS 9(5).
    02 BAL-ON-ORDER               PICTURE IS 9(5).
    02 FILLER                     PICTURE IS X(30).

FD REORDER-LISTING.
    LABEL RECORDS ARE STANDARD
    RECORD CONTAINS 132 CHARACTERS.
01 REORDER-LINE.
    02 RL-ITEM-NO                 PICTURE IS Z(5).
    02 FILLER                     PICTURE IS X(5).
    02 RL-ITEM-DESC               PICTURE IS Z(20).
    02 FILLER                     PICTURE IS X(5).
    02 RL-UNIT-PRICE              PICTURE IS ZZZ.99.
    02 FILLER                     PICTURE IS X(5).
    02 RL-AVAILABLE-STOCK         PICTURE IS Z(5).
    02 FILLER                     PICTURE IS X(5).
    02 RL-REORDER-POINT           PICTURE IS Z(5).
    02 FILLER                     PICTURE IS X(71).

WORKING-STORAGE SECTION.
01 SWITCHES.
    02 CARD-EOF-SWITCH            PICTURE IS X.
01 WORK-FIELDS.
    02 AVAILABLE-STOCK            PICTURE IS 9(5).
```

```
PROCEDURE DIVISION.
000-PRODUCE-REORDER-LISTING.
  OPEN INPUT BAL-FWD-FILE.
  OPEN OUTPUT REORDER-LISTING.
  MOVE "N"TO CARD-EOF-SWITCH.
  PERFORM 100-PRODUCE-REORDER-LINE.
     UNTIL CARD-EOF-SWITCH IS EQUAL TO"Y".
  CLOSE BAL-FWD-FILE.
  CLOSE REORDER-LISTING.
  STOP RUN.

100-PRODUCE-REORDER-LINE.
  PERFORM 110-READ-INVENTORY-RECORD.
  IF CARD-EOF-SWITCH IS NOT EQUAL TO"Y"
    PERFORM 120-CALCULATE-AVAILABLE-STOCK.
      IF AVAILABLE-STOCK IS LESS THAN BAL-REORDER-POINT
        PERFORM 130-PRINT-REORDER-LINE.

110-READ-INVENTORY-RECORD.
  READ BAL-FWD-FILE RECORD
    AT END
      MOVE "Y"TO CARD-EOF-SWITCH.

120-CALCULATE-AVAILABLE-STOCK.
  ADD BAL-ON-HAND BAL-ON-ORDER
    GIVING AVAILABLE-STOCK.

130-PRINT-REORDER-LINE.
  MOVE SPACE                    TO REORDER-LINE.
```

```
MOVE BAL-ITEM-NO            TO RL-ITEM-NO.
MOVE BAL-ITEM-DESC          TO RL-ITEM-DESC.
MOVE BAL-UNIT-PRICE         TO RL-UNIT-PRICE.
MOVE AVAILABLE-STOCK        TO RL-AVAILABLE-STOCK.
MOVE BAL-REORDER-POINT      TO RL-REORDER-POINT.
WRITE REORDER-LINE.
```

세 번째 구역은 DATA DIVISION이다. DATA DIVISION 안에는 FILE SECTION과 WORKING-STORAGE SECTION이 있다. FD는 file descriptor인데 파일을 명세한다는 뜻이다. 입력파일인 BAL-FWD-FILE과 출력 파일인 REORDER-LISTING의 데이터 구조를 명세한 것이다. BAL-FWD-FILE은 표준양식에 따르고, 한 RECORD가 80 문자로 지정되어 있다. REORDER-LISTING 역시 표준양식에 따르고, 한 RECORD가 132 문자로 지정되어 있다.

레코드의 이름이 BAL-FWD-CARD인데, BAL-ITEM-NO, BAL-ITEM-DESC, BAL-UNIT-PRICE 등의 필드(field)들로 구성된다. 01에는 레코드의 이름이 있고 02에는 필드들이 명시되어 있다. COBOL에서는 포맷을 PICTURE라고 표현한다. BAL-ITEM-NO의 9(5)라는 것은 integer로 5칸을 나타낸다. 이 정수형 숫자로 item no.(부품번호)를 나타내겠다는 뜻이다. BAL-ITEM-DESC는 항목 명세(item descriptor)이다. X는 문자이고, 문자 20자를 저장할 수 있도록 자료구조를 마련했다. FILLER는 공백이다. 문자 5칸을 공백으로 남겨놓겠다는 뜻이다. BAL-UNIT-PRICE는 단가(unit price)라는 뜻이다. 999V99의 앞에 있는 999는 소수점 앞의 숫자 3자리이고, V는 소수점, 뒤의 99는 소수점 뒤에 두 자리를 뜻한다. 예를 들어 단가가 $300.55인 부품은 값이 300.55으로 입력된다.

BAL-REORDER-POINT는 재주문 시점이란 뜻이고 정수형 5자리가 저장된다. BAL-ON-HAND는 현재 보유하고 있는 부품을 말하고, BAL-ON-ORDER 주문 중인 부품이다. 역시 정수형 5자리가 저장된다. 이런 필드들이 모두 모여서 BAL-FWD-CARD라는 레코드가 구성된다. 이 레코드들이 모두 저장되면 BAL-FWD-FILE이 된다.

출력파일은 REORDER-LISTING입니다. 레코드는 REORDER-LINE이다. 필드는 이름을 RL(REORDER-LINE)이라는 접두어를 붙여, RL-ITEM-NO, RL-ITEM-DESC, RL-UNIT-PRICE 등으로 명명한다. RL-ITEM-NO의 양식은 Z(5)이다. Z는 숫자도 되고 문자도 된다. 9(5)와 비슷한데 후기 버전에서 문자도 허용할 수 있도록 한 것이다. FILLER는 역시 공백이고, RL-ITEM-DESC는 문자 20자리가 저장될 수 있다. RL-UNIT-PRICE는 양식이 ZZZ.99인데 Z는 숫자도 되고 문자도 된다. V는 역시 소수점의 위치를 나타낸다. V라고 쓰도 되고, 대신 "."을 쓰도 된다. 99 반드시 숫자만 들어가도록 한 것이다. UNIT-PRICE란 단가를 나타낸다고 했는데, 예를 들어 단가가 $3.55이면 $$3.55으로 출력된다.

WORKING-STORAGE-SECTION은 작업을 위한 임시 레코드를 마련한 것이다. 계산을 위한 임시 기억장소라고 봐도 된다. SWITCHES는 02 필드 하나만 존재한다. CARD-EOF-SWITCH는 파일의 끝(end of file)을 나타내는 플래그(flag)이다. 플래그를 스위치라고도 하는데 스위치는 on 아니면 off 값을 갖는다. 한 문자만 할당해서 N(no)

아니면 Y(yes)가 저장되도록 하였다. WORK-FIELDS라는 레코드도 AVAILABLE-STOCK 필드 하나만 있다. AVAILABLE-STOCK은 현재 사용가능한 재고를 의미한다(STOCK은 원래 창고라는 뜻). 부품을 팔려고 하는데 현재 창고에 재고가 얼마나 있느냐를 계산할 때, 필요한 임시 저장 장소이다. 정수형 5자리가 저장된다.

PROCEDURE-DIVISION은 프로그램의 본체(body)에 해당한다. 000, 100, 110, 120, 130은 Fortran의 문장 번호와 같은 것이다. 문장번호만 있는 것이 아니라 프로시져 이름과 같은 것이 같이 나타나 있다. 먼저 PRODUCE-REORDER-LISTING은 재주문하기 위해 LIST를 생산해낸다는 뜻이다. OPEN INPUT으로 입력 파일인 BAL-FWD-FILE을 열고, OPEN OUTPUT으로 출력 파일인 REORDER-LISTING을 연다. CARD-EOF-SWITCH에 초기값 "N"을 준다. CARD_EOF_SWITCH := "N"을 MOVE "N"과 같이 영문으로 표현하였다.

PERFORM을 통해 100번 문장으로 분기가 일어나고, 100-PRODUCE-REORDER-LINE을 수행한다. 그러면 다시 PERFORM 110번을 수행하라고 되어있다. 110-READ-INVENTORY-RECORD는 BAL-FWD-FILE의 첫 번째 레코드를 읽는다. 만약 첫 번째 레코드가 1(BAL-ITEM-NO), BOLT(BAL-ITEM-DESC), 300.55(BAL-UNIT-PRICE) 라면 그 전체를 하나의 레코드로 전부 읽는다. 끝에 도달하면(AT END) "Y"라는 값을 CARD-EOF-SWITCH에 준다. 현재는 끝이 아니니까 레코드를 하나만 읽고, PERFORM 110이라는 다음 문장으로 되돌아간다. IF문에 의해 "Y"가 아니므로, PERFORM 120을 수행한다.

120문에서는 BAL-ON-HAND가 현재 소유하고 있는 재고량이다. 예를 들어 50이라면 현재 50개 소유하고 있다는 뜻이다. 그 값과 현재 주문량 BAL-ON-ORDER (예를 들어 30개라면)를 더해서 AVAILABLE-STOCK에 대입한다. AVAILABLE-STOCK은 WORKING-STORAGE-SECTION에서 정의된 것이다. 120번 문장을 다 수행하면, PERFORM 120 했던 곳으로 되돌아가고 IF문을 수행한다. AVAILABLE-STOCK이 재주문할 포인트(BAL-REORDER-POINT) 보다 작으면, (BAL-REORDER-POINT를 100이라고 가정하자) 재주문하여야 한다. 조금 전 AVAILABLE-STOCK이 80이었으니까, 20개 모자라니까 주문하기 위해서 PERFORM 130번으로 간다.

130문에서 주문하기 위한 출력파일을 만든다. REORDER-LINE에 빈칸(SPACE)을 주고, BAL-ITEM-NO(1이라는 값)를 RL-ITEM-NO로 옮기고, BAL-ITEM-DESC(BOLT라는 값)을 REORDER-ITEM-DESC로 옮기고, BAL-UNIT-PRICE(300.55라는 값)을 REORDER-UNIT-PRICE로 옮긴다. AVAILABLE-STOCK은 계산한 값(80)이다. 이것을 REORDER-AVAILABLE-STOCK으로 옮기고, BAL-REORDER-POINT(100)는 RL-REORDER-POINT로 옮긴다. AVAILABLE-STOCK(80)의 값이 REORDER-POINT(100)보다 적으니까, 해당 항목을 출력 레코드인 REORDER-LINE으로 모두 옮겨 WRITE하는 것이다.

만약 AVAILABLE-STOCK이 BAL-REORDER-POINT 보다 작지 않으면 130번 문장은 수행하지 않기 때문에, 출력 레코드에 기록되지 않는다. 재주문할 필요가 없기 때문이다. 이런 과정을 UNTIL CARD-EOF-SWITCH IS EQUAL TO “Y”일 때까지, 100번 문장으로 가서 수행하고, 100번 문장에 가면 다시 110번 문장으로 가고, 110번 문장으로 가면 READ하고, AT END에 도달할 때까지 계속 반복하는 것이다.

COBOL은 파일처리 언어라고 한다. 데이터베이스가 나오기 전에 파일처리 방식이 많이 사용되었고, 입출력이 많은 은행, 기업체, 대학 등에서 많이 사용한 프로그래밍 언어이다.

3.8 기타 주요 언어들

그 외 주요한 언어들로 C++, Java, C# 등이 있다. 이런 언어들은 객체지향 언어에 속하므로 11장에서 다룬다. 최근 핫 이슈가 되고 있는 Python은 13장에서 다룬다.

연습문제

3.1 C언어로 문자형 배열 s[ ]를 선언하고 이 배열을 스택(stack)으로 삼아 push와 pop하는 프로그램을 작성하시오. 10명의 친구들 이름을 push한 다음, 차례로 pop 하는 main( ) 함수도 작성하시오.

3.2 같은 프로그램을 본 장에서 공부한 여러 가지 프로그래밍언어로 작성하시오.

CHAPTER

4

문 법

CHAPTER 4 | 문법

4.1 서론

본 장에서는 구문(syntax)에 대해 다룬다. 구문은 문법(grammar)으로 표현된다. 구문과 대비되는 용어로 의미론(semantics)가 있다. 의미론은 식, 문장, 프로그램 등의 의미를 표현한다. 그러나 문장의 의미를 표현한다는 것은 굉장히 어렵고, 아직 연구대상이다. 본 장에서는 의미론에 대해서는 다루지 않고 문법만을 다룬다. 구문은 프로그램 언어에서 사용하는 식, 문장, 프로그램에 대한 형태 또는 구조를 표현하는 것인데, 문법으로 표현된다. 새로운 언어를 설계할 때는 문법을 사용하여 구문을 정의한다. 언어 구현 즉, 컴파일러를 만들 때도 문법을 확실히 이해해야 한다. 언어 사용자들 즉, 프로그래머들도 문법을 알아야 언어 구문을 정확하게 사용할 수 있다.

문법을 나타내는 가장 기본 단위로 토큰(token)을 사용한다. 토큰

은 문장에서 의미적으로 구분되는 최소 단위이다. 예를 들어 다음 문장이 있다면,

```
index = 17 * count + 352;
```

index/=/2/*/count/+/17/;로 나눌 수 있고, 내부적으로 index는 〈ID,1〉으로 count는 〈ID,2〉로 표현되고, =은 〈EQ, -〉로, 17은 〈NUM, 17〉로, 352는 〈NUM, 352〉로 표현된다. 대문자로 표현된 것은 상수를 의미한다. C에서 '#define ID 8'로 상수값을 지정하면 〈ID,1〉은 〈8,1〉과 같은 뜻이다. 이와 같이 토큰은 〈token_type, attribute_value〉 두 개의 상수로 표현된다. 어휘항목(lexeme)은 토큰을 이루는 문자열이다. 예에서 토큰 〈ID,1〉의 어휘항목은 "index"라는 문자열이다. 컴파일러의 어휘분석기는 차례로 'i ' 'n' 'd' 'e' 'x'를 읽어 버퍼에 넣는다. 만약 '='이 들어오면 알파벳이 아니므로 지금까지의 버퍼 내용을 심볼테이블(symbol table)에 넣고 token_type은 ID로, attribute_value는 1로 반환한다. 이때 사용되는 버퍼를 lexeme이라고 한다.

id(identifier, 식별자)는 변수명이나 함수명이나 클래스명 등을 만들 때 사용된다. 위에 예에서 index와 count가 id이다. 다음은 id를 만드는 규칙이다.

```
〈id〉 -〉 〈letter〉 (〈letter〉 | 〈digit〉)*
〈letter〉 -〉 a | b | c | ...... | z
〈digit〉 -〉 0 | 1 | 2 | ...... | 9
```

〈letter〉가 먼저 나오는 것은 문자로 시작한다는 뜻이다. (〈letter〉 | 〈digit〉)* 은 문자 혹은 숫자가 0번 이상 여러 번 나타날 수 있다는 뜻이다. *(star 혹은 asterisk로 읽는다)는 0번 이상 여러 번 반복을 의미하는 메타문자(meta character)이다. 그러므로 "ind"와 "kbs", "k25" 등은 모두 id에 속한다. "a"도 역시 역시 id가 될 수 있다. 그러면 "k257_745"도 id인가? 아니다. id를 만들 때, '_'가 사용된다는 규칙은 어디에도 찾아볼 수 없다. ->는 "is defined by"라고 해서 정의되기를 이라는 뜻이다. 이렇게 id를 만드는 일련의 규칙을 문법이라고 한다.

4.2 정규문법과 파생

문법에 의해 문장을 파생(derivation)하는 방법을 살펴보자. 파생은 유도라고도 번역된다. 문법 〈id〉로 "index"를 생성하는 과정을 보면 다음과 같다.

```
〈id〉 => 〈letter〉 (〈letter〉 | 〈digit〉)*
      => i (〈letter〉 | 〈digit〉)*
      => i n (〈letter〉 | 〈digit〉)*
      => i n d (〈letter〉 | 〈digit〉)*
      => i n d e (〈letter〉 | 〈digit〉)*
      => i n d e x
```

문법에서 가장 먼저 나타나는 〈id〉를 시작기호(start symbol)라고 한다. 기호 '=〉'는 다음 단계로 유도됨을 나타낸다. 시작기호 〈id〉에서 다음 단계인 〈letter〉 (〈letter〉 | 〈digit〉)* 로 유도되고, 〈letter〉가 'i'로 유도된다. (〈letter〉 | 〈digit〉)* 에 의해 'n'이 유도되고, 역시 'd'가 유도되고 하는 방식이다. * 가 반복을 의미하니까 문자 혹은 숫자를 생성해 낼 수 있는 것이다. 파생(혹은 유도)은 4장에서 자세하게 설명된다.

4.2.1 언어 인식기

문법과 파생을 이용해서 언어 인식기(recognizer)를 만들 수 있다. 언어 L의 알파벳으로 구성된 문자열을 읽어 L에 속하는지를 판단하는 인식 장치를 말한다. 인식기뿐만 아니라 언어를 생성할 때도 역시 문법이 사용된다. 생성기(generator)는 언어를 만들어내는 장치이다. 다음 예는 '01010'와 같이 '0'다음에 '01'이 반복되는 문자열을 인식하는 인식기이다.

예) 언어(L) = 0(10)*
입력 알파벳 = {0, 1}
입력 문자열 = 01010

만약에 '01010'이 언어 L에 속하는가? 하는 질문이 있다면, L에 대한 오토마타(automata)를 그려서 받아들이는지(accept) 아니면 거부하는지(reject)를 판단한다.

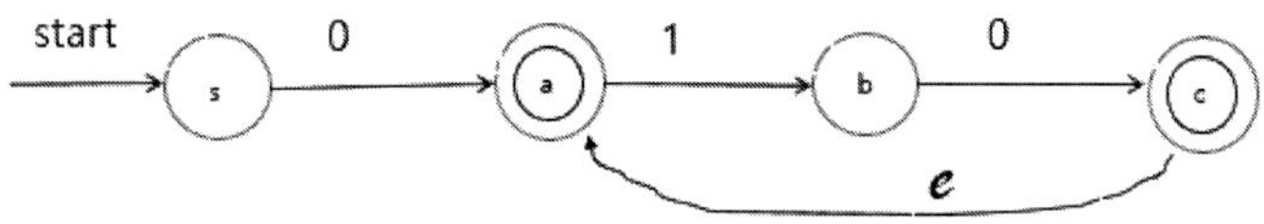

그림 1. 0(10)* 에 대한 오토마타

0(10)* 에 대한 오토마타는 그림 1과 같이 그릴 수 있다. 원 하나 하나는 state를 나타내고 원 안에 state 번호가 있다. 선 위에 입력 숫자가 있고 입력 0에 의해 state s에서 state a로 천이(transition)됨을 나타낸다. 이와 같이 어떤 input symbol에 대해 state를 천이하는 모델링 툴을 state transition diagram이라고 한다. 이것을 좀더 formal 하게 나타낸 것이 오토마타(automata)라고 한다. state s(시작 state)에서 a로 천이하기 위해서는 0라는 입력이 들어올 때이다. a에서 1이 입력되면 b로 가고, b에서 0을 받으면 c로 가고, c에서는 empty transition하여, a로 다시 되돌아간다. empty transition이란 아무런 입력 값이 없이도 천이할 수 있다는 뜻이다. 이중 원은 마지막(final) state를 나타낸다. 시작 state는 하나여야 하지만, 마지막 state는 여러 개일 수 있다. 천이를 계속하다가 마지막 state에 도달하면 끝나게 되고, 정상적으로 끝나면 accept되었다고 한다.

언어 L에서 *은 'zero or many'를 의미한다. 10가 여러 번 반복된다는 뜻이다. 이 반복을 그림 1에서는 empty transition으로 나타낸 것이다. 10가 계속 들어가다가 언젠가 끝나면 c에서 accept가 되거나, a에서 accept 된다. 만약 input이 '01010'이면, s에서 시작해서 0을 받아 a로 가고, 다시 1을 받아 b로 가고, 0를 받아 c로 가고, empty transition에 의해 a로 가고 1을 받아 b로 가고, 0을 받아 c로 간다. c가 마지막 state이기 때문에 accept된 것입니다. 이렇게 오토마타를 통해서 accept 여부를 가려낼 수 있다.

4.2.2 언어 생성기

언어 생성기 역시 문법에 의해 표현된다. 다음은 0(10)* 를 생성하는 예시이다. 문법에서 S -〉 0 가 가능하고, S =〉 0 로 끝이다. -〉 는 문법에서 사용되는 'is defined by'라는 뜻이고, =〉 는 좌측의 스트링이 우축으로 파생된다는 의미이다. 그러므로 S 는 0 이니까, S 가 0 로 파생된다는 것이고, 문법에 의해 0을 생성해 낼 수 있다는 뜻이다.

예) 다음 문법은 어떤 언어를 생성하는가?

S -〉 S10 | 0

답) S =〉 0
또는 S =〉 S10 =〉 010
또는 S =〉 S10 =〉 S1010 =〉 S1010 ……10 =〉 01010 ……10
=〉 0(10)*

따라서 L = 0, 010, 01010, ……, 01010……10 }
= 0(10)*

S -〉 S10 이니까, S =〉 S10 로 파생되고, 다시 S -〉 S10 이므로, =〉 S1010 로 파생된다. 이렇게 계속하다가 S -〉 0 를 적용하면 =〉

01010...0 으로 끝나게 된다. 이것을 0(10)* 으로 표현할 수 있다. L은 문법이 나타내는 언어의 집합을 의미한다.

4.3 정규문법과 CFG

문맥자유 문법(CFG: context-free grammar)은 1950년대 중반에 촘스키(Noam Chomsky)라는 언어학자에 의해 발표되었다. 인디언들의 언어를 연구하다가 문법체계를 그림 2와 같이 4가지 type으로 분류하였다. 제일 바깥에 있는 것이 type0이고 제한을 점점 더 많이 가한 것이 type1, type2, type3 이다. type0를 무제한 문법(unrestricted grammar) 이라고 하고, 그 다음이 문맥민감 문법(context-sensitive grammar), 그것보다 제한을 많이 가한 문법이 문맥자유 문법(context-free grammar)이다.

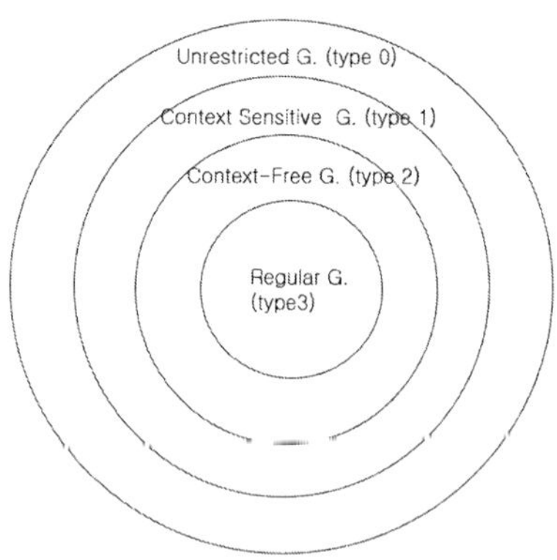

그림 2. Chomsky의 문법분류

가장 많은 제한을 가진 문법이 정규문법(regular grammar)이다. 문맥자유 문법과 정규문법이 인공언어 즉, 프로그램 언어에 적합한 언어라는 것이 판명되었다. 자연어는 문맥민감 문법이나 무제한 문법에 속한다.

촘스키의 4가지 문법 유형 중, 문맥자유 문법과 정규문법에 주목한다. 그런데 거의 같은 시기에 배커스(J. Backus)와 노어(Naur) 에 의해 BNF(Backus-Naur Form)이 발표되었다. 이 문법은 Algol을 만들 때 사용되었다. BNF는 CFG와 표기법만 조금 다를 뿐, 기능은 거의 같다.

4.3.1 정규문법

먼저 정규문법에 대해 설명하자. 앞서 인식기에서 다룬 문법이 정규문법이다. 정규문법의 특징은 A -> Bβ | β 혹은 A -> βB | β 이다. -> 의 왼쪽을 LHS(lefthand side)라고 하고, A나 B와 같은 대문자는 nonterminal symbol을 의미한다. 즉, LHS에 nonterminal이 한번만 나타난다는 뜻이다. RHS(righthand side)의 β는 0개 이상의 terminal로 구성된 것이다. terminal은 종단이란 뜻이고 더 이상 파생될 수 없음을 의미한다. A -> Bβ | β는 nonterminal이 왼쪽 끝에 있기 때문에 left-linear 문법이고 A -> βB | β는 nonterminal이 오른쪽 끝에 있기 때문에 right-linear 문법이다. 예1)과 같이 nonterminal이 오른쪽 끝에 나타나면 right-linear 라고 한다. right-linear 문법으로 파생하면 parse tree가 오른쪽으로 자라게 되고, 그래서 right-linear라고 한

다. 예2)와 같이 nonterminal이 왼쪽 끝에 나타나면 left-linear 라고 한다. left-linear 문법으로 파생하면 parse tree가 왼쪽으로 자라게 되고, 그래서 left-linear라고 한다. right-linear로 파생하든 left-linear로 파생하든 결과는 0(10)*로 같다.

```
예1) right-linear
        S -> 0A
        A -> 10A |

예2) left-linear
        S -> S10 | 0
```

정규문법은 컴파일러의 어휘분석기(lexical analyzer)에 적합한 문법이다. 그것보다 규모가 큰 문법이 CFG인데, 구문분석기(syntax analyzer)에 필요한 문법이다.

4.3.2 CFG

CFG(Context-Free Grammar)는 BNF(Backus-Naur Form)과 표기가 조금 다를 뿐 기능에 있어서는 거의 비슷하다. BNF는 Algol60의 구문을 정의하기 위하여 Backus와 Naur에 의해 고안되었다. BNF에서는 다음과 같이 문법 G를 4가지로 구성하였다, N은 논터미널의 집합이고, T는 터미널의 집합이며, S는 논터미널 중 하나로써 시작기호를 나타낸다. P는 생성규칙들의 집합이다.

G = (N, T, S, P)
  N: 논터미널들의 집합(a set of nonterminals)
  T: 터미널들의 집합(a set of terminals)
  S∈N: 시작 기호(start symbol)
  P: 생성규칙들의 집합(production rules)

예를 들어 다음과 같이 식별자(identifier)을 나타내는 문법이 있을 때, N=〈id〉, 〈letter〉, 〈digit〉 이고, T=a, b, c, …, z, 0, 1, 2, …, 9 이다. S는 제일 먼저 나타나는 〈id〉 이고, P는 주어진 문법 그대로이다. 문법의 한 라인을 생성규칙이라고 하는데, ::= 의 좌측(LHS, left hand side)의 논터미널이 ::= 의 우측(RHS, right hand side)의 기호(symbol)로 파생된다는 의미이다.

〈id〉 ::= 〈letter〉 (〈letter〉 | 〈digit〉)*
〈letter〉 ::= a | b | c | …… | z
〈digit〉 ::= 0 | 1 | 2 | …… | 9

다음은 여러 개의 식별자로 구성된 식별자 리스트(identifier list)를 보자. 이것은 CFG(Context Free Grammar)로 표현한 것이고, BNF와 다른 점은 ::= 을 -〉로 표기한 것 밖에 없다. -〉 의 의미는 'is defined by (~로 정의된다)'라는 뜻이다. 또한 CFG에서는 N, T, S를 따로 표기하지 않고, 논터미널을 각괄호로 표시하고, 터미널은 각괄호 없이 표기하였다. BNF와 CFG는 표기법에 약간의 차이만 있을 뿐, 기능은 똑같기 때문에 최근에 와서는 구분하지 않고 사용한다.

〈id_list〉 → id | id, 〈id_list〉

CFG의 정의는 "LHS에는 논터미널 하나만 오고, RHS에는 논터미널과 터미널로 구성된 문자열이 온다."는 것이다. "id"와 ","가 터미널이고, 〈id_list〉는 논터미널이다. 터미널은 더 이상은 정의할 필요가 없다는 뜻이고, 논터미널은 다시 정의가 필요하다는 뜻이다. 그래서 모든 논터미널은 LHS에 나타나야 한다. 논터미널을 각괄호로 표현한 것은 원래 BNF에서의 표현법이었고, CFG에서는 대문자로 나타내었다. 오늘날에는 CFG와 BNF의 장점을 섞어서 사용하기 때문에 각괄호로 표현할 수도 있고, 대문자로도 표현할 수 있다.

여기서 id는 터미널로 표현되어 있다. 터미널은 컴파일러의 lexical analyzer 이후에 생성된 토큰이라는 것을 앞서 언급한 바 있다. 즉, lexical analyzer의 결과로 얻은 id라는 토큰이 여기서 터미널로 표현된 것이다. BNF에서는 터미널을 각괄호 없이 나타내고, CFG에서는 소문자 혹은 특수문자로 나타낸다. 최근에는 구분없이 사용한다.

문법에는 재귀(recursion)가 사용되기도 한다. 〈id_list〉는 id와 콤마(,) 그리고 〈id_list〉의 연속이다. 〈id_list〉를 정의하는데 자기 자신이 사용되었다. 즉, LHS의 〈id_list〉가 RHS에도 나타나있다. 이것이 재귀이다. 예1)의 x는 id이고, y도 id이다. id는 〈id_list〉이니까, "x, y"는 "id, 〈id_list〉"이고, 이것은 〈id_list〉 인 것이다. "x, y, z"도 "y, z"가 〈id_list〉 이니까, 전체가 〈id_list〉 이다.

예) 명칭리스트의 예;

1) x, y, z

2) foo1, foo2, index, result

예2)도 마찬가지로 foo1이 id이고, 다음 콤마가 나오고, 그 뒤에 따라나오는 전체가 ⟨id_list⟩이면, 전체는 ⟨id_list⟩가 된다. 이제 첫 번째 콤마 뒤의 것이 ⟨id_list⟩ 인지 맞추어보면 된다. foo2가 id이고, 콤마 뒤의 것이 ⟨id_list⟩ 인지 보면 된다. "index, result"가 같은 방법으로 ⟨id_list⟩이니까 전체적으로 ⟨id_list⟩인 것으로 판명된다.

다음 ⟨if_stmt⟩도 BNF의 예이다. **if**를 굵은체(bold)로 표시함으로써 터미널임을 나타내었다. **then**도 마찬가지로 터미널이다. 그 사이에 ⟨logic_expr⟩ 이라는 논터미널과 ⟨stmt⟩ 라는 논터미널이 있다. ⟨logic_expr⟩ 은 조건식이고 ⟨stmt⟩ 는 true절이다. ⟨logic_expr⟩ 과 ⟨stmt⟩ 는 논터미널이므로 다음 행에서 다시 정의되어야 하지만, 여기서는 생략한다.

⟨if_stmt⟩ → **if** ⟨logic_expr⟩ **then** ⟨stmt⟩

문장(statement)에 대한 BNF 표현은 다음과 같다. statement를 줄여서 ⟨stmt⟩라고 했다.

⟨stmt⟩ → ⟨single_stmt⟩ | begin ⟨stmt_list⟩ end

⟨single_stmt⟩는 단 하나의 문장만 있어도 ⟨stmt⟩가 되는 것이다. 혹은 begin, end 사이에 ⟨stmt_list⟩가 나타나는 것도 ⟨stmt⟩이다. ⟨stmt_list⟩는 여러 개의 문장이 나열되어 있는 리스트(list)이다. 즉 여러 개의 문장이 begin, end 사이에 있을 때 그것도 ⟨stmt⟩라는 뜻이다. 문법을 사용하면 어렵게 설명해야 하는 규칙을 일목요연하게

표현할 수 있고, 문법으로 규칙을 잘 표현한 것을 well-defined라고 한다.

4.4 CFG와 파생

다음 문법을 보자. 이 문법에 의해 begin A = B+C; B=C end 라는 문장이 생성되는지 알아보려고 한다. 이 때 필요한 것이 파생(derivation)이다.

```
〈program〉 -〉 begin 〈stmt_list〉 end
〈stmt_list〉 -〉 〈stmt〉 | 〈stmt〉; 〈stmt_list〉
〈stmt〉 -〉 〈var〉 = 〈expression〉
〈expression〉 -〉 〈var〉 + 〈var〉
                 | 〈var〉 - 〈var〉
                 | 〈var〉
```

파생은 최좌단 파생(leftmost derivation)과 최우단 파생(rightmost derivation)이 있다. 최좌단 파생 알고리즘은 다음과 같다. 먼저 시작기호 S부터 시작한다. 문장형태(sentential form)에 논터미널 X가 포함되면, 문법의 생성규칙(production rule) 중, LHS(left-hand side)가 X인 'X → y1 y2...yn'의 RHS(right-hand side) y1 y2...yn가 X 대신 대입된다. 예를 들어, 〈program〉 ⇒ begin 〈stmt_list〉 end 가 있다면, 생성규칙 중 LHS가 〈stmt_list〉 인 것을 찾아서 그 RHS인 〈stmt〉; 〈stmt_list〉 를 대입시키는 것이다. 그러면 =〉 begin 〈stmt〉; 〈stmt_ list〉 end 로 파생된다. 알고리즘에 * 라고 표기한 것은 =〉의 위에 표기해야 하는 것인데, 표기하기 어려우니까 옆에 적은 것이다. *란 0번 이상 혹은 여러 번 파생되었음을 뜻한다. 여러 번 파생해서 마지막에 터미널로만 구성된 것을 문장(sentence)이라고 한다. sentence에 이르지 못한 중간 과정에는 논터미널이 포함되어 있다. 이것을 문장형태(sentential form)라고 한다. 파생 과정은 다음과 같다.

1. start symbol S부터 시작
2. sentential form에 nonterminal X가 포함되면, 생성규칙 X -〉 y1y2 ... yn을 찾아
3. X를 y1y2 ... yn 으로 대체한다.
4. 2와 3을 반복하고 sentential form에 nonterminal이 포함되지 않으면 종료

sentential form을 S =〉* XYZ 이라고 하고, 생성규칙이 X -〉 y1y2 ... yn 이 라면, 다음 sentential form은 S =〉* y1y2 ... ynYZ 으로 된다.

예를 들어 begin A = B+C; B=C end 이라는 문장이 문법 〈program〉에 의해 생성되는지 최좌단 파생하여 보자. 파생은 시작기호(start symbol)로부터 시작하고 =〉를 사용한다.

```
〈program〉=〉 begin 〈stmt_list〉 end
          =〉 begin 〈stmt〉; 〈stmt_list〉 end
          =〉 begin 〈var〉 = 〈expression〉; 〈stmt_list〉 end
          =〉 begin A = 〈expression〉; 〈stmt_list〉 end
          =〉 begin A = 〈var〉 + 〈var〉; 〈stmt_list〉 end
```

=〉 begin A = B + 〈var〉; 〈stmt_list〉 end
=〉 begin A = B + C; 〈stmt_list〉 end
=〉 begin A = B + C; 〈stmt〉 end
=〉 begin A = B + C; 〈var〉 = 〈expression〉 end
=〉 begin A = B + C; B = 〈expression〉 end
=〉 begin A = B + C; B = 〈var〉 end
=〉 begin A = B + C; B = C end

〈program〉은 begin 〈stmt_list〉 end 로 정의되니까, 첫번째 파생되고 다음에는 〈stmt_list〉 가 〈stmt〉; 〈stmt_list〉 로 파생된다. 이때 〈stmt〉, 〈stmt_list〉 두 개의 논터미널 중에 가장 왼쪽에 있는 〈stmt〉를 먼저 선택해서 파생하면 최좌단 파생이라 하고, 가장 오른쪽에 있는 〈stmt_list〉를 먼저 선택해서 파생하면 최우단 파생이라고 한다. 최좌단 파생하면 〈stmt〉가 〈var〉 = 〈expression〉 으로 파생되고, 다음에 〈var〉이 A로 파생된다. 여기서 A와 ;은 터미널이다. 터미널은 더 이상 파생하지 않는다. begin A = B + C; B = C end 와 같이 터미널로만 나타난 것을 문장(sentence)이라고 하고, 문장을 이루기 전 중간과정 즉, 논터미널이 포함된 것을 문장형태(sentential form)이라고 한다. 이번에는 다음의 문법에 대해 최우단 파생을 보자.

〈assign〉 -〉 〈id〉 = 〈expr〉
〈id〉 -〉 A | B | C
〈oxpr〉 〉 〈id〉 + 〈expr〉
  | 〈id〉 * 〈expr〉
  | (〈expr〉)
  | 〈id〉

문장 A = B * (C + A)에 대해 최우단 파생하면,

```
⟨assign⟩ => ⟨id⟩ = ⟨expr⟩
         => ⟨id⟩ = ⟨id⟩ * ⟨expr⟩
         => ⟨id⟩ = ⟨id⟩ * (⟨expr⟩)
         => ⟨id⟩ = ⟨id⟩ * (⟨id⟩ + ⟨expr⟩)
         => ⟨id⟩ = ⟨id⟩ * (⟨id⟩ + ⟨id⟩)
         => ⟨id⟩ = ⟨id⟩ * (⟨id⟩ + A)
         => ⟨id⟩ = ⟨id⟩ * (C + A)
         => ⟨id⟩ = B * (C + A)
         => A = B * (C + A)
```

과 같은 순서로 파생된다. 시작기호 ⟨assign⟩으로부터 시작하고 ⟨id⟩ = ⟨expr⟩ 로 파생된다. 논터미널 ⟨id⟩와 ⟨expr⟩ 중, 오른쪽에 있는 ⟨expr⟩을 먼저 파생한다. 그래서 ⟨id⟩는 그대로 있고, ⟨expr⟩을 ⟨id⟩ * ⟨expr⟩로 파생한다. 다음 단계의 세가지 논터미널 중, 역시 가장 오른 쪽에 있는 ⟨expr⟩을 선택하여 (⟨expr⟩)로 파생한다. 괄호는 터미널이니까 그대로 놔두고 ⟨expr⟩을 ⟨id⟩ + ⟨expr⟩로 파생한다. 맨 오른쪽의 ⟨expr⟩을 ⟨id⟩로 바뀐 후에, ⟨id⟩가 A로 파생되어, ⟨id⟩ = ⟨id⟩ * (⟨id⟩ + A)가 된다. 나머지도 같은 방법으로 파생하여 문장 A = B * (C + A) 가 생성된다. 최우단 파생 했다는 뜻에서 이중 화살표 위에 rm이라고 쓰는 것이 원칙이지만, 여기서는 생략했다. 한번 최우단 파생했으면 끝날 때까지 계속 최우단 파생해야 하고, 최좌단 파생했다가 최우단 파생했다가 하면 안된다.

최좌단 파생과 최우단 파생은 4장에서 배우는 파싱(parsing)과 깊

이 관련이 있다. 파싱 방법 중, LL 파싱과 LR 파싱이 있는데, 둘다 앞의 'L'은 left-to-right scan 이라는 뜻으로 같이 사용하지만, LL의 뒤쪽에 있는 'L'은 leftmost derivation 할 때의 'L'이다. 한편 LR의 뒤쪽에 있는 'R'은 righttmost derivation 할 때의 'R'이다.

4.5 파스 트리(parse tree)

파생 과정을 그림으로 표현한 것이 파스 트리(parse tree)이다. 구문분석기(syntax analyzer)는 파스트리를 만드는 것이라고 했다. 그래서 파서(parser)라고도 한다. 파서가 하는 일이 파싱(parsing)이다. 파싱에는 Top-down parsing과 Bottom-up parsing이 있다.

4.5.1 bottom-up parsing

결론부터 이야기 하면 최우단 파생의 역과정이 bottom-up parsing이다. 앞서, 문장 "A = B * (C + A)"로 최우단 파생 과정을 보았다. 그것과 그림 3을 함께 보자. 최우단 파생의 맨 마지막 단계인 A = B * (C + A)에서 그전 단계 〈id〉 = B * (C + A)로 가려면, 가장 왼쪽의 A가 〈id〉로, 또 그전 단계로 가려면, B가 〈id〉로, 마찬가지 방법으로, C와 A 또한 〈id〉로 바꾸면 〈id〉 = 〈id〉 * (〈id〉 + 〈id〉)와 같이 된다. 이 문장형태(sentential form)의 가장 오른쪽의 〈id〉가 이전 단계의 문장형태에서 〈expr〉이었다. 이 〈id〉를 핸들(handle)이라고 한다. 핸들 〈id〉를 〈expr〉로 대체하는 것을 감축(reduce)되었다고 하고, bottom-up parsing은 핸들을 찾아 감축하는 것이다. 즉, 문법에 〈expr〉 -〉 〈id〉 라는 파생규칙이 있으면, RHS인 〈id〉를 문장형태에서 찾아 LHS인 〈expr〉로 대체한다.

계속 감축해가면 〈id〉 + 〈expr〉 이라는 핸들을 발견하게 된다. 이것 역시 생성규칙 〈expr〉 -〉 〈id〉 + 〈expr〉 에 의해 〈expr〉로 감축하게 된다. 〈id〉와 〈expr〉 이라는 논터미널 두 개, + 라는 터미널 한 개, 총 세 개의 기호를 사실은 스택(stack)에서 발견하게 되고, 이 세 개의 기호를 스택에서 pop 한 다음 〈expr〉을 push 한다. 이러한 과정을 그림으로 나타낸 것이 파스트리이고, 그림 3에 "A = B * (C + A)"의 문장에 대한 파스트리가 있고, 지금까지 설명한 부분은 오른쪽 아래 부분이다.

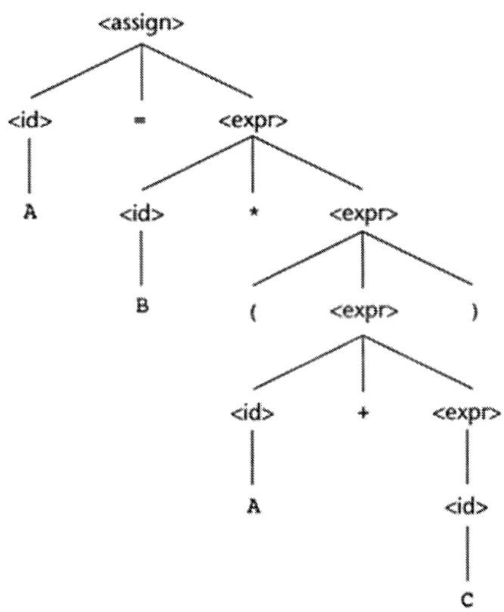

그림 3. "A = B * (C + A)"의 문장에 대한 parse tree

leaf에서부터 위로 올라오면서 파싱이 이루어지므로 bottom-up parsing이라고 한다. 그 다음 과정은 (〈expr〉)이 〈expr〉로 감축되는 것이다. 계속해서 〈id〉 * 〈expr〉 이 〈expr〉로 감축되고, 〈id〉 = 〈expr〉이 〈assign〉으로 감축된다. 이렇게 bottom-up parsing은 앞서 배운 최우단 파생의 역과정과 같다. 파스트리의 root에 시작기호가 나타나면 성공이다. 성공이라는 뜻은 문장이 문법에 맞다는 뜻이다. 파싱과정 중 문법에 어긋나면 error가 발생한다. 구문분석기는 파싱을 하다가 문법에 어긋나는 것을 발견하게 되면 에러 메시지를 출력한다.

4.5.2 top-down parsing

또 다른 파싱 방법 중 하나인 top-down parsing은 최좌단 파생 과정을 그림으로 나타낸 것이다. 똑같은 문장 "A = B * (C + A)"을 최좌단 파생하면 다음과 같다.

```
〈assign〉 => 〈id〉 = 〈expr〉
          => A = 〈expr〉
          => A = 〈id〉 * 〈expr〉
          => A = B * 〈expr〉
          => A = B * (〈expr〉)
          => A = B * (〈id〉 + 〈expr〉)
          => A = B * (C + 〈expr〉)
          => A = B * (C + 〈id〉)
          => A = B * (C + A)
```

먼저 시작기호 〈assign〉이 〈id〉 = 〈expr〉로 가고, 가장 왼쪽에 있는 논터미널 〈id〉가 A가 되어 A = 〈id〉 * 〈expr〉로 된다. 다시 가장 왼쪽에 있는 〈id〉가 B로 되고, 〈expr〉이 (〈expr〉)이 되어서 A = B * (〈expr〉)이 된다. 그 다음에 A = B * (〈id〉 + 〈expr〉)이 되고, 〈id〉와 〈expr〉 중, 〈id〉가 먼저 C로 파생되어 A = B * (C + 〈id〉)가 된다. 그리고 한 단계를 더 거쳐서 A = B * (C + A)가 된다. 이 과정을 파스 트리로 그리면, 먼저 〈assign〉을 root로 두고, 〈id〉, =, 〈expr〉로 파생하는 것을 가지로 나타낸다. 가장 왼쪽에 있는 논터미널 〈id〉가 A로 파생하고, 〈expr〉이 〈id〉, *, 〈expr〉로 파생되는 것을 가지로 그린다. 그 다음에 가장 왼쪽에 있는 논터미널 〈id〉가 B로 파생되고, 〈expr〉이 (〈expr〉)로 파생된다. 그 다음 〈expr〉이 〈id〉, +, 〈expr〉의 가지로 파생되고, 가장 왼쪽에 있는 〈id〉가 A로, 〈expr〉이 〈id〉로 파생된다. 맨 마지막 〈id〉가 C로 파생되면 모두 터미널만 존재하므로 파스트리가 완성된다. 이것은 파스트리의 top에서부터 leaf까지 아래로 내려오는 방향으로 파싱이 되었기 때문에 top-down parsing이라고 한다. 이 top-down parsing은 최좌단 파생 과정을 그림으로 나타낸 것이다. 파스트리의 결과는 그림 3과 같이 bottom-up parsing의 모양과 같지만, 사실 그 과정은 서로 다르다. 파스 트리의 내부 노드는 모두 논터미널로 구성되어 있고, leaf는 터미널로 구성되어 있다.

4.6 문법의 모호성(Ambiguity)

모호한(ambiguous) 문법이라는 것은 구문분석 결과 두 개 이상의 파스 트리가 나타나는 것이다. 다음의 문법으로 “B + C * A”에 대해 파스트리를 구해보자.

```
〈expr〉 -〉 〈expr〉 + 〈expr〉
          | 〈expr〉 * 〈expr〉
          | (〈expr〉)
          | 〈id〉
〈id〉 -〉 A | B | C
```

top-down parsing을 위해 〈expr〉로부터 시작하고, 다음에 〈expr〉 -〉 〈expr〉 + 〈expr〉을 선택해서 파싱하면 그림 4의 a) 와 같은 파스트리가 나타난다. 그러나 〈expr〉 -〉 〈expr〉 * 〈expr〉을 선택해서 파싱하면 그림 4의 b) 와 같은 파스트리가 나타난다. 이것은 +나 * 나 ( )에 대해 우선순위의 차이 없이 똑같은 수준에 있기 때문이다.

만약 a)와 같이 파싱하면 트리의 아래쪽에 있는“C * A”가 먼저 처리되고, b)와 같이 파싱하면 트리의 아래쪽에 있는“B + C”가 먼저 처리된다. 이것은 중간코드가 만들어질 때, 트리의 깊이우선탐색(depth first search)하기 때문이다. 결과적으로 “B + C * A”라는 같은 수식에 대해 B + (C * A)라는 코드도 만들어 질 수 있고, (B + C) * A라는 코드도 만들어 질 수 있다.

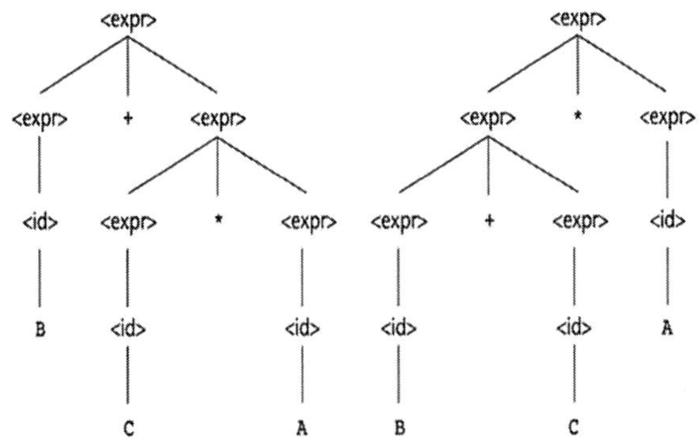

a) "C * A"가 먼저 처리　　　b) "B + C"가 먼저 처리

그림 4. 모호한 문법에 의한 파싱

문법 〈expr〉을 간단히 E -〉 E + E | E * E | (E) | id 로 줄여서 쓰기도 한다. (이것은 CFG 표현법이고, CFG에서는 논터미널을 대문자로 나타낸다. BNF에서 사용하는 ::=를 CFG에서는 화살표로 사용한다.) 이 문법을 살펴보면 +와 * 가 OR로 연결되어 있다. ( )도 마찬가지 이다. 이것은 +를 선택해도 되고 혹은 * 를 선택해도 된다는 뜻이다. 그러므로 두 개의 파스 트리가 생긴다. a)는 top-down parsing 할 때 +를 먼저 선택한 것이고, b)는 * 를 먼저 선택한 것이다. +와 * 의 우선순위가 그리고 ( ) 중에서 어느 것이 우선순위가 높은지 분명하지 않다. 이런 문법을 모호한 문법이라고 한다. 모호한 문법은 같은 문장에 대해서 두 개 이상의 파스 트리가 나타나는데, 컴파일러가 어떤 쪽으로 파싱해도 관계없다는 뜻이 되고, 이런 문법은 허용하지 않는다. 모호성을 가진 문법은 모호하지 않는 문법(unambiguous grammar)로 바꿔야 한다.

4.6.1 모호하지 않은 문법(unambiguous grammar)

E -〉 E + E | E * E | (E) | id를 모호하지 않은 문법으로 바꾸면, 다음과 같이 된다.

E -〉 E + T | T
T -〉 T * F | F
F -〉 (E) | id

논터미널 T는 〈term〉의 약자이며, F는 〈fact〉의 약자이다. 이 문법으로 "B + C * A"에 대한 파스 트리를 구해보자. 시작 기호는 E이고, E -〉 E + T 이므로 +와 T는 항상 E 아래 존재하게 되고, T -〉 T * F 이므로 * 와 F는 항상 T 아래 존재하게 된다. 그리고 F -〉 (E) 이므로 ( )는 맨 아래쪽에 존재하게 된다. 파스 트리의 아래 쪽에 있을수록 우선순위가 높기 때문에, 이 문법은 ( ), * , +의 우선순위를 가진 모호하지 않은 문법인 것이다. 문법 E로 "B + C * A"에 대한 파스 트리를 그리면 그림 4의 a)와 같은 파스 트리가 유일하게 하나만 나타난다.

〈if_stmt〉 -〉 if 〈logic_expr〉 then 〈stmt〉
　　　　　| if 〈logic_expr〉 then 〈stmt〉 else 〈stmt〉

다음 〈if_stmt〉 가 또 하나의 모호한 문법이다. 이 문법은 if 문장에 "else"가 있을 때 "else"전까지가 하나의 if문인지, 아니면 if-then-else 전체가 if문인지가 모호한 것이다. 이 문법으로 문장 "if 〈logic_expr〉 then if 〈logic_expr〉 then 〈stmt〉 else 〈stmt〉"에 대해 파스 트리

를 그리면 그림 5와 같이 두 개의 파스 트리가 나타난다. a)는 "else" 이하가 먼 if와 연결되는 것이고, b)는 "else"이하가 가까운 if와 연결되는 것이다. 즉, a)는 "if 〈logic_expr〉 then (if 〈logic_expr〉 then 〈stmt〉) else 〈stmt〉"이고, b)는 "if 〈logic_expr〉 then (if 〈logic_expr〉 then 〈stmt〉 else 〈stmt〉)"이다.

일반적으로 if-then-else를 위해 이와 같은 괄호를 하지 않는다. 그래서 "else가 어디에 연결되느냐?"하는 문제가 발생한다. 이를 dangling-else 문제라고 한다. 파스 트리가 두 개가 나오면 둘 다 맞다는 뜻이고, 컴파일러는 둘 중 어느 것을 선택해야할 지 알 수 없다.

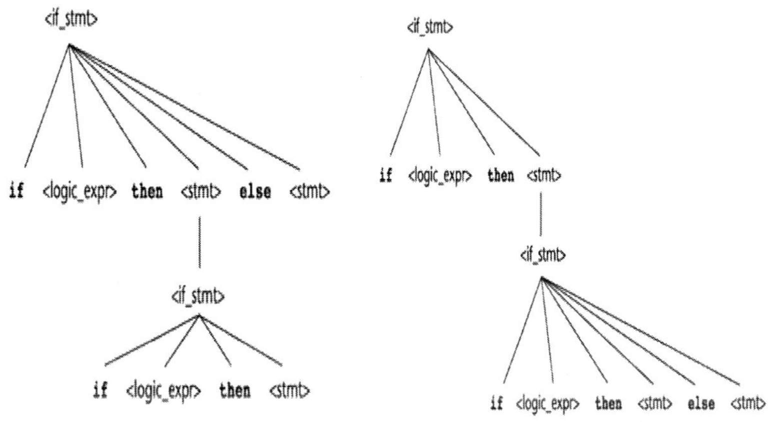

a)"else"이하가 먼 if와 연결　　　　b)"else"이하가 가까운 if와 연결

그림 5. 모호한 if 문법에 의한 파싱

문법이 모호하기 때문이다. 〈if_stmt〉의 모호성을 없앤 문법은 다음과 같다.

```
〈stmt〉 -〉 〈matched〉 | 〈unmatched〉
〈matched 〉 -〉 if 〈logic_expr〉 then 〈matched〉 else 〈matched〉
              | any non-if statement
〈unmatched 〉 -〉 if 〈logic_expr〉 then 〈stmt〉
                | if 〈logic_expr〉 then 〈matched〉
```

〈if_stmt〉를 〈matched〉와 〈unmatched〉로 나눈다. 〈matched〉는 else가 포함된 if문이고, 〈unmatchced〉는 else 이하가 없거나, else 이하가 〈unmatchced〉인 경우이다. any non-if statement는 if가 아닌 다른 문장 즉, 할당문 goto문 등이다. 이런 문장들은 모두 〈matched〉이다. 이 문법으로 문장 if 〈logic_expr〉 then if 〈logical_expr〉 then 〈stmt〉 else 〈stmt〉 에 대해 파생과정을 보이면 다음과 같다. 이것은 그림 5의 b)와 같은 파스 트리가 된다. 또 다른 파스 트리는 구할 수가 없다. 만약 선택을 잘못해서 처음 단계에 〈stmt〉 =〉 〈matched〉로 선택하게 되면, 올바른 파싱을 진행할 수 없고, 백트랙킹(backtracking) 해야만 한다.

```
〈stmt〉 =〉 〈unmatched〉
       =〉 if 〈logical_expr〉 then 〈stmt〉
       =〉 if 〈logical_expr〉 then 〈matched〉
       =〉 if 〈logical_expr〉 then if 〈logical_expr〉 then 〈matched〉
          else 〈matched〉
       =〉 if 〈logical_expr〉 then if 〈logical_expr〉 then 〈stmt〉
          else 〈matched〉
       =〉 if 〈logical_expr〉 then if 〈logical_expr〉 then 〈stmt〉
          else 〈stmt〉
```

그림 5의 b)는 이전에도 설명했지만, "if 〈logic_expr〉 then (if 〈logic_expr〉 then 〈stmt〉 else 〈stmt〉)"이다. else가 어디에 연결되어있는 지를 분명하게 한 것이다. 그래서 unambiguous grammar인 것이다. 우리는 대표적 unambiguous grammar 2가지를 보였다. 하나는 〈expr〉에 대한 것이고, 또 하나는 〈if_stmt〉에 대한 것이었다.

4.6.2 연산자 우선순위와 결합규칙

다음 문법은 모호성을 제거한 것이며, 연산자의 우선순위가 분명하다고 설명했다. 이유는 파스 트리 아래쪽에 있는 것부터 먼저 처리되기 때문이다. 파스 트리에서 연산자가 아래 쪽에 나타나기 위해서는 문법에서 해당 연산자가 아래쪽에 나타나야 한다. 이를 위해 논터미널 〈fact〉와 〈term〉이 도입된 것이다. 〈term〉이 〈expr〉 보다 아래 쪽에 있고, 〈term〉 -〉 〈term〉 * 〈fact〉 이고 〈expr〉 -〉 〈expr〉 + 〈term〉 이니, * 가 + 보다 항상 아래 쪽에 나타나게 된다. 〈fact〉는 〈term〉 보다 더 아래 쪽에 있고, ( )를 이끌기 때문에 ( )가 우선순위가 가장 높다.

```
〈assign〉 -〉 〈id〉 = 〈expr〉
〈id〉 -〉 A | B | C
〈expr〉 -〉 〈expr〉 + 〈term〉 | 〈term〉
〈term〉 -〉 〈term〉 * 〈fact〉 | 〈fact〉
〈fact〉 -〉 (〈expr〉) | 〈id〉
```

이 문법이 우선순위 외에도 좌결합 법칙(left associative rule)을 갖는다는 것을 알아야 한다. "A = B + C + A"의 예를 보자. 여기서 + 와 + 의 우선순위는 같다. 그러나 왼쪽의 +를 먼저 처리해야 하고, 이것을 좌결합 법칙 이라고 한다. 〈expr〉을 정의하는데 〈expr〉 + 〈term〉 로, 〈expr〉이 왼쪽에 나타나서 좌순환(left recursion) 적으로 정의되어 있다. 이 문법으로 파스 트리를 그리면, 그림 6처럼 왼쪽으로 자라게 된다. 왼쪽의 +가 아래쪽에 위치하게 되고, 그래서 "B + C" 부터 먼저 처리하게 된다. "B + C"의 결과가 〈expr〉 에 전달되면 그것과 A가 더해진다. "B * C * A"의 경우도 마찬가지로 *에 대해 좌순환적이다.

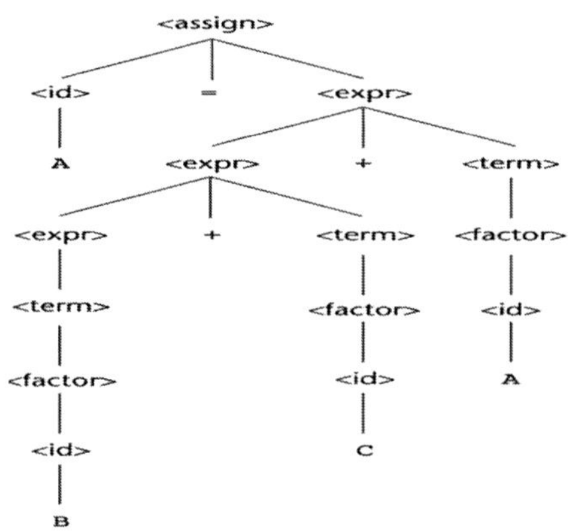

그림 6. 좌순환적 문법에 의한 파싱

〈term〉이 〈term〉 * 〈fact〉 로 정의되어 있기 때문에, 파스트리를 그리면 왼쪽으로 자라게 된다. 결론적으로 문법이 left recursion을 가지면, 파스 트리가 왼쪽으로 자라고, 좌결합법칙이 적용되는 것이다.

다음 문법은 우순환(right recursion)을 갖는 문법이다. 예를 들어 "A ** B ** C"는 C언어에서, A의 B승, 그 위에 C승이라는 뜻이다. 그래서 B의 C승을 먼저 해야 하는 우결합법칙(right association rule)이 적용되는 문장이다. 생성규칙 〈factor〉 -〉 〈exp〉 ** 〈factor〉를 보면 우순환적이라는 것을 알 수 있다. 이것으로 파스 트리를 그리면 오른쪽으로 자라는 것을 볼 수 있다. 즉, 오른쪽 먼저 처리하는 우결합법칙이 성립하는 것이다. 정리하면 +와 *에 대해서는 좌순환적이고, ** 에 대해서는 우순환적이다. 좌순환적 생성규칙은 좌결합 법칙, 우순환적 생성규칙은 우결합 법칙을 보장한다.

```
〈assign〉 -〉 〈id〉 = 〈expr〉
〈id〉 -〉 A | B | C
〈expr〉 -〉 〈expr〉 + 〈term〉 | 〈term〉
〈term〉 -〉 〈term〉 * 〈fact〉 | 〈fact〉
〈factor〉 -〉 〈exp〉 ** 〈factor〉 | 〈exp〉
〈exp〉 -〉 (〈expr〉) | 〈id〉
```

상기 문법은 다음과 같이 작성할 수도 있다. 여기서 〈expr〉과 〈exp〉는 서로 다른 논터미널이기 때문에 조심해야 한다.

```
E -〉 E + T | T
T -〉 T * F | F
F -〉 P ** F | P
P -〉 ( E ) | id
```

4.7 EBNF

EBNF(Extended BNF)는 BNF를 확장한 것이다. EBNF를 다음과 같이 정리할 수 있는데,

1) [ ] : 선택 사항표현(0번 혹은 1번)

ex) 〈if_stmt〉 -〉 if 〈logic_expr〉 〈stmt〉 [else 〈stmt〉]

2) : 반복 사항 표현(0 이상 여러번, *를 붙이기도 한다)

ex) 〈idnt_list〉 -〉 〈ident〉 , 〈ident〉

3) ( ): 다중 선택표현

ex) 〈term〉 -〉 〈term〉 (* | / | %) 〈factor〉

4) + : 반복 사항 표현(한번 이상 여러번)

ex) 〈compound〉 -〉 begin 〈stmt〉+ end

1)은 대괄호로써 선택사항을 나타낸 것이다. 앞서

〈if_stmt〉 -〉 if 〈logic_expr〉 then 〈stmt〉
| if 〈logic_expr〉 then 〈stmt〉 else 〈stmt〉

를 대괄호를 사용하여 〈if_stmt〉 -〉 if 〈logic_expr〉 〈stmt〉 [else 〈stmt〉] 로 나타낼 수 있다.

2)는 중괄호로써 반복사항을 나타낸 것이다. 앞서

〈id_list〉 → id | id, 〈id_list〉

를 중괄호를 사용하여 〈id_list〉 -〉 id , id 로 나타낼 수 있다. 혹은 〈id_list〉 -〉 id (, id)* 로도 표현한다. 이때 ( )는 *의 범위를 나타내고, 0번 이상 여러 번 반복됨을 나타낸다.

3)은 여러 개 중 하나를 나타낼 때 사용된다.

〈term〉 -〉 〈term〉 * 〈factor〉 | 〈term〉 / 〈factor〉 | 〈term〉 % 〈factor〉 를 〈term〉 -〉 〈term〉 (* | / | %) 〈factor〉로 줄여서 사용할 수 있다.

4)는 +로써 한번 이상 여러 번을 표현한다. 중첩문은 begin과 end 사이에 〈stmt〉가 한 번 이상 반복될 수 있다는 뜻이고,

〈compound〉 -〉 begin (〈stmt〉)+ end

와 같이 쓸 수도 있다. 이때도 ( )는 +의 범위를 나타낸다.

다음은 BNF를 EBNF로 표현한 것이다.

BNF:
〈expr〉 -〉 〈expr〉 + 〈term〉 | 〈expr〉 - 〈term〉 | 〈term〉
〈term〉 -〉 〈term〉 * 〈factor〉 | 〈term〉 / 〈factor〉 | 〈factor〉
〈factor〉 -〉 〈exp〉 ** 〈factor〉 | 〈exp〉
〈exp〉 -〉 (〈expr〉)| 〈id〉

EBNF:
〈expr〉 -〉 〈term〉 (+ | –)〈term〉
〈term〉 -〉 〈factor〉 (* | /)〈factor〉
〈factor〉 -〉 〈exp〉 **〈exp〉
〈exp〉 -〉 (〈expr〉) | 〈id〉

이후 EBNF가 더욱 발전해서 최근에는 표 1과 같은 표기법을 사용한다. 이전에는 ::= 로 표기하던 것을 -〉로 사용했고, 지금은 : 으로 대치되었다. 그래서 statement를 정의할 때 콜론만 사용한다. 예를 들어, 다음과 같은 statement에 대한 정의가 있다면, for문도 statement고, if도 statement고, while문도 statement라는 것이다.

statement:
for (expr-1_{opt} ; expr-2_{opt}; expr-3_{opt}) statement
if (expression) statement
while (expression) statement …

그리고 선택 사항을 나타내는 대괄호는 아래 첨자 opt를 사용하는 방법으로 대치되었다. 예를 들어, Proc(Procedure의 약자)는 name(즉, 프로시져 이름)과 파라메터 리스트가 연속으로 나타난다는 뜻이다. parameterList의 아래첨자 opt가 옵션(option) 즉, 선택사항이라는 것을 의미한다. parameterList가 0번 혹은 1번 나타날 수 있음을 뜻한다.

"one of"는 여러 개 중 하나이므로, Operator는 + * − / 〈 〉 중 하나라는 뜻이다. or를 나타내는 수직 바(|)를 생략한 채, RHS(right hand side)를 단순히 별도의 줄에다 표현한다. statement를 정의할 때, for문, if문, while문이 or로 연결되어야 하는데, 단순히 줄만 바꾸어 나타낼 수 있다는 뜻이다. for문도 초기값 그리고 최종값 그리고 증가분이 각각 생략 가능하기 때문에 opt라고 표현하였다. if 다음의 조건문에는 반드시 괄호가 들어가야 하고 다음에 statement가 온다. while의 조건문에도 괄호가 필요하고 다음에 statement가 따라온다.

표 1. EBNF의 최근 변경사항

구분	의미	최근 변경사항
-〉	: : =	:
[ ]	선택사항	아랫첨자 $_{opt}$ 사용 ex) Proc -〉 name(parameterList$_{opt}$)
( )	다중선택	"one of"사용 ex) Operator -〉 one of + * − / 〈 〉
|	or	'|'를 생략한 채, 각 RHS를 단순히 별도의 줄에 표현

연습문제

4.1 다음 중, 정규표현식 E = (01)(00) * (10)이 나타낼 수 있는 문자열(string)이 아닌 것을 고르시오.

a) 0110

b) 01010

c) 010010

d) 01000010

e) 010000

f) 0110+010010

4.2 정규표현식 $[0-9]^{+}((E|e)(+|-)?[0-9]^{+})?$ 로 표현되는 문자열을 기술하시오.

4.3 다음 문법을 사용하여

```
S -> (L) | a
L -> L, S | S
```

1) 아래 문장에 대한 파스 트리를 구하시오.

a) (a, a)

b) (a, (a, a))

2) a)와 b) 각각에 대해 최좌단 파생하시오.

3) a)와 b) 각각에 대해 최우단 파생하시오.

4.4 다음 문법을 사용하여

S -> aSbS | bSaS | ε

1) 이 문법이 모호한 문법임을 문장 abab에 대해 두 개의 다른 파스 트리가 존재함을 보여 증명하시오.

2) abab에 대해 최좌단 파생하시오.

3) abab에 대해 최우단 파생하시오.

CHAPTER

5

어휘분석과 구문분석

CHAPTER 5 | 어휘분석과 구문분석

5.1 소개

2장에서 컴파일러를 다루었다. 컴파일러는 소스코드를 어휘분석(lexical analysis)한 후, 구문분석(syntax analysis)한다. 구문분석이 끝나면 중간코드(intermediate code)를 생성할 수가 있다. 여기까지를 컴파일러의 전반부라고 한다. 프로그래밍 언어론의 문법과 파싱과 컴파일러의 전반부와 겹친다. 따라서 본장에서 다루는 것은 컴파일러의 기초와 같다. 그리고 4장에서 다룬 문법과 상당히 밀접한 관계가 있다. 4장에서 배운 regular grammar는 어휘분석에 이용된다. CFG는 구문분석에 이용된다.

본 장에서 다룰 내용은 어휘 분석과 파싱이다. 구문분석을 일명 파싱(parsing)이라고 한다. 파싱은 파스트리 만드는 과정이다. 파싱은 top-down 파싱과 bottom-up 파싱이 있다. 파스트리를 그릴 때 루트에서부터 내려오면서 파스트리를 그리는 것이 top-down 파싱이다. 만약에 bottom에서부터 루트로 올라가면 bottom-up 파싱이다. 이 top-down 파싱에서 대표적인 것이 재귀하강(recursive-descent) 파싱이다. 또 다른 하나가 LL 파싱이 있다. bottom-up 파싱에는 operator precedence 파싱과 LR 파싱이 있다. 본 장에서는 top-down 파싱으로 재귀하강 파싱을 다루고 LL 파싱은 생략한다. bottom-up 파싱도 두 가지 중 LR 파싱에 대해서만 다룬다.

5.2 어휘분석기

어휘분석기는 pattern matcher라고도 할 수 있다. 패턴을 찾아서 맞춰본다는 것이다. 예를 들어 if라는 token을 발견하면, 'i'다음에 'f'가 나타나는 패턴이면 if이고, 이것이 if-토큰인 것이다. 't', 'h', 'e', 'n'이 차례로 나오면 then-토큰이다. 소스코드를 분석하다가 이런 패턴을 찾으면 token을 발견한 것이고, 어휘분석기는 이런 패턴을 찾는 것이다.

lexeme은 token을 이루는 문자들의 집합이다. 예를 들어 sum이라는 id가 있다면 sum은 's', 'u', 'm'이라는 문자들이 연속적으로 나타나고, 이것을 lexeme이라고 한다. 사실은 lexeme라는 버퍼가 있고, 버퍼 안에 's', 'u', 'm'을 하나씩 차례로 넣는 것이다. 다시 말하면 id를 이루는 문자열을 lexeme이라고 한다. token은 token type과 attribute value로 구성된다. 만약 〈ID, 1〉이라고 했을 때, ID는

token type이고 1은 attribute value이다. 속성이라는 것은 같은 두 개를 구분하게 하는 값이다. 예를 들면 교탁이 두 개 있을 때, 하나는 회색, 다른 하나는 주황색이면, 색깔이 속성이 될 수 있는 것이다. 속성이 다른 교탁은 서로 다른 교탁인 것이다. 서로 다른 ID를 속성값 1과 2로 구분할 수 있다는 뜻이다. 예를 들면 sum이라는 id는 〈ID, 1〉라 하고, install이라는 id는 〈ID, 2〉라고 하면 같은 ID이지만 구분이 된다. 컴퓨터 내부에서는 하나의 토큰을 두 개의 상수로 표현하고, 하나는 token type, 하나는 attribute value라고 표현한다.

result = oldsum - value / 100; 이라는 문장을 예로 들어보자. result, oldsum, value는 ID이다. result는 〈ID, 1〉, oldsum은 〈ID, 2〉, value는 〈ID, 3〉로 표현된다. =은 token type이 ASGN_OP이다. 대문자로 쓴 것은 상수라는 뜻이다. 예를 들어 '#define ASGN_OP 5'라고 정의하면 ASGN_OP는 5라는 상수와 같다. 그래서 컴퓨터 내부에서는 〈5, 빈칸〉이고, 〈ASGN_OP, 빈칸〉로 표현한다. 빈칸은 attribute value가 따로 필요없다는 뜻이다. 5라는 것만으로도 =이라는 것을 알 수 있기 때문이다. –는 〈SUB_OP, –〉. /는 〈DIV_OP, –〉가 된다. 100의 token type은 NUM이고, attribute value는 100으로 한다. ;는 〈SEMI, –〉이다. 그래서 어휘분석 이후 나타난 token 스트림은 다음과 같이 나타난다.

〈ID, 1〉 〈ASGN_OP, –〉 〈ID, 2〉 〈SUB_OP, –〉 〈ID, 3〉
〈DIV_OP, –〉 〈NUM, 100〉 〈SEMI, –〉

소스코드로부터 이런 token 스트림을 만들어내는 것이 어휘분석기이다. 어휘분석기는 구문분석기가 next token이 필요할 때 call한다. 어휘분석기를 구성하는 방법은 정규표현식(regular expression)으로부터 상태전이도(STD, state transition diagram)를 만든다. state transition diagram을 코딩한 것이 어휘분석기이다. 예를 들어, 다음 regular grammar에 대해서

〈id〉 → 〈letter〉(〈letter|digit〉) *
〈int_lit〉 → 〈digit〉+

state transition diagram을 그리면 그림 1과 같다.

〈id〉 → 〈letter〉(〈letter | digit〉)*에서 〈id〉는 letter가 일단 한번 나오고 괄호 안에 있는 것이 zero 또는 여러 번 나온다는 뜻이다. 이것을 state transition diagram로 그리면 start state에서 출발해서, letter가 들어오면 다음 state로 간다. state 이름은 id이다. id state에서 letter 혹은 digit가 들어오면 id state에서 계속 머물러 있는다. 동그라미는 state이고 화살표 위에 label은 transition에 필요한 입력이다. 동그라미로 표시된 state는 final state이다. final state에 도달해야 끝이 난다.

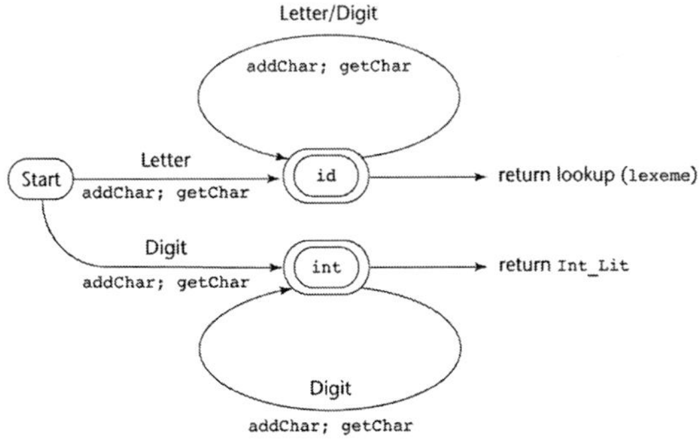

그림 1. 상태전이도

예를 들어, sum이라는 변수명(id)이 들어왔다고 하면, start state에서 시작해서 letter 's'가 들어온 것이므로 id state로 간다. 'u'가 들어오면 letter가 들어온 것이기 때문에 id state에 계속 머물러 있다. 'm'도 마찬가지로 id state에 계속 머물게 한다. 다음에 '='이 들어오면 letter 혹은 digit이 아닌 다른 것이 므로 return lookup(lexeme)한다. id를 발견했다는 뜻이다. return은 final state에서만 가능하다.

return할 때 lookup(lexeme)이라는 함수를 부른다. token 하나가 발견되어 lexeme이라는 버퍼 속에 저장되어 있다. addChar( ), getChar( )가 letter 혹은 digit를 버퍼 속에 저장하기 위한 동작이다. getChar( )는 입력 심볼(input symbol)을 읽는 것이고, addChar( )는 방금 읽은 심볼(문자일수도 있고 숫자일수도 있고, 특수기호일수도 있기 때문에 symbol이라고 함)을 lexeme이라는 buffer에 집어넣는 것이다. lookup(lexeme)이라는 함수는 잠시 후에 설명한다, lookup( )을 수행한 결과 return되는 값이 〈ID, 1〉이라는 token이다.

다음 〈int_lit〉 → 〈digit〉+에 대해 state transition diagram을 그려보자. (〈int_lit〉는 integer literal인데 integer를 이루는 문자라는 의미이다.) 〈digit〉+는 숫자가 one or more 나타난다는 뜻이니까, 숫자가 한번은 나온다. 하나의 숫자만으로도 int를 이루니까, final state가 가능하고, 또 계속해서 숫자가 들어올 수 있으므로 getChar( )할 때마다 int state에 머물러 있게 된다. 〈digit〉가 계속 나오다가 〈digit〉가 아닌 다른 것이 나타나면 return한다. final state에서만 return 할 수 있다는 것은 먼저 이야기 한 바와 같다. 이때 return 값은 Int_Lit이라고 했지만, 사실은 〈Int_Lit, 276〉이다. token type은 Int_Lit이고

attribute value는 276 같은 수이다. 이런 state transition diagram이 만들어지면, 이것을 코딩한 것이 어휘분석기이다.

코딩하기 전에 알고리즘을 먼저 만들어야 한다. 그러나 문제 영역이 크고 복잡하면 알고리즘을 만들기 전에, 현상을 분석해서 modelling 해야 한다. modelling은 알고리즘을 만들기 이전에 수행되는 간단한 설계라고 할 수 있다. 수학적 modelling도 있지만, 그림으로 그려지는 modelling도 있다. STD(state transition diagram)는 아주 좋은 modelling 도구이다. STD를 통해 코딩해 보자.

```
int lex( ) {
  lexLen = 0;
  static int first = 1;

  if (first) {
    getChar( );
    first = 0;
  }
  getNonBlank( );

  switch (charClass) {
    case LETTER:
      addChar( );
      getChar( );
      while (charClass == LETTER || charClass == DIGIT) {
        addChar( );
        getChar( );
      }
      return lookup(lexeme);
```

```
        break;

    case DIGIT:
        addChar( );
        getChar( );
        while (charClass == DIGIT) {
            addChar( );
            getChar( );
        }
        return INT_LIT;
        break;
    } /* End of switch */
} /* End of function lex */
```

함수 이름은 lex( )이다. 일단 lexLen는 0로 하고, first라는 것을 1로 했다. 만약 first가 1이면 getChar( )를 통해 한 문자 입력한다는 뜻이다. 그 다음에 first가 0으로 되니까 다음부터는 if문에 들어오지 않는다. 처음 시작을 getChar( )부터 하려고 한 것이다. getNonBlank( )는 빈칸이 아닌 것을 읽기위한 함수이다. 예를 들면, blank가 나오고 sum = sum + x; 라고 했을 때, sum이 시작되는 곳까지 빈칸은 무시하고, 's'부터 유효한 문자로 읽을 수 있도록 한 것이 getNonBlank( )이다.

charClass는 방금 읽은 문자가 LETTER인지, DIGIT를 판단하는 것이다. C언어에서는 isletter( ), isdigit( ) 혹은 isalpha( ) 와 같은 함수들이 제공되니까 이런 함수들을 이용하면 charClass를 분별할 수 있다. LETTER이면 case LETTER에서 addChar( )한다. 방금 읽은 's'

를 lexeme 버퍼 속에 넣는다. addChar( )에 대한 자세한 코드도 생략한다. 다음 문자 'u'를 또 getChar( )해서 읽는다. 그것이 LETTER 혹은 DIGIT이면 addChar( )해서 버퍼 속에 넣는다. 또 getChar( )하면서 LETTER 혹은 DIGIT가 아닐 때까지 while문을 반복한다. 그러면 버퍼 속에 sum이 모두 들어가고, '='을 읽으면 LETTER도 아니고, DIGIT도 아니므로 while 루프에서 빠져나와 return lookup(lexeme)하게 된다.

lookup( )은 symbol 테이블을 찾는 함수이다. lexeme이라는 parameter를 사용해서 symbol 테이블 안에 "sum"과 같은 것이 있는지 찾는 것이다. symbol 테이블은 배열이다. 만약에 "sum"이라는 것이 symbol 테이블안에 있으면 그것의 위치(index 값, 만약 4라면) 4를 리턴해주는 것이다. 없으면 (0번지는 비워놓고) 1번지부터 차례대로 넣어 준다. 집어넣는 함수는 insert( )이다. lookup( ) 해보고 없으면, insert( )하고 그 위치를 리턴 해준다. 위치를 일반적으로 symbol 테이블의 entry라고 한다. 이 symbol 테이블의 entry가 attribute value가 되는 것이다.

이제 getChar( )해서 읽은 문자가 digit이면 case DIGIT를 수행한다. LETTER의 경우와 비슷하게 읽으면서 addChar( )를 통해 버퍼 속에 계속 넣는다. 계속 DIGIT이면

while문을 반복한다. 반복하다가 숫자가 아닌 다른 것을 읽게 되면, while문 빠져나와서 return INT_LIT하게 된다. integer일 경우에는 버퍼 속에 있는 digit들(예를 들어 '2' '7' '6'이면, ((2*10)+7)*10+6 하면 276을 구할 수 있다. 그래서 attribute value 276을 구하고

〈INT_LIT, 276〉 이라는 토큰을 return할 수 있다.

지금까지 regular grammar가 주어졌을 때 state transition diagram을 그리고, 그것을 코딩할 것이 어휘분석기라는 설명을 했다. 그 어휘분석기를 통해 소스코드의 token을 구할 수 있다.

컴파일러 책 중에 유명한 dragon book이라는 책(Aho, Sethi, and Ullman저, Compilers: Principles, Techniqyes, and Tools, Addison Wesley)이 있다. dragon book에는 여러가지 regular grammar가 소개되어 있다. 이중 한 가지만 소개하면 number 즉, 정수형, 실수형 모두를 포함하는 수에 대해 다음과 같이 표현되어 있다.

num → digit+ (. digit+)? (E(+ | −)? digit+)?

처음에 digit이 한번 이상 나와야하고, 그 다음 소수점 이하의 digit가 여러번 나와야 한다는 뜻이다. ?는 0번 혹은 1번을 뜻한다. [ ]를 option이라고 했는데, 같은 뜻이다. 다시 말해서 소수점 이하는 (정수일 경우) 나오지 않을 수도 있고, 나오면 한번만 나와야한다는 의미이다. 다음에 있는 E도 지수를 뜻하는데 전체가 나올 수도 있고 안나올 수도 있고, 나와도 한번만 나와야 하므로 ?로 되어있다. 지수 뒤의 + | − 도 마찬가지로 0번 또는 한번 나올 수 있다는 뜻이다. + | − 뒤의 digit은 한번이상 여러 번 나와야한다. (사실은 2자리의 숫자만 나올 수 있는데 regular grammar로 표현 불가능하다) 그래서 이 regular grammar로 표현되는 수를 예를 들면, 25.37E+03과 같은 것이다.

그 외 dragon book에는 if, then, else, relop 등에 대한 regular

grammar가 있고, state transition diagram이 있다. num에 대한 STD를 그리면 다음 그림 2와 같다.

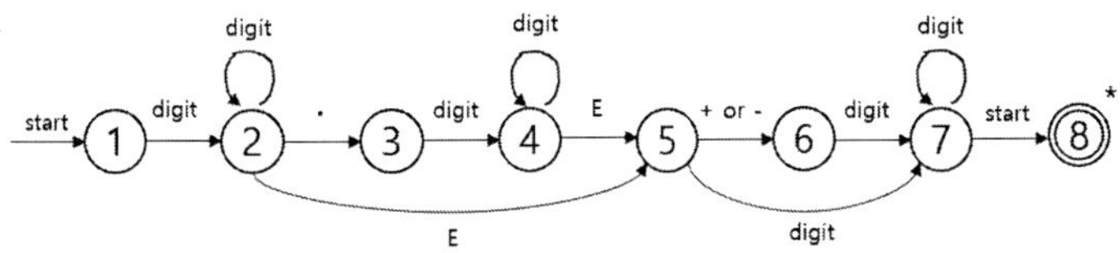

그림 2. num→digit+ (. digit+)? (E(+|-)? digit+)? 에 대한 STD

1번 state에서 digit가 들어오면 2번 state로, 2번 state에서 digit가 여러 번 나올 수 있기 때문에 루프가 형성된다. 그 다음에 소수점이 나오면 3번 state로 갔다가 digit가 + 1번 나오면 4번 state 여러 번 나오면, 4번 state에서 루프가 형성된다. 다음에 E가 나오면, 5번 state로 가고, + 혹은 – 가 나오면 6번 state로 간다. digit가 한번 나오면 7번 state로 갔다가 여러 번 나오면 7번 state에서 반복한다. 2번 state에서 5번 state로 바로 가는 경우는, 소수점 이하가 안 나올 수도 있다는 것이니까 안 나올때는 E를 바로 만나게 된다. 바로 만나면 2번 state에서 5번 state로 바로 가게 된다. 5번 state에서 + 혹은 - 가 안 나오는 경우는 7번 state로 바로 간다. 8번 state에 있는 *는 other를 만나면 이것은 무시하라는 뜻이다. 그것을 retract라고 한다. retract( )라는 함수를 만들어서 other라는 것을 읽었을 때 무시하도록 할 수 있다.

다음 코드는 그림 2의 STD를 코딩한 어휘분석기의 일부분이다. case 1에서는 c를 하나 읽어서 isdigit(c)이면 state를 2로 바꿔준다.

아니면 digit외에는 다른 것이 들어올 수 없으니까 state를 조정해주기 위해서 fail( )이란 함수를 call해서 방금 들어온 것이 digit가 아니므로 다른 state 부터 시작할 수 있도록 해준다. 2번 state에서는 digit, '.', 'E'셋 중 하나가 들어올 수 있다. digit가 들어오면 2번 state에 머물러 있고, '.'이면 3번 state, 'E' 5번 state로 가게 한다.

```
case 1:  c = nextchar( );
      if (isdigit(c)) state = 2;
      else state = fail( );
      break;
case 2:  c = nextchar( );
      if (isdigit(c)) state = 2;
      else  if ( c == '.') state = 3;
      else  if ( c == 'E') state = 5;
      else state = fail( );
      break;
```

5.3 구문분석기

구문분석을 마치면 파스트리가 나온다고 했는데, 파스트리가 생성되는 과정을 파싱(parsing)이라고 하고, 구문분석기를 파서(parser)라고 한다. 파싱은 top-down 파싱과 bottom-up 파싱이 있다.

top-down 파싱은 leftmost derivation의 순서와 같다. 4장에서 leftmost derivation에 대해서 다루었다. bottom-up 파싱은 파스트

리의 leaf부터 시작해서 root까지 올라가면서 파싱하는 것이다. 즉, rightmost derivation의 역순이다. parsing에서 사용되는 용어 중 하나는 lookahead라는 것이 있다. 토큰 스트림 중에서 하나의 토큰을 미리 내다보는 것을 lookahead라고 한다. 본 교재에서는 그것을 nexttoken이라고 표현한다. nexttoken이라는 용어나 lookahead는 다음 토큰을 가져오는 것을 말한다.

5.3.1 재귀하강 파싱

top-down 파싱은 주어진 문장형태(sentential form), xAα가 있고, A-규칙이

A -> bB | cBb | a 라면,

leftmost derivation에서의 다음 sentential form을 얻기 위해, 이 세 가지 규칙 중 하나를 선택해야 한다. 즉,

xA => xbBα 이거나, xA => xcBbα 이거나, xA => xaα

셋 중 하나일 수 있다.

여기서 대문자는 논터미널, 소문자는 터미널, 그리스어 문자는 논터미널과 터미널이 섞여나오는 형태이다.

recursive descent 파싱은 논터미널 A에 대해 procedure A( )를 만든다. procedure A( ) 에서 if lookahead(또는 nexttoken)가 b이

면, bB를 선택하게 하고, lookahead가 c이면, cBb를 선택하게 하고, lookahead가 a이면, procedure A( )를 call한 곳으로 돌아가게 하면 된다. 이것을 코딩하면

```
void A( ) {
    if (nextToken == 'b')
      lex( );
      B( );
    else if (nextToken == 'c') {
      lex( );
      B( );
      if (nextToken == 'b')
          lex( );
      else  error( );
    }
    else if (nextToken == 'a') {
      lex( );
      else  error( );
    }
    else error( );
}
```

if(nextToken == 'b') 일때, B( )를 call하기 전에 lex( )를 call하는 이유는 다음 토큰을 구하기 위한 것이다. 그래야 procedure B( ) 에 들어가자 말자 if(nextToken == ...)하고 체크할 수 있다. else if(nextToken == 'c')면 역시 B( )를 부른다. 다음에 계속, nextToken이 b인지 묻는다. 즉, nonterminal에 대해서는 해당 함수를 call하도

록 하고, terminal에 대해서는 nextToken 이 그 해당하는 terminal 인지 묻는다. (terminal인지 묻고 나서는 다음 토큰을 구하기 위해 반드시 lex( )를 call해야 한다.) 이것이 recursive descent 파싱이고 top-down 파싱의 일종이다. recursive descent 파싱은 각각의 nonterminal에 대한 procedure를 만드는 것이다.

이제 다음 문법에 대한 recursive descent 파서를 만들어 보자.

```
〈expr〉 → 〈term〉 (+ | −) 〈term〉 }
〈term〉 -〉 〈factor〉 (* | /) 〈factor〉 }
〈factor〉 -〉 id | (〈expr〉)
```

논터미널 〈expr〉에 대해서는 다음과 같이 코딩된다. 먼저 nonterminal 〈expr〉에 대한 procedure를 만들어야 한다.

```
void expr( ) {
    term( );
    while (nextToken == PLUS_CODE ||
                    nextToken == MINUS_CODE) {
        lex( );
        term( );
    }
}
```

〈expr〉 -〉 〈term〉 (+ | −) 〈term〉에서 nonterminal 〈term〉이 제일 먼저 나타나므로 term( )을 먼저 call한다. 다음에 나타나는 중괄호의 의미는 0번 이상 여러 번 나타나는 것이므로, while을 통해서

여러번 반복할 수 있도록 했다. terminal '+'와 '−'에 대해서는 if문으로 nextToken이 '+코드'인지 혹은 '−코드'인지 확인하고 있다. PLUS_CODE와 MINUS_CODE라고 대문자로 한 이유는 모두 상수라는 것이다. 앞서 어휘분석기 lex( )를 수행한 결과 token이 반환되고 이 token은 상수로 나타난다고 했다. nextToken은 lex( )를 통해서 구한 다음 token 즉, 상수인 것이다. 그 nextToken이 '+'인지 '−'인지 확인해보고, 맞으면 lex( )를 call해서 다음 토큰을 구한다. 토큰을 구한 다음 nonterminal 〈term〉이 나타나니까 term( )을 call하게 한다. 논터미널 〈term〉에 대해서는 다음과 같이 코딩된다. 〈expr〉 비슷하게 nonterminal 〈term〉에 대한 procedure 만들면 된다.

```
void term( ) {
    factor( );
    while (nextToken == AST_CODE ||
                    nextToken == SLASH_CODE)
        lex( );
        factor( );
    }
}
```

〈term〉 -〉 〈factor〉 (* | /) 〈factor〉 에서 nonterminal 〈factor〉가 제일 먼저 나타나므로 factor( )를 먼저 call한다. 다음에 중괄호가 있으므로, while문으로 반복하게 한다. terminal '*'와 '/'에 대해 상수를 AST_CODE와 SLASH_CODE로 나타낸 다음, if문으로 nextToken이 '*'인지 혹은 '/'인지 확인하고 있다. 다음에 lex( )를 한번 수행하고

nonterminal 〈factor〉에 대해 factor( )를 call하게 하였다.

논터미널 〈factor〉에 대해서는 다음과 같이 코딩된다.

```
void factor( ) {
   if (nextToken == ID_CODE)
      lex( );
   else if (nextToken == LEFT_PAREN_CODE) {
      lex( );
      expr( );
      if (nextToken == RIGHT_PAREN_CODE)
          lex( );
      else  error( );
   } /* End of else if (nextToken == ...  */
   else error( ); /* Neither RHS matches */
}
```

〈factor〉 -〉 id | (〈expr〉)에서 terminal id가 제일 먼저 나타난다. terminal에 대해서는 if문으로 nextToken이 해당 terminal과 일치하는지 확인하여야 한다. 이때 nextToken은 factor( )를 call한 이전 함수에서 lex( )를 통해 구한 값이다. 그것이 ID_CODE인지를 확인한다. nextToken이 ID_CODE이면 다시 lex( )를 불러서 다음 토큰을 구한다.

if(nextToken == ID_CODE)이 아니면, '('가 나타나므로 nextToken이 좌괄호인 지를 확인하여야 한다. else if(nextToken == LEFT_PAREN_CODE)문에서는 좌괄호를 상수 LEFT_PAREN_CODE라고 표현했다. 좌괄호 다음에는 nonterminal 〈expr〉이 나

타난다. nonterminal에 대해서는 함수를 call해야 하므로 expr( )을 call한다. expr( )을 call하기 전에 lex( )를 부른 이유는 다음 토큰을 구해서 expr( )을 call해야 하기 때문이다. (expr( )에 들어가자 말자 nextToken이 사용되는 것을 확인해보라)

다음에는 terminal 우괄호를 만난다. 그래서 if(nextToken == RIGHT_PAREN_CODE)문으로 nextToken이 우괄호인지를 확인하고 있다. 그리고 다시 lex( )를 부른다. 이유는 다른 procedure에서 바로 nextToken을 사용할 수 있도록 하기 위함이다. 미리 nextToken을 구해놓는 것이다. else error( )는 우괄호가 나타나지 않았다는 뜻이다. 여기까지 오면 문법상 반드시 우괄호가 나타나야 하는데 우괄호가 없으니, error( )이라는 함수를 통해서 'right parenthesis is missing'라고 메세지를 출력하도록 해야 한다. 맨 마지막 else는 id도 아니고 좌괄호도 아닌 경우이다. 함수 factor( )에 들어왔으면 문법상 무조건 id 혹은 좌괄호를 만나게 되어 있는데, id도 아니고 좌괄호도 아닌 경우이므로 'id or left parenthesis is missing'이라는 에러 메세지를 출력하도록 해야 한다.

이렇게 문법의 각 nonterminal에 대해서 procedure를 만들어주는 것이 재귀하강 (recursive decent) 파싱이다. 문장 'a + b;'를 주고 따라가 보자. 먼저 다음과 같은 main( )이 있어야 한다.

```
main( )
   lex( );
   expr( );
}
```

main에서 먼저 lex( )를 한번 call하는 이유는 nextToken을 구하기 위해서이다. 이것은 바로 expr( )에서 사용된다. 그 다음에 expr( )부터 call하도록 한다. expr( )에 가면 term( )을 call하고, term( )에 가면 곧바로 factor( )을 call한다. factor( )을 call하면, if(nextToken == ID_CODE)하고 묻습니다. (이때 이미 nextToken이 id(= a)라는 것을 구해놓았다.) ID_CODE가 맞으면 lex( )를 call해서 '+'를 읽게 된다. 그러면 else if (nextToken == LEFT_PAREN_CODE) 문 이하는 수행하지 않고 factor( )에서 빠지고, term( )으로 되돌아오고, while(nextToken == AST_CODE || nextToken == SLASH_CODE)문의 조건이 false이니까, term( )에서 빠지고, expr( )로 돌아간다.

expr( )의 while(nextToken == PLUS_CODE || nextToken == MINUS_CODE)을 검사하는데, 조건식이 true이니까 lex( )를 부르고 term( )을 call한다. lex( )는 nextToken으로 id(= b)를 반환해준다. 그것으로 term( )에 가면 곧바로 factor( )을 call한다. factor( )을 call하면, if(nextToken == ID_CODE)하고 묻습니다. (이때 이미 nextToken이 id(= b)라는 것을 구해놓았다.) ID_CODE가 맞으면 lex( )를 call해서 ';'를 읽게 된다. else if (....)문 이하는 수행하지 않고 factor( )에서 빠지고, term( )으로 되돌아오고, while(....)문은 수행하지 않고, term( )에서 빠지고, expr( )로 돌아간다. 함수 expr( )에서 if (nextToken == SEMI_COLON) 이면 중간코드를 구하는 함수를 수행하도록 하는 코드가 추가되어야 하는데 여기서는 생략되어 있다. 그리고 main( )으로 되돌아가고 파싱을 종료하게 된다.

여기까지의 과정을 되짚어 보자. main에서 call lex( ) 했다(a를 반환). 그리고 expr( )을 call 했다. expr( )에서는 term( )을 call했다. term( )은 factor( )를 call했다. factor( )에서 lex( )를 call(PLUS_CODE를 반환) 했다. 그리고 factor( )에서 빠져나오고 term( )에서 빠져나왔다.

이제 expr( )에서 lex( )를 call(b를 반환) 하고 term( )을 call했다. term( )은 factor( )를 call했다. factor( )에서 if(nextToken == ID_CODE)가 맞으니까 lex( )를 call(SEMI_COLON를 반환)했다. 이제 factor( )에서 빠지고, term( )에서 빠지고, expr( )에서 빠지고, main( )으로 돌아간다. 이 과정을 적어보면 다음과 같다.

```
Call lex   /* a를 반환 */
Enter 〈expr〉
Enter 〈term〉
Enter 〈factor〉
Call lex   /* +를 반환 */
Exit 〈factor〉
Exit 〈term〉
Call lex   /* b를 반환 */
Enter 〈term〉
Enter 〈factor〉
Call lex   /* ;을 반환 */
Exit 〈factor〉
Exit 〈term〉
Exit 〈expr〉
```

이 과정을 그림으로 그린 것이 파스트리이다. 그림 3은 루트에서부터 아래 쪽으로 내려오면서 만들어진다. 그래서 recursive descent 파싱을 top-down 파싱이라고 한다.

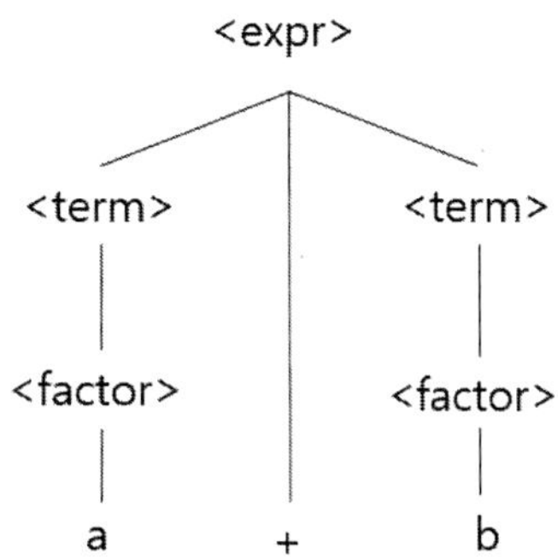

그림 3. a + b에 대한 파스트리

5.3.2 집합쌍 일치 문제

recursive descent 파싱에서 조심해야 될 것이 있다. top-down 파싱을 하지 못하게 하는 문법적 특성이 있는데, 그것을 집합쌍 불일치(pairwise disjointness)의 부재라고 한다. 간단히 말하면 같은 것이 있으면 안된다는 말이다. lookahead(다른 말로는 nextToken)를 구해서 올바른 RHS(right-hand side)를 선택해야 한다. 다음 문법을 보자.

R -〉 aB | aBAb

이때 RHS는 aB와 aBAb 가 있다. aB일 경우에는 if(nextToken == 'a')이면, B( )를 call하게 된다. 그 다음에 else if(nextToken == 'a')

이면, B( )를 call하고, A( )를 call하고 그리고 b에 대해서 코딩해야 된다. 그런데 이 코드를 보면, if(nextToken == 'a') 아니면 else if(nextToken == 'a'), 이런 코드는 존재할 수 없다.

이러한 문제는 aB의 'a'와 aBab의 'a'가 일치하기 때문이다. lookahead가 서로 불일치(disjoint)해야 되는데 그렇지 않아서 문제가 생긴 것이다. 올바른 RHS를 선택해야 되는데 집합상 불일치가 성립하지 않으면 올바른 RHS를 선택할 수 없다.

이 내용을 이론적으로 좀 더 잘 설명하기 위해서 FIRST( )라는 것을 정의하자.

Def: FIRST(α) = { a | α =>* aβ }
(if α =>* ,   is in FIRST(α))

α에서부터 여러번 derivation 하는 것을 α=>* 으로 표기한다. *는 0번 이상 여러 번이라는 뜻이다. 여러 번 derivation해서 aβ로 갔습니다. 이때 이 a를 원소로 하는 집합을 α의 FIRST라 정의한다. 다시 말하자면, α의 FIRST는 여러 번 derivation해서 제일 처음 나타나는 terminal들의 집합이다. if 이하는 만약에 α가 0번 이상 여러번 derivation해서 empty로 가면 empty도 역시 α의 FIRST에 속한다 라는 뜻이다.

집합상 불일치 테스트(pairwise disjointness test) 라고 이야기하는데, 하나 이상의 RHS를 갖는 각각의 nonterminal A와 그 규칙, A -> α_i 와 α_j에 대해서 다음이 true일 때, pairwise disjointness가 성립한다고 한다.

$$\mathrm{FIRST}(\alpha_i) \cap \mathrm{FIRST}(\alpha_j) = \phi$$

예를 들어 다음 nonterminal A에 대한 RHS가 aB, bAb, Bb일 때, FIRST를 구해보자.

```
A -> aB | bAb | Bb
B -> cB | d
```

aB에서 제일 먼저 나타나는 terminal은 {a}, bAb에서는 {b}, Bb에서는 B가 nonterminal이지만, 다음 규칙 B에서 제일 먼저 나타나는 terminal이 c와 d이기 때문에 {c, d}이다. 그래서

$$\mathrm{FIRST}(aB) \cap \mathrm{FIRST}(bAb) \cap \mathrm{FIRST}(Bb) = \phi$$

가 성립하는 것이다. 즉 세 가지의 RHS에 대해서 disjointness가 존재한다. disjointness가 존재하면 재귀하강 파서를 만드는데 문제가 없다.

다음 예를 보자.

```
A -> aB | BAb
B -> aB | b
```

aB에서 제일 먼저 나타나는 terminal은 {a}, BAb에서 B가 nonterminal이지만, 다음 규칙 B에서 제일 먼저 나타나는 terminal이 a와 b이기 때문에 {a, b}이다. 그래서

$$\mathrm{FIRST}(aB) \cap \mathrm{FIRST}(BAb) \neq \phi$$

이다. pairwise disjointness에 위배된다. 위배되면 첫 번째 RHS aB에서 if(nextToken == 'a')이면, B( )를 call하게 되고, 아니면 두 번째 RHS BAb에서 procedure B( )를 만들어야 하는데 들어가자 말자 if(nextToken == 'a')이면 .... 하고, 물어야 한다. 분명히 procedure A( )에서 nextToken == 'a'가 아니라고 해서 procedure B( )로 들어왔는데, 여기서 다시 nextToken == 'a' 냐고 묻는 것이다. 이런 코드는 존재할 수 없다.

집합쌍이 일치 문제가 존재하는 문법으로는 재귀하강 파싱이 불가능하다. 집합쌍이 일치 문제는 좌추출(left factoring)로 해결한다. 예를 들어 다음 문법에 대해,

```
<variable> -> id | id[<expr>]
```

여기서 대괄호는 0번 혹은 1번 즉, 옵션을 뜻한다. 〈variable〉에 대해서 procedure를 만들어야 되는데, terminal id가 있으니까 if(nextToken == id)면 다음에 lex( )를 call하고, 아니면 else if(nextToken == id)를 물어야 한다. FIRST(id)와 FIRST(id[〈expr〉]) 에 같은 id가 존재하기 때문이다. 즉, 집합쌍이 일치 문제가 존재한다. 이것을 left factoring하는 방법은 〈new〉라는 새로운 nonterminal을 도입해서

```
<variable> -> id <new>
<new> -> ε | [<expr>]
```

로 하면 된다. id가 |(or)를 중심으로 왼쪽에 하나있고 오른쪽에 하나

있으니까, 공통이다. 공통인 id는 인수분해 하듯이 그냥 두고 그 뒤에 〈new〉라는 nonterminal을 하나 둔다. 그러면 〈new〉는 ε | [〈expr〉] 로 둘 수있다.

원래 하나의 procedure를 〈variable〉이라는 procedure와 〈new〉라는 procedure 두 개로 분리하겠다는 뜻이다. 재귀하강 파서를 구성할 때 new에 해당하는 procedure를 하나 더 만들면 해결된다.

5.3.3 Bottom-up 파싱

대표적인 bottom-up 파싱은 LR 파싱이다. bottom-up 파싱은 rightmost derivation을 기본으로 한다. right-sentential form에서 handle이라는 것을 찾아서, 그 handle을 reduce 해야 된다. reduce란 handle에 해당하는 RHS를 규칙에서 찾아서 해당하는 nonterminal로 대체하는 것을 말한다. 다음 정의를 보자.

> Def: β가 handle 이기 위한 필요충분 조건은, 규칙에 A -〉 β가 존재하고, rightmost derivation $S \overset{rm}{\Rightarrow}{}^{*} \alpha Aw \overset{rm}{\Rightarrow} \alpha\beta w$ 가 존재하는 경우이다.

그러면 β를 A로 reduce할 수 있다. rightmost derivation에서 S는 start symbol이고 여러 번 이렇게 derivation 해서(*는 0번 이상 여러번 derivation한다는 뜻) αAw로 가고, 다음 단계에서 $\alpha\beta w$ 가 되었을때, (w는 terminal로만 구성된 string이다. terminal이 뒤에 계속 나온다는 것은 이 A가 가장 오른쪽에 있는 nonterminal이라는 것

을 의미한다.) (이것을 w로 쓰는지, **ω**로 쓰는지는 차이가 많습니다. **ω**로 쓰면 안되는 이유는 **ω**는 nonterminal이 섞여 있기 때문이다. nonterminal이 섞여있으면 A가 가장 우측에 있는 nonterminal 이라고 할 수 없다.) αAw 가 있고, 그 다음에서 $\alpha\beta$w가 될 수 있는 근거는 A ->β 로 가는 production 규칙이 존재하기 때문이다. 이것이 right-sentential form이다. β를 handle이라고 하는 이유는, handle을 찾아서 거꾸로 가면 nonterminal A로 대체할 수 있기 때문이다. (handle의 원래 의미는 손잡이, 칼자루, 다루다, 만지다 라는 뜻이다. 자동차의 핸들은 steering wheel이다.)

bottom-up 파싱은 파스 트리의 맨 아래, 즉 leaf 부터 시작해서 root로 올라가면서 파싱하는 것이다. leaf는 terminal로만 구성된 sentence이다. 이 sentence가 파싱할 때 입력된다. bottom up 파싱은 sentence를 입력 받아서 역과정, 거꾸로 올라가면서 root까지 즉, start symbol까지 가는 과정이다. 파스 트리에서 올라가면서 β를 발견하고, 그것을 A로 바꿔주는 것이 reduce이다. 규칙에서 β를 찾아서 β대신에 A로 바꿔주는 것이 reduce이다. 즉, handle에 해당하는 RHS를 규칙에서 찾아서 해당하는 nonterminal로 대체하는 것이 reduce이다.

다음 문법을 예로 들어보자.

```
E -> E + T | T
T -> T * F | F
F -> (E) | id
```

이 문법으로 "id + id * id"라는 문장을 생성하기 위해 rightmost derivation 하면,

E =〉 E + T
=〉 E + T * F
=〉 E + T * id
=〉 E + F * id
=〉 E + id * id
=〉 T + id * id
=〉 F + id * id
=〉 id + id * id

와 같이 된다. bottom up 파싱 하면, id + id * id서부터 출발해서 바로 전 단계 F + id * id로 가려면, id가 F로 바뀌게 되는데, 이 id가 handle이다. 이 handle을 F로 바꿔주는 것이 reduce이다. F가 다시 handle이 되고 T로 대치된다. 이 handle을 찾는 것이 매우 중요한데 다행스럽게도 handle을 stack 속에서 찾을 수 있다. stack 에서 handle을 발견할 수 있기 때문에 컴퓨터 프로그램하기 매우 쉽다.

id + id * id 라는 문장에 대해, 왼쪽에서 오른쪽으로 scan하니까, 가장 먼저만나는 id를 stack에 넣고, 이것이 handle이라고 판명되면, 이 handle을 F로 바꿔주는 것이다. 그러면 id 대신 F가 stack에 들어온다. F가 handle이라고 판명되면, F를 T로 바꿔준다. 계속해서 T가 E로 reduce되고, 그 다음에 +가 입력되어 stack에 들어간다. 입력을 받아서 stack속에 넣는 것을 shift라고 한다.

다음에 id를 stack속에 shift해서 넣고, 이 id를 F로 reduce한다. stack의 top에는 F가 있고, 그것을 T로 reduce한다. 이제는 *가 stack 속으로 shift되고. 연이어 id가 shift된다. id는 F로 reduce된다.

stack의 top에는 T * F가 존재한다. 이 T * F가 handle이고, stack 속에 있는 handle을 전부 pop 하고, 대신 T를 stack속에 집어넣는다. reduce 할 때, RHS의 길이를 계산한다. T -> T * F에서 RHS의 길이는 3이다. 그래서 3개의 기호를 pop해야 한다. (어떤 알고리즘에서는 이것을 2배한 6개를 pop해야 한다고 한다. 이것을 주의해야 한다. 6개라는 것은 각 문법 기호(grammar symbol) 사이 사이에 다른 state로 goto 해서 가기 위한 state 번호가 존재하기 때문이다)

handle을 찾아 reduce하는 것은 트리에서 마치 가지치기하는 것과 비슷한다. id를 가지치기해서 F가 되고, F를 가지치기해서 T로 되는 것이다. 거의 마지막 단계에서는 T * F를 가지치기해서 T로 reduce 하고, 마지막에는 E + T를 가지치기해서 E로 reduce한다. 이 가지치기를 handle pruning이라고 한다. reduce라고 하는 것이나 handle pruning이라는 것이나 같은 개념이다.

5.3.4 LR 파싱 테이블

shift와 reduce 정보는 매우 중요하다. shift-reduce 정보를 모아 테이블을 만든 것이 LR 파싱 테이블이다. LR 파싱을 table-driven 방식이라고 하는 이유가 여기에 있다. 그리고 LR 파싱의 L은 left-to-right scan 이라는 뜻이고, R은 rightmost derivation의 역과정이라는 뜻이다. 테이블 안에 이 단계에서 shift해라, 이 단계에서 reduce하라는 정보들이 있다. 이 정보를 통해 파싱하는 과정을 shift-reduce 알고리즘 이라고 한다.

shift는 lex( )를 통해서 입력한 nextToken을 stack에 넣는 것이다. 이 stack을 parse stack이라고 한다. parse stack에 넣으면 top에 들어가고 이 grammar symbol들이 모여(혹은 grammar symbol 하나만) handle이 된다. shift 알고리즘은 다음과 같다. 초기 상태는 $(S_0, a_1 \cdots a_n\$)$ 이다.

> 만약 ACTION$[S_m, a_i]$ = Shift S 이면,
> 다음 상태는: $(S_0X_1S_1X_2S_2 \cdots X_mS_ma_iS,\ a_{i+1} \cdots a_n\$)$로 된다.

reduce는 parse stack의 top에 있는 handle을 찾아서 LHS로 대체하는 action이다. 앞서 A -〉β 라는 규칙이 있을 때, β를 A로 바꿔주는 action이 reduce라고 했다. reduce 알고리즘은 다음과 같다.

> 만약 ACTION$[S_m, a_i]$ = Reduce A 이고,
> S = GOTO$[S_{m-r}, A]$, 여기서 r은 β의 길이이다.
> 다음 상태는: $(S_0X_1S_1X_2S_2 \cdots X_{m-r}S_{m-r}AS,\ a_ia_{i+1} \cdots a_n\$)$로 된다.
>
> 만약 ACTION$[S_m, a_i]$ = Accept 이면, 파싱은 error 없이 종료된다.
> 만약 If ACTION$[S_m, a_i]$ = Error 이면, 적절한 error-handling routine을 call 하여야 한다.

shift를 보면, 초기 상태가 $(S_0, a_1 \cdots a_n\$)$ 라는 뜻은 stack의 top에 S_0 라는 state(상태)를 넣는다는 뜻이다. state 0를 줄여서 쓴

것이다. $a_1 \cdots a_n\$$ 은 입력 스트링을 나타낸 것이다. 첫 번째부터 $a_1 \cdots a_n$ 까지이고, 맨 마지막에 $를 첨가하라는 뜻이다. 다음 상태가 $(S_0X_1S_1X_2S_2 \cdots X_mS_ma_iS,\ a_i+_1 \cdots a_n\$)$ 이라는 것은 stack에 $S_0X_1S_1X_2S_2 \cdots$ XmSm 이 있을 때, 입력 스트링 $a_ia_i+_1 \cdots a_n\$$에서 a_i를 stack에 push 해서 넣고, Shift S 에 의해 S를 넣은 것이다. S는 다음 state가 된다. 여기서 S_i는 state 번호이고, X_i는 grammar symbol이다. grammar symbol은 nonterminal일 수도 있고, terminal일 수도 있다.

reduce를 보면, β의 길이를 구해서 (그것이 r이라고 했을 때), 다음 상태가 $(S_0X_1S_1X_2S_2 \cdots X_{m-r}S_{m-r}AS,\ a_ia_i+_1 \cdots a_n\$)$가 된다고 했다. stack의 top이 X_mS_m 인데 r개를 pop해서 꺼내면 마지막이 $X_{m-r}S_{m-r}$이 되는 것이다. S를 r개 꺼내니까 S_{m-r}이고, X를 r개 꺼내니까 X_{m-r}이 된다. 그래서 어떤 알고리즘에서는 3개를 꺼내야되는데 6개를 꺼내야 된다. 그래서 이렇게 설명해도 되고, 이 길이가 r이면 2*r 만큼 꺼내라고 한다. 그리고 β 대신 A를 채운다. 이것이 reduce이다. 여기서 끝내면 안된다. A 다음에 S를 push 해야 한다. S는 GOTO[S_{m-r}, A]로 구한다. 나중에 LR 파싱 테이블을 보면 GoTo 필드가 있다. 거기서 상태 S_{m-r} 과 nonterminal A가 만나는 위치에 있는 상태 S를 찾아 stack에 넣는다.

Accept는 파싱이 성공적으로 끝난 것이다. 만약 error(테이블에서는 빈칸으로 되어 있다)이면, 적절한 error 처리 루틴을 call 하여야 한다.

그림 4는 다음 문법에 대해 LR 파싱 테이블을 만든 것이다.

E -> E + T | T
T -> T * F | F
F -> (E) | id

문법으로부터 LR 파싱 테이블 만드는 것은 프로그래밍 언어론 범주에서 벗어난다. 그것은 컴파일러라는 과목에서 다룬다. 여기서는 파싱 테이블이 만들어져 있다고 간주하고, shift-reduction을 통해 어떻게 bottom-up 파싱이 이루어지는 지를 설명하고자 한다.

	Action						Goto		
State	id	+	*	(	)	$	E	T	F
0	S5		S4				1	2	3
1		S6				accept			
2		R2	S7		R2	R2			
3		R4	R4		R4	R4			
4	S5			S4			8	2	3
5		R6	R6		R6	R6			
6	S5			S4				9	3
7	S5			S4					10
8		S6			S11				
9		R1	S7		R1	R1			
10		R3	R3		R3	R3			
11		R5	R5		R5	R5			

그림 4. LR 파싱 테이블

앞서 설명했지만, a + b * c 이라는 입력 문장은 lexical analyzer를 거쳐 id + id * id 로 표현되고, 입력 스트링의 맨 마지막에 $를 넣어 id + id * id$로 입력한다. 맨 끝에는 $를 넣는 이유는 파싱의 종료를 쉽게 판단하기 위해서 이다. 처음 id가 a1, +가 a2 ... an 으로 표현된다.

stack에는 초기값으로 0를 넣는다. state 0부터 시작한다는 뜻이다. state 0에서 첫 번째 입력 id를 만나면 S5이다. S는 shift라는 의미이고, 그 뒤의 번호는 state를 나타낸다. S5면 shift 하고 다음 state를 5번으로 하라는 뜻이다. shift는 방금 입력된 id를 stack에 넣고, 5도 stack에 넣는다. 다음 state가 5로 된다는 뜻이다.

테이블의 각 행은 0, 1, 2 등 state 번호이다. 다음에 +를 읽고 state는 5번이니까, 5번 state에서 +를 만나면, R6 로 되어 있다. R은 reduce라는 뜻이고, 다음에 있는 번호는 각 생성규칙의 번호이다. 예를 들어 다음과 같이 번호가 붙어 있다면,

R6는 6)번 즉, F -> id 에 의해 reduce 하라는 말이다. stack 안에 있는 id를 pop하고 대신에 F를 넣는다. 그래서 stack의 모양은 (0 id 5)에서 (0 F)로 된다. 다음 state는 (0 F)를 보고 결정한다. goto(0, F)를 찾아서, 3을 stack에 넣어준다. 다음 state는 3번이라는 뜻이다. 그래서 stack의 상태는 (0 F 3) 이 된다.

계속하면 state는 3에서 +를 만난다. (이미 첫 번째 input인 id는 shift 되어 stack로 들어갔다). Action(3, +)는 R4이다. 4)는 T -> F 이므로 stack에서 F를 찾아 T로 reduce 한다. 여기서 끝내면 안된다. Goto(0, T)를 찾아 2를 stack에 넣어준다. 다음 state는 2번이라는 뜻이다. 그러면 stack의 상태는 (0 T 2)가 된다. state는 2에서 +를 만난다(아직 +는 shift 되지 않았다). Action(2, +)는 R2이다. 2)는 E -> T

이므로 stack에서 T를 찾아 E로 reduce 한다. 여기서 끝내면 안되고, Goto(0, E)를 찾아 1를 stack에 넣어준다. 다음 state는 1번이라는 뜻이다. 그러면 stack의 상태는 (0 E 1)이 된다.

1) E -〉 E + T
2) E -〉 T
3) T -〉 T * F
4) T -〉 F
5) F -〉 (E)
6) F -〉 id

state는 1에서 +를 만난다. (아직 +는 shift 되지 않았다). Action(1, +)는 S6이다. +를 stack에 push해서 넣고 6을 함께 stack에 넣는다. 다음 state가 6으로 된다는 뜻이다. stack의 상태는 (0 E 1 + 6)으로 된다. 다음은 Action(6, id)를 찾는다(+가 shift 되었기 때문에 두 번째 id가 input 된다). Action(6, id) = S5이다. id를 stack에 push해서 넣고 5를 함께 stack에 넣는다. 다음 state가 5으로 된다는 뜻이다. stack의 상태는 (0 E 1 + 6 id 5)로 된다.

state는 5에서 *를 만난다. (두 번째 id가 shift 되었기 때문이다). Action(5, *)는 R6이다. 6)은 F -〉 id 이므로 stack에서 id를 찾아 F로 reduce 한다. 여기서 끝내면 안되고 Goto(6, F)를 찾아 3를 stack에 넣어준다. 다음 state는 3번이라는 뜻이다. 그러면 stack의 상태는 (0 E 1 + 6 F 3)가 된다. state는 3에서 *를 만난다(아직 *는 shift 되지 않았다). Action(3, *)는 R4이다. 4)는 T -〉 F 이므로 stack에서 F를 찾

아 T로 reduce 한다. 여기서 끝내면 안되고, Goto(6, T)를 찾아 9를 stack에 넣어준다. 다음 state는 9번이라는 뜻이다. 그러면 stack의 상태는 (0 E 1 + 6 T 9)가 된다.

state는 9에서 *를 만난다. (아직 *는 shift 되지 않았다). Action(9, *)는 S7이다. *를 stack에 push해서 넣고 7을 함께 stack에 넣는다. 다음 state가 7으로 된다는 뜻이다. stack의 상태는 (0 E 1 + 6 T 9 * 7)로 된다. 다음은 Action(7, id)를 찾는다(*가 shift 되었기 때문에 세 번째 id가 input 된다). Action(7, id) = S5이다. id를 stack에 push해서 넣고 5를 함께 stack에 넣는다. 다음 state가 5으로 된다는 뜻이다. stack의 상태는 (0 E 1 + 6 T 9 * 7 id 5)로 된다.

state는 5에서 이제 $를 만난다. (*는 shift 되었다). Action(5, $)는 R6이다. 6)은 F -> id 이므로 stack에서 id를 찾아 F로 reduce 한다. 여기서 끝내면 안되고 Goto(7, F)를 찾아 10을 stack에 넣어준다. 다음 state는 10번이라는 뜻이다. 그러면 stack의 상태는 (0 E 1 + 6 T 9 * 7 F 10)이 된다. state는 10에서 $를 만난다(아직 $는 shift 되지 않았다). Action(10, $)는 R3이다. 3)은 T -> T * F 이므로 stack에서 T * F 를 찾아 T로 reduce 한다. (이때 6개가 pop 되는 것을 주목하라.) 여기서 끝내면 안되고, Goto(6, T)를 찾아 9를 stack에 넣어준다. 다음 state는 9번이라는 뜻이다. 그러면 stack의 상태는 (0 E 1 + 6 T 9)가 된다.

state는 9에서 이제 $를 만난다. ($는 이 지 shift shift 되지 않았다). Action(9, $)는 R1이다. 1)은 E -> E + T 이므로 stack에서 E + T 를 찾아 E로 reduce 한다.(이때도 6개가 pop 된다. 그러면 stack는 0와

E가 남는다.) Goto(0, E)를 찾아 1를 stack에 넣어준다. stack의 상태는 (0 E 1)이 된다. Action(1, $)는 accept이다. 이로써 성공적으로 종료된다. 여기까지 stack의 변화를 보자.

Stack	입력 스트링
(0)	id + id * id $
(0 id 5)	+ id * id $
(0 F 3)	+ id * id $
(0 T 2)	+ id * id $
(0 E 1)	+ id * id $
(0 E 1 + 6)	id * id $
(0 E 1 + 6 id 5)	* id $
(0 E 1 + 6 F 3)	* id $
(0 E 1 + 6 T 9)	* id $
(0 E 1 + 6 T 9 * 7)	id $
(0 E 1 + 6 T 9 * 7 id 5)	$
(0 E 1 + 6 T 9 * 7 F 10)	$
(0 E 1 + 6 T 9)	$
(0 E 1)	$

이 과정을 파스 트리로 나타내면 입력 스트링 id + id * id $ 이 leaf로 나타나고 root까지 bottom-up 파싱되는 것을 볼 수 있다.

CHAPTER

6

제어구조

CHAPTER 6 | 제어구조

6.1 알고리즘과 의사코드

대부분의 컴퓨팅 문제는 일련의 동작을 특정 순서에 따라 실행함으로써 해결한다. 문제 해결의 절차(procedure)를 순서대로 작성한 것을 알고리즘(algorithm)이라고 한다.

의사코드(peudocode)란 프로그래머들이 알고리즘을 개발하는데 도움을 주는 인위적이고 비공식적인 언어이다. 의사코드는 일상 언어와 비슷한 것이어서 진짜 프로그래밍 언어는 아니지만 사용하기 편리하고 친숙하다. 의사코드를 컴퓨터에서 실행시킬 수는 없다. 그 대신 프로그래밍 언어로 코딩하기 전에 프로그램을 생각하는 과정에서 도움을 주는 언어이다. 본 장에서 예로 드는 알고리즘들은 모두 의사코드로 표현된다.

일반적으로 프로그램의 명령문은 순차적으로 실행된다. Fortran

이나 COBOL이 등장했던 1960년대에는 제어의 흐름을 변경시키기 위해 goto문을 사용했다. 그러나 1970년대부터 구조적 프로그래밍(structured programming) 개념이 나타나면서 goto 없는(gotoless) 프로그래밍이 대세가 되었다. 어떤 연구자들은 goto문을 사용하지 않고도 프로그램을 작성할 수 있다는 것을 증명하였다. 그 시대의 과제(challenge)는 프로그래머들이 goto 없는 프로그래밍으로 프로그래밍 스타일을 바꾸는 것이었다.

그들은 순차구조(sequence structure), 선택구조(selection structure), 반복구조(repetition structure)만으로도 모든 프로그램을 작성할 수 있다고 주장했다. 순차구조는 별도의 지시가 없는 한 명령문들이 작성된 순서대로 하나씩 실행한다. 선택구조는 보통 세가지이다. if문, if-else문, switch문이 그것이다. 반복구조도 세 종류이다. while문, do-while문, for문이 그것이다.

6.2 if문

if문은 여러 대안들 중에 선택을 할 때 사용된다. 예를 들어 시험의 합격 기준이 60점이라고 가정해 보자. 다음의 의사코드에 대해

학생의 점수가 60점보다 크거나 같으면
"passed" 라고 출력하시오.

if문은 다음과 같이 쓸 수 있다.

```
if ( grade >= 60 ) cout << "Passed";
```

조건식은 true 아니면 false 값을 갖는다. 수식의 결과값이 0이면 false이고 결과 값이 0이 아니면 true로 표현할 수 있다. 보통 참과 거짓을 표현하기 위해 bool 자료형을 제공한다. true와 false는 bool 자료형의 값을 나타낸다.

6.3 if-else문

if문은 조건이 true일 때 지정된 동작을 수행하고 그렇지 않으면 동작을 건너뛰는 것이다. if-else문은 프로그래머로 하여금 조건이 true일 때와 false일 때 각각 수행할 동작을 지정할 수 있도록 해준다. 예를 들어 다음과 같은 의사코드는

학생의 점수가 60점보다 크거나 같으면
"Passed"라고 출력하시오.
그렇지 않으면
"Failed"라고 출력하시오.

학생의 점수가 60점보다 크거나 같으면 Passed라고 출력하고 그렇지 않으면 Failed라고 출력한다. 두 경우 모두에서 출력이 끝나면 다음의 의사코드 명령문이 순차적으로 실행된다. if-else문을 사용하여 다음과 같이 작성할 수 있다.

```
if ( grade 〉=60 ) cout 〈〈 "Passed";
else cout 〈〈 "Failed";
```

C/C++은 if-else문과 밀접한 관계를 갖는 조건 연산자(?:)를 제공한다. 이 조건 연산자는 삼항 연산자(ternary operator)이다. 삼항 연산자는 3개의 피연산자를 갖는다. 조건 연산자와 3개의 피연산자가 조건문을 구성한다. 첫번째 피연산자는 boolean값이고, 두번째 피연산자는 조건이 true일 때의 조건문의 값이며 세번째 피연산자는 조건이 false일 때 조건문의 값이다. 예를 들어 다음과 같은 출력문은

```
cout 〈〈 ( grade 〉= 60 ? "Passed" : "Failed" );
```

조건 grade 〉= 60이 true일 때 문자열 "Passed"가 출력되고 false일 때 문자열 "Failed"가 출력되는 것을 한 문장으로 표현한 것이다. 따라서 조건 연산자를 포함하는 명령문은 if-else문과 내용이 같다. 앞으로 보게 되겠지만 조건 연산자의 우선순위가 낮기 때문에 전체 조건문은 보통 괄호가 필요하다.

조건식에서의 값은 또한 실행하기 위해 행동한다. 예를 들어 조건식

```
grade 〉= 60 ? cout 〈〈 "Passed" : cout 〈〈 "Failed";
```

는 "만일 grade가 60보다 크거나 같으면 cout 〈〈 "Passed" 그렇지 않으면 cout 〈〈 "Failed"라고 읽는다. 이것은 또한 이전의 if-else문과 비교할 수 있다. 제어 연산자는 if-else문이 할 수 없는 상황에서 사용될 수 있다.

중첩된 if-else문은 if-else를 if-else 안에 넣음으로써 여러 가지 경우를 검사할 수 있다. 예를 들어 다음의 의사코드는 90점보다 크거나 같으면 A를 출력하고, 80에서 89점 사이이면 B를 출력하고, 70에서 79점까지는 C를 출력하고, 60에서 69까지는 D를 출력하고, 그 이외의 점수에 대해서는 F를 출력한다.

```
학생의 점수가 90점보다 크거나 같으면
    "A"를 출력하시오..
그렇지 않으면
    학생의 점수가 80점보다 크거나 같으면
        "B"를 출력하시오..
    그렇지 않으면
        학생의 점수가 70점보다 크거나 같으면
            "C"를 출력하시오.
        그렇지 않으면
            학생의 점수가 60점보다 크거나 같으면
                "D"를 출력하시오.
            그렇지 않으면
                "F"를 출력하시오..
```

위의 의사코드는 다음과 프로그램된다.

```
if ( grade >= 90 ) cout << "A";
else if ( grade >= 80 ) cout << "B";
else if ( grade >= 70 ) cout << "C";
else if ( grade >= 60 ) cout << "D";
else  cout << "F";
```

만일 grade가 90보다 크거나 같으면 처음의 네 개의 조건이 true가 되지만 그렇지 않으면 처음 조건 검사 다음의 cout문만 실행된다. 그 cout문이 실행된 후 외각의 if-else문의 else 부분은 건너뛰게 된다. 프로그램할 때 들여 쓰기에 주의하여야 한다. 들여 쓰기는 프로그램을 읽기 쉽게 만들어준다.

대부분의 프로그래밍 언어 중괄호를 사용하지 않는 이상 else는 그 앞의 if와 짝을 이루는 것으로 이해한다. 조건식들 중 하나가 만족되면 조건식을 벗어나므로 중첩된 if-else문은 단일 if문 보다 훨씬 빠르게 수행될 수 있다.

if문의 바디에는 하나의 명령문만 올 수 있다. 여러 개의 명령문을 if의 바디에 포함시키고자 하면 명령문들을 중괄호로 묶으면 된다. 중괄호로 묶인 명령문들을 복합문(compound statement)이라 한다. 프로그램에서 단일문이 놓일 수 있는 어느 곳이든지 복합문이 들어갈 수 있다. 다음은 else에 복합문을 포함한 예이다.

```
if ( grade >= 60 ) cout << "Passed.₩n";
else {
    cout << "Failed.₩n";
    cout << "You must take this course again.₩n";
}
```

else 부분의 두 명령문이 중괄호에 싸여 있음에 주목하라. 이 중괄호는 매우 중요하다. 중괄호가 없다면 다음 명령문

```
cout << "You must take this course again.₩n";
```

은 if의 else의 바디 밖으로 나오게 되고, grade가 60보다 작은 지에 상관없이 항상 실행될 것이다. 그래서 if-else문에서는 항상 중괄호를 사용하는 것을 선호한다. 특히 나중에 if부분이나 else부분에 명령문을 추가할 때, 우연히 빠뜨리는 것을 방지한다.

6.4 while문

반복구조(repetition structure)를 사용해서 어떤 조건이 참이 되는 동안 주어진 동작을 반복시킬 수 있다. 다음의 의사코드는 쇼핑하는 동안에 일어나는 반복을 묘사하고 있다.

쇼핑 목록에 하나 이상의 항목이 남아 있는 동안
다음 항목을 구입하고, 그것을 목록에서 지운다.

하나 이상의 항목이 남아 있다는 조건은 참일 수도 있고 거짓일 수도 있다. 만일 이것이 참이면 다음 항목을 구입하고 그것을 목록에서 지운다 라는 동작을 실행한다. 이 동작은 위의 조건이 참일 동안 계속해서 반복된다.

while문의 바디는 하나의 문장 또는 복합 문장이 될 수 있다. 궁극적으로 쇼핑 목록의 마지막 항목을 구입하고 목록에서 지운 다음에 조건은 거짓이 될 것이다. 이 시점에서 반복은 종결되고 반복문 다음의 의사코드 문장이 실행된다.

while 문장의 예로, 1000보다 큰 2의 지수승 중에서 가장 작은 수를 찾아내는 프로그램의 일부를 고려해 보자. 정수형 변수 product는 2로 초기화되는 것으로 가정한다. while문의 실행을 끝내면 정수형 변수 product는 원하는 값을 가지게 된다.

```
int product = 2;
while ( product <= 1000 )
    product = 2 * product;
```

while구조 속으로 들어갔을 때 product의 값은 2이다. 변수 product의 값은 반복적으로 2가 곱해져서 4, 8, 16, 32, 64, 128, 256, 512 그리고 1024까지 계속된다. product가 1024가 될 때 while문의 조건인 product <= 1000은 거짓이 된다. 이때 반복이 종료되고 product의 최종값은 1024가 된다. 프로그램의 실행은 while구조 에서 벗어난다.

다음 while루프에서 중괄호가 없으면 어떻게 될까?

```
while ( grade != -1 ) {
    total = total + grade;
    gradeCounter = gradeCounter + 1;
    cout << "Enter grade, -1 to end: ";
    cin >> grade;
}
```

이것은 다음과 같이 잘못 해석하게 되므로, 중괄호의 사용은 매우 중요하다.

```
while ( grade != -1 )
    total = total + grade;
gradeCounter = gradeCounter + 1;
cout << "Enter grade, -1 to end: ";
cin >> grade;
```

이 경우 사용자가 −1을 입력하지 않는다면 무한 루프에 빠지게 된다.

6.5 for문

for문의 일반적인 형식은 다음과 같다.

```
for ( 초기화; 루프반복검사; 증가 )
    명령문
```

for문을 while문으로 바꾸면 다음과 같이 쓸 수 있다.

```
초기화;
while ( 루프반복검사 ) {
    명령문
    증가;
}
```

전형적인 for문의 예를 들면 다음과 같다.

```
for ( int counter = 1; counter <= 10; counter++ )
    cout << counter << endl;
```

for가 실행될 때 counter는 1로 초기화된다. counter는 for문 내에서 선언되었기 때문에 for문의 바디 내에서만 사용할 수 있다. 다음으로 조건 counter 〈= 10이 검사되고, 그 후 counter++를 통해 증가된 다음, 조건을 다시 검사하게 된다. 이 과정을 counter 제어 변수가 11이라는 값을 넘어설 때까지 반복된다. 11이 되면, 지속 조건을 실패하게 하고 반복을 종료한다. 프로그램은 for문에 다음에 오는 것을 순차적으로 실행하게 된다.

만약, 프로그래머가 counter 〈 10으로 잘못 쓴다면 루프는 9번만 실행된다. 이것을 한 번 덜 실행되는 오류(off-by-one-error)라고 한다. while문 혹은 for문의 조건에서 부정확한 관계 연산자나 루프 카운터-제어의 부정확한 최종값을 사용하면 하나차이 오류(off-by-one error)가 발생한다. while문 혹은 for문의 조건에 최종값과 〈= 관계 연산자를 사용하면 루프가 한번 덜 실행되는 것을 막을 수 있다. 예를 들어, 1에서 10까지를 출력하는 루프에서는 지속 조건을 counter 〈 10이나 counter 〈 11이라고 쓰기보다 counter 〈= 10을 사용하는 것이 좋다. 많은 프로그래머들은 초기값을 0으로 지정하고 counter 〈 10을 사용하는 것을 선호하지만, 이는 실수를 유발할 수 있다.

초기화가 for문의 헤더(header)에서 제어 변수를 정의한다면 제어 변수는 for문의 바디 내부에서만 사용할 수 있다. 이렇게 제한적으로 변수명을 사용하는 것을 변수의 범위(scope)이라고 한다. 변수의 범위는 프로그램 내에서 그 변수가 어디서 사용되어지는지를 정의한다.

for문에는 3개의 표현문을 사용하는 것이 적절하다. 만일 루프반복 검사가 생략되면 지속 조건을 항상 참으로 보아 무한 루프가 생긴다.

제어 변수가 프로그램의 다른 곳에서 초기화되었다면 초기화 표현식은 생략할 수 있다. for 바디의 문장이 자체적으로 카운터-제어를 증가하거나 증가할 필요가 없는 경우 증가 표현식은 생략할 수 있다. for문의 증가 표현식은 for 바디 끝에서 단독 문장처럼 행동한다.

많은 프로그래머가 증가 표현식으로 counter++를 선호하는데 루프바디가 실행된 후 증가가 이루어지기 때문이다. 그러므로 후증가가 더 자연스럽다. 증가된 변수가 표현문에 나타나지 않을 때에는 후증가와 선증가의 효과는 같다.

for문의 증가가 음이 되는 것은 루프의 카운터가 감소하는 경우이다. 지속 조건이 처음부터 거짓이면 for문의 바디는 실행되지 않는다. 대신에 for의 바디로 실행이 넘어간다. 제어 변수는 종종 출력되거나 for의 바디에서 계산에 사용된다. 제어 변수를 for문에서 언급하지 않고 다만 반복을 제어하는 것에만 사용하는 것이 일반적이다. 제어 변수값이 for 루프 바디에서 바뀔 수 있다 하더라도 사소한 오류가 일어날 수 있으므로 이렇게 하는 것은 피하는 것이 좋다.

6.6 switch문

switch문은 case와 default case로 구성된다. 예를 들어 다음의 프로그램에서

```
switch ( grade ) {
        case 'A' :
```

```
        case 'a' :
            ++aCount;
            break;
                .
                .

        default:
            cout << "Incorrect letter entered.";
            break;
    }
```

키보드를 통해 학생의 학점이 grade에 입력되면 switch문의 각 케이스와 비교된다. (case 'A': case 'a':)와 같이 여러 케이스 레이블이 함께 나열된 경우는 단순히 각 케이스에 대하여 발생하는 행동들의 같은 집합을 의미한다. 즉, 사용자가 성적값으로 A를 입력하면 다음 case 'a' : 의 문장 ++aCount를 실행한다. 만약 a가 입력되어 case 'a': 와 일치하면 역시 ++aCount가 실행된다. 그러니까 (case 'A': case 'a':)는 같은 케이스로 취급되는 것이다. aCount값이 1 증가하고 break문으로 switch에서 빠져나온다. 다른 제어구조와 다르게 다중 케이스 문장에 괄호를 사용할 필요가 없다. break문은 프로그램 제어가 switch문 다음에 나오는 첫 명령문으로 가게 한다. 이렇게 하지 않으면 switch문의 각 case가 함께 작동한다. break문이 switch문에서 사용되지 않으면 레이블과 일치가 일어날 때마다 나머지 case의 모든 명령문이 실행된다. 일치가 일어나지 않으면 default가 실행되고 오류 메시지가 출력된다.

각 case는 다중 동작을 가질 수 있다. switch문은 case의 다중 동작을 포함하는 중괄호가 필요 없다는 점에서 다른 구조와 다르다. case 끝의 break문이 제어를 switch문에서 즉시 나오도록 한다. switch구조에서 break명령문이 필요한 곳에 사용하지 않는다면 오류가 발생한다.

11장의 객체지향 프로그래밍에서 switch 논리를 구현하는 보다 나은 방법을 알아볼 것이다. 그 때는 프로그램을 switch 논리를 사용할 때보다 더 명확하고 더 유지가 쉽고 더 확장성을 가지도록 해주는 기술인 다형성(polymorphism)에 대해 설명한다.

6.7 do-while문

do-while문은 while문과 유사하다. while문에서는 지속 조건이 루프의 바디가 실행되기 전에 루프의 시작점에서 검사된다. do-while문은 루프 바디가 시행된 후 지속조건을 검사한다. 따라서 루프 바디는 적어도 한 번 실행된다. do-while문이 종결될 때 실행은 while절 다음의 명령문으로 간다. do-while문의 바디에 오직 하나의 명령문이 있으면 중괄호를 사용할 필요가 없다. 그러나 while과 do-while 사이의 혼란을 피하기 위해 중괄호를 사용하기도 한다. 예를 들어,

```
while ( 조건 )
```

은 while문의 헤더에 해당한다. 중괄호가 없는 단일문 바디를 가진

do-while은 다음과 같이 나타난다.

```
do
    구문
while ( 조건 );
```

이것은 혼란의 소지가 있다. 마지막 줄은 아무런 명령문도 가지지 않는 while문의 헤더로 잘못 이해될 수 있다. 따라서 하나의 명령문을 가진 do-while도 혼란을 피하기 위해 다음과 같이 쓰는 것이 권장한다.

```
do {
    구문
} while ( 조건 );
```

while, for, do-while문에서 지속 조건이 항상 참이면 무한 루프에 빠지게 된다. 이것을 막으려면 while문의 헤더 뒤에 세미콜론을 두지 않아야 한다. 다음은 do-while문을 사용한 예이다.

```
do {
    cout << counter << "  ";
} while ( ++counter <= 10 );
```

6.8 break와 continue문

break와 continue문은 제어의 흐름을 바꾼다. while, for, do-while, switch문에서 실행되는 break문은 그 구조에서 즉시 나가도록 한다. 실행은 그 구조 뒤의 첫번째 명령문으로 진행된다. break문의 일반적인 쓰임은 루프에서 즉시 나가거나 switch문의 나머지를 생략한다. 다음은 for문에서의 break문의 쓰임을 보여주는 예이다. if문이 x가 5라는 것을 감지하면 break가 실행되어 for문에서 완전히 빠진다.

```
for ( x = 1; x <= 10; x++ ) {
    if ( x == 5 )
      break;
    cout << x << "  ";
}
```

for, while, do-while문에서 실행되는 continue문은 각 구조의 나머지 명령문을 생략하고 루프의 다음 반복으로 진행하도록 한다. while과 do-while문에서 지속 검사는 continue문이 실행된 직후 이루어진다. for문에서는 증가분이 실행되고 난 후 지속 검사가 이루어진다. 앞에서 for문으로 이루어진 대부분의 코드를 while문으로 바꿀 수 있다고 했다. 그러나 while문에서 증가 표현문이 continue문을 따를 때에는 예외이다. 이 경우 반복 계속 조건이 검사되기 전에는 증가가 이루어지지 않고, for와 마찬가지로 while도 실행되지 않는다.

다음의 예는 for문에서 count가 5가 될 때 출력문을 생략하고 루프를 계속 진행하기 위해 continue문을 사용한 예이다.

```
for ( int x = 1; x <= 10; x++ ) {
    if ( x == 5 )
        continue;
    cout << x << "  ";
}
```

어떤 프로그래머는 break와 continue문이 구조적 프로그래밍을 망친다고 생각한다. 사실 구조적 프로그래밍 기술로 break와 continue를 사용하지 않고 프로그램을 작성할 수도 있다.

연습문제

다음은 복리 이자를 계산하는 문제이다. C, C++, Java 그리고 C#으로 프로그램 하시오.

한 사람이 5,000,000원을 연이율 3%의 예금에 가입하였다. 이자도 다시 적립하는 방식으로 10년 동안 매년 예금 총액을 계산하고 출력하라. 다음은 복리 이자를 계산하는 공식이다.

$a = p(1+r)^n$

p; 원금
r; 연이율
n; 예금 년수
a; 10년 후의 원리합계

6.1 for 문을 이용해서 프로그램 하시오.

6.2 while 문을 이용해서 프로그램 하시오.

6.3 do-while 문을 이용해서 프로그램 하시오.

6.4 switch 문을 이용해서 프로그램 하시오.

CHAPTER 7

부프로그램

CHAPTER 7 | 부프로그램

7.1 소개

현실세계 문제를 해결하는 대부분의 프로그램은 우리가 먼저 소개한 프로그램보다 훨씬 규모가 크다. 큰 프로그램을 개발하고 유지하는 가장 좋은 방법은 다루기 쉬운 작은 단위의 프로그램인 컴포넌트(component)로 나누어서 모듈 단위로 작성하는 것이다. 이러한 기술을 분할 정복 방법(divide and conquer)이라고 한다. 이 장에서는 큰 프로그램의 설계, 구현, 작동, 유지를 쉽게 하는 프로그래밍 언어의 중요한 특징을 다룬다.

대부분의 프로그래밍 언어는 모듈을 부프로그램(subprogram)이라고 부른다. 프로그래머는 표준 라이브러리(standard library)에서 미리 만들어진 부프로그램들을 사용하여 새로운 부프로그램을 만들기도 한다. 표준 라이브러리는 일반적인 수치 계산, 스트링 처리, 문자 처리, 입출력, 오류 검사, 많은 유용한 연산을 수행하는데 필요한 풍부한 클래스와 부프로그램들을 제공한다. 이러한 부프로그램들이 프로그래머가 필요로 하는 많은 기능을 제공하므로 프로그래머의 작업을 보다 쉽게 해준다.

프로그래머는 프로그램 내의 여러 위치에서 사용될 수 있는 특정 작업을 수행하도록 하기 위해 부프로그램을 작성할 수 있다. 이러한 부프로그램들을 프로그래머 정의 부프로그램이라고 한다. 부프로그램을 정의하는 실제 명령문들은 오직 한 번만 작성되고 다른 부프로그램들에서 은닉되어 있다. 부프로그램은 호출(call)로 불려진다. 호출은 부프로그램의 이름을 지정하고, 그 피호출 부프로그램이 작업을 수행하는데 필요한 정보를 인자(argument)의 형태로 제공한다.

7.2 부프로그램

부프로그램은 프로그래머가 프로그램을 모듈화할 수 있도록 해준다. 부프로그램 정의에 선언된 모든 변수는 지역 변수(local variables)이다. 이 변수들은 그들이 선언된 부프로그램 내에서만 사용될 수 있다. 대부분의 부프로그램은 부프로그램 사이의 정보를 교환하는 수단을 제공하는 매개변수(parameter) 목록을 가진다. 부프로그램의 매개변수도 역시 지역 변수이다.

부프로그램으로 모듈화하는 몇 가지 이유가 있다. 분할 정복 방법은 프로그램 개발을 훨씬 관리하기 쉽도록 해준다. 다른 이유는 소프트웨어를 재사용할 수 있게 해주기 때문이다. 소프트웨어 재사용이란 새 프로그램을 만드는 데 기존의 부프로그램을 구성 요소로 사용하는 것을 말한다. 소프트웨어 재사용은 객체지향 프로그래밍의 중요한 요소이다. 타당한 부프로그램 명명과 정의를 이용하여 표준 부프로그램으로부터 새 프로그램을 만들 수 있다. 마지막 이유는 프로그램에서 코드를 반복해 쓰는 것을 피하는 것이다. 부프로그램으로 포장된 코드는 프로그램의 여러 위치에서 그 부프로그램을 호출함으로써 포장된 코드가 실행되도록 할 수 있다.

부프로그램 정의의 일반적인 형태는 아래와 같다.

```
반환값형 부프로그램이름(매개변수 목록)
{
    선언과 명령문
}
```

부프로그램 이름은 타당한 식별자이다. 반환값형은 부프로그램이 호출 프로그램에게 반환하는 값의 자료형이다.

매개변수 목록은 부프로그램이 호출될 때 부프로그램이 받는 매개변수들이 형선언과 함께 콤마로 분리된 목록이다. 부프로그램이 어떠한 값도 받지 않으면 매개변수 리스트는 비워놓거나 단순히 공백으로 남긴다. 부프로그램의 매개변수 목록에 있는 각 매개변수는 형이 명시적으로 나열되어야 한다.

중괄호 내의 선언과 명령문들은 부프로그램의 바디(body)를 이룬다. 부프로그램 바디를 블록(block)이라고 한다. 블록은 선언을 포함하는 복합 명령문이다. 변수는 어떤 블록 내에서도 선언할 수 있고 블록은 중첩될 수 있다. 부프로그램은 어떠한 환경에서도 다른 부프로그램 안에 정의될 수 없다.

부프로그램이 불려진 위치에 제어를 돌리는 방법은 세 가지가 있다. 부프로그램이 결과를 반환하지 않는다면 부프로그램 종결 오른쪽 중괄호에 도달할 때, 혹은 다음 명령문을 실행하여 제어를 돌릴 수 있다. 그때는 return만 하면 된다. 만약 결과를 반환한다면 return 옆에 수식을 함께 써주어야 한다. 그러면 호출자에게 수식의 값을 반환한다. 반환 명령문이 실행될 때 제어는 즉시 부프로그램이 불려졌던 지점으로 돌아간다.

7.2.1 부프로그램의 프로토타입

대부분의 프로그래밍 언어가 프로토타입(prototype)을 제공한다. 부프로그램 프로토타입은 컴파일러에게 부프로그램의 이름, 부프로그램에 의해서 반환되는 자료형, 부프로그램이 받을 매개변수의 개수, 매개변수 형, 매개변수 순서를 알려준다. 컴파일러는 부프로그램 호출을 검증하기 위해서 부프로그램 프로토타입을 사용한다. 초기의 프로그래밍 언어들은 이러한 검증을 하지 않았다. 그래서 컴파일러의 오류검증 없이 부적절하게 부프로그램을 호출할 수도 있었다. 이러한 호출은 논리오류 검출을 어렵게 하는 치명적인 실시간 오류나 nonfatal 오류를 발생시킬 수 있다. 최근에는 프로토타입으로 이러한 결함을 보완하였다.

예를 들어, 다음 프로토타입은

```
int maximum( int, int, int );
```

int형의 3개의 인자를 가지고 int형의 결과를 반환한다. 이 프로토타입은 maximum 매개 변수의 이름(x, y, z)을 포함하지 않는 것을 제외하면 부프로그램 정의의 헤더와 같다. 부프로그램의 이름과 그 인자의 타입을 포함하는 프로토타입의 부분은 부프로그램 시그너처(signature)라고 부른다. 시그너처는 부프로그램의 반환형을 포함하지 않는다.

프로토타입의 또 다른 중요한 요소는 인자를 부프로그램에 전해질 적절한 형의 인자로 변환하는 강제 형변환(coercion)이다. 예를 들어 수학 라이브러리 sqrt가 〈cmath〉에 double 인자로 명시된 이 프로토타입을 정수형 인자로 불려질 수 있도록 한다. 명령문

```
cout << sqrt(4);
```

는 sqrt(4)를 바르게 계산해서 2를 출력한다. 프로토타입은 값이 sqrt로 전달되기 전에 정수형 인자값 4를 실수형 인자값 4.0로 변환해서 컴파일러에게 알린다. 일반적으로 프로토타입에서 매개변수 형과 정확히 일치하지 않는 인자값은 부프로그램이 호출되기 전에 적절한 형으로 변환된다. 앞에서 예를 든 sqrt의 경우에 int는 자동적으로 그 값이 바뀌지 않고 double로 변환된다. 그러나 double이 int로 변환되면 double 값의 소수부분이 잘려나간다. 큰 정수형을 작은 정수형으

로(예를 들어, long에서 short로) 바꾸는 경우 또한 변형된 값이 나타날 수 있다.

향상 규칙(promotion)은 2개 혹은 그 이상의 자료형 값을 포함하는 수식에도 적용된다. 이러한 수식을 혼합형 수식(mixed-type expressions)이라고 한다. 혼합형 수식의 각 값의 형은 그 수식에서 가장 높은 형으로 향상된다. 실제로 각 값은 일시적으로 향상되어 그 수식에서 사용되고 원래 값은 변하지 않고 남아 있다. 향상규칙이 사용되는 또 다른 곳은 부프로그램호출시 인자형이 부프로그램 정의의 매개변수형과 일치하지 않는 경우이다.

더 낮은 형으로 값을 바꾸는 것은 잘못된 값이 나올 수 있다. 따라서 교체로 인해 정보가 손실될 수 있는 경우에 컴파일러는 교체가 일어날 수 있도록 프로그래머가 변환 연산자를 사용할 것을 요구한다. 부프로그램 인자값은 마치 변수에게 그 형으로 직접 지정한 것처럼 부프로그램 프로타입에서 매개변수형으로 변환된다. 정수 매개변수를 사용하는 square 부프로그램이 실수 인자로 호출되면 인자는 int 형(낮은 형)으로 반환되고, 보통 square는 부정확한 값을 반환한다. 예를 들어 square(4.5)는 20.25가 아니라 20을 반환한다.

7.2.2 스토리지 클래스

변수 이름을 위해 식별자를 사용했다. 변수의 속성은 이름, 형, 크기, 값을 포함한다. 이 장에서 우리는 사용자 정의 부프로그램을 위한 이름으로서 식별자를 사용한다. 실제로 프로그램에서 각 식별자는 스토리지 클래스, 가시구역, 연결성(linkage)을 가진다.

C/C++에서는 5개의 스토리지 클래스(auto, register, extern, mutable, static)를 제공한다. 변수의 스토리지 클래스는 스토리지 클래스, 가시구역, 연결성을 결정하는데 도움이 된다. 이 절에서는 스토리지 클래스를 명세하는 auto, register, extern, mutable, static을 설명한다. mutable은 사용자 정의 클래스를 배타적으로 사용한다. 변수의 스토리지 클래스는 메모리에서 변수가 존재하는 기간을 결정한다. 어떤 변수는 잠깐 존재하고 어떤 변수는 반복해서 생성되고 소멸되며 어떤 변수는 프로그램 전체 실행에서 존재한다. 이 절에서 두 가지 스토리지 클래스 static과 automatic을 설명한다.

변수의 가시구역(scope)은 변수가 참조될 수 있는 장소이다. 어떤 변수는 프로그램 전체에서 참조될 수 있다 다른 변수는 프로그램의 부분에서만 참조될 수 있다.

변수의 연결성(linkage)은 다중-소스-파일 프로그램을 위해서 변수가 현재 소스 파일에서만 알려져 있는지 적절한 선언을 하고 있는 어떤 소스 파일에 있는지를 결정한다.

스토리지 클래스는 두 가지 스토리지 클래스인 자동(automatic) 스토리지 클래스와 정적(static) 스토리지 클래스로 분리될 수 있다. 키워드 auto와 register는 자동 스토리지 클래스의 변수를 선언하기 위해 사용된다. 이러한 변수들은 변수가 선언된 블록이 시작될 때 생성되어서 블록이 활성화(active)될 때 존재하고 블록에서 나오게 되면 소멸된다.

단지 변수들은 자동 스토리지 클래스일 수 있다. 부프로그램의 지역 변수와 매개변수는 주로 자동 스토리지 클래스이다. 예를 들어 다음 선언문은 실수형 변수 x와 y가 자동 스토리지 클래스의 지역 변수임을 지시한다. 즉 이 변수들은 정의가 나타나는 부프로그램의 바디에서만 존재한다.

```
auto double x, y;
```

지역변수는 디폴트로 자동 스토리지 클래스이다. 키워드 auto는 보통 생략한다. 이 책의 나머지 부분에서 우리는 자동변수로서 단순히 자동 스토리지 클래스의 변수를 참조할 수 있다.

컴파일러는 register 선언을 무시할 수 있다. 예를 들어 컴파일러가 사용 가능한 레지스터의 개수가 충분하지 않을 수도 있다. 다음 선언은 정수형 변수 counter가 컴퓨터의 레지스터들 중의 하나에 놓으라고 제안한다. 컴파일러가 이것을 하든 안하든 간에 counter는 1로 초기화된다. register 키워드는 지역변수와 부프로그램 매개변수에만 사용될 수 있다.

```
register int counter = 1;
```

키워드 extern과 static은 정적 스토리지 클래스의 변수와 부프로그램을 위한 변수를 선언하기 위해서 사용된다. 변수들에 대해 프로그램이 시작할 때 스토리지가 한 번만 할당되고 초기화된다. 부프로그램에 대해 부프로그램의 이름은 프로그램이 실행을 시작할 때 존재한다. 그러나 변수와 부프로그램이름이 프로그램 실행 시작부터 존재한다고 해도 이 변수가 프로그램 전반에 걸쳐서 사용될 수 있다는 것을 의미하지는 않는다. 스토리지 클래스와 가시구역은 또 다른 이슈이다.

정적 스토리지 클래스를 가지고 있는 변수에는 두 가지 유형이 있다. 이것은 외부 변수(예, 전역변수, 부프로그램명)와 스토리지 클래스 static으로 선언된 지역변수이다. 전역변수와 부프로그램명의 디폴트 스토리지 클래스는 extern이다. 전역 변수는 변수선언을 부프로그램 정의 바깥에 놓음으로써 생성된다. 전역 변수는 그들 자신의 값을 프로그램의 실행 전역에 걸쳐서 보유한다. 전역 변수와 부프로그램은 소스파일 내에서 선언과 정의가 뒤따르는 부프로그램에 의해서 참조될 수 있다.

static으로 선언되는 지역변수는 자동변수와는 다르게 그들이 정의된 부프로그램 내에서만 계속해서 알려진다. static 지역변수는 부프로그램이 탈출할 때에도 그 값을 보유한다. 다음 명령문은 지역변수 count를 static으로 선언하고 1로 초기화한다.

```
static int count = 1;
```

정적 스토리지 클래스의 모든 숫자 변수들은 프로그래머에 의해서 명시적으로 초기화되지 않으면 0으로 초기화된다. 5장에서 설명할 정적 포인터 변수들도 또한 0으로 초기화된다. extern과 static은 그들이 명시적으로 외부변수로 응용될 때 특별한 의미를 갖는다.

7.2.3 가시 구역 규칙

변수의 가시 구역(scope)은 그 변수가 참조될 수 있는 프로그램 내의 영역이다. 예를 들어 블록 안에서 지역 변수를 선언하면 그 변수는 그 블록과 그 블록 안에 중첩된 블록들에서만 참조될 수 있다. 변수에 대한 4개의 가시 구역들은 부프로그램 가시 구역, 파일 가시구역, 블록 가시 구역, 부프로그램-프로토타입 가시 구역이 있다.

부프로그램 바깥에서 선언된 변수는 파일 가시구역을 가진다. 그러한 변수는 변수가 선언된 위치에서부터 그 파일의 마지막까지 모든 부프로그램들에 알려진다. 부프로그램 바깥에 놓여진 전역 변수, 부프로그램 정의, 프로토타입은 모두 파일 가시구역을 가진다.

레이블(label)은 부프로그램 가시구역을 가지는 유일한 변수이다. 레이블은 그들이 나타나는 부프로그램의 어느 곳에서나 사용할 수 있으나 부프로그램의 바디 밖에서는 참조될 수 없다. 레이블은 switch구조와 goto구조에서 사용된다.

블록 내부에서 선언된 변수들은 블록 가시 구역을 가진다. 블록 가시구역은 변수의 가시구역에서 시작하여 블록의 닫는 중괄호(})까지이다. 부프로그램의 시작부분에서 선언한 지역변수는 블록 가시구역을 가진다. 부프로그램 매개변수도 부프로그램의 지역변수이다. 어떤 블록은 변수 선언을 포함할 수 있다. 블록이 중첩되고, 외부 블록에 있는 변수가 내부 블록에 있는 변수와 같은 이름을 가질 때 내부 블록이 종료될 때까지 외부 블록 변수는 은닉된다. 내부 블록에서 실행될 때 내부 블록은 자체의 지역변수의 값만 본다. static으로 선언된 지역변수는 프로그램이 실행을 시작하는 시점으로부터 존재한다고 해도 여전히 블록 가시구역을 가진다. 스토리지 존속기간은 변수의 가시구역에 영향을 주지 않는다.

프로토타입 가시 구역을 가지는 유일한 변수는 프로토타입의 매개변수 리스트에서 사용된다. 앞에서 언급했듯이 프로토타입은 매개변수 리스트에서 단지 형만 요구하지 이름을 요구하지 않는다. 이름이 프로토타입의 매개변수 리스트에서 사용된다면 컴파일러는 이름을 무시한다. 프로토타입에서 사용된 변수는 모호함없이 프로그램 어디에서나 재사용될 수 있다.

7.2.4 인라인

부프로그램의 집합으로서 프로그램을 구현하는 것은 소프트웨어 공학의 관점에서 보면 좋지만 부프로그램 호출은 실행시간 오버헤드가 있다. 호출 오버헤드를 줄이기 위해서 특별히 작은 부프로그램에 대해서는 인라인 함수(inline function)를 제공한다. 부프로그램 정의에서 부프로그램의 반환형 전에 한정사 inline은 컴파일러에게 부프로그램의 호출을 피하기 위하여 부프로그램의 호출 위치에 부프로그램 코드의 복사본을 만들도록 한다. 부프로그램이 호출될 때 매번 단일 부프로그램 복사본에 제어를 전달하는 대신에 프로그램 내부에 다중 복사본을 삽입하는 것에도 장단점이 있다. 복사본 삽입시 프로그램을 크게 한다. 컴파일러가 한정사 inline을 무시하고 전형적인 작은 프로그램으로 처리할 수도 있다.

7.3 재귀

지금까지 논의한 프로그램은 계층적으로 다른 부프로그램을 호출하는 부프로그램들로 조직되어 있었다. 어떤 문제에서는 부프로그램이 자기 자신을 호출하도록 하는 것이 유용할 때가 있다. 재귀 부프로그램(recursive subprogram)은 다른 부프로그램을 통해 간접적으로 혹은 직접적으로 자기 자신을 호출하는 부프로그램이다. 재귀은 고도의 컴퓨터 공학 과정에서 논의되는 중요한 개념이다. 이 절과 다음 절에서는 간단한 재귀 예제를 소개한다. 이 책에서는 재귀에 대해 광범위하게 다루고 있다.

먼저 재귀을 개념적으로 생각해 보고 나서 재귀 부프로그램을 포함하는 프로그램 몇 가지를 살펴보자. 재귀적 문제 해결 방법은 몇 가지 공통점을 가진다. 재귀 부프로그램이 문제를 해결하기 위해 호출된다. 실제로 이러한 부프로그램은 기본 케이스라고 하는 가장 간단한 케이스의 문제 해결책만을 알고 있다. 부프로그램을 기본 케이스의 문제를 해결하기 위해 호출하면 그 부프로그램은 단순히 결과만을 반환한다. 좀더 복잡한 문제를 해결하기 위해 부프로그램을 호출하면 부프로그램은 문제를 2가지 개념으로 나눈다(부프로그램이 해결 방법을 아는 부분과 부프로그램이 해결 방법을 모르는 부분). 재귀이 타당성을 갖기 위해서 후자는 조금 단순하거나 조금 작으면서 원래 문제와 유사해야 한다. 새로운 문제가 원래 문제와 비슷하기 때문에 부프로그램은 자기 자신을 작은 문제로 새로 호출한다. 이것을 재귀 호출(recursive call) 또는 재귀 단계(recursive step)이라고 부른다. 재귀 단계 역시 return 키워드를 포함한다. 그것은 반환된 값과 부프로그램이 이미 해결 방법을 알고 있는 부분과 결합되어 원래의 호출자 main에게 돌려줄 결과를 만들기 위해서이다.

부프로그램에 대한 원래의 호출이 열려 있는 상태, 즉 실행을 끝내지 않은 상태에서 재귀 단계가 실행된다. 재귀 단계는 부프로그램이 새로운 작은 문제를 계속해서 나눌 때마다 두 개의 개념적인 조각에 대해서 부프로그램 호출이 일어나므로 많은 재귀 호출이 이어질 수 있다. 재귀이 궁극적으로 종료되기 위해서 매번 부프로그램이 원래보다 조금 더 작아진 문제에 대해 자신을 호출할 때마다 이렇게 점점 작아지는 문제는 결국 기본적인 경우로 수렴해야 한다. 이 때 부프로그램은 기본적인 경우로 인식하고 결과를 직전 부프로그램 호출의 반환값으로 넘겨주고 부프로그램 복귀와 결과값의 반환이 잇달아 일어나서 최초의 부프로그램 호출은 최종 결과를 main에게 반환한다. 이 모든 것은 지금까지 사용했던 문제 해결 방법에 비해 상당히 색달라 보인다. 이러한 개념이 작동하는 것의 한 예로 흔히 사용하는 수학 계산을 실행하는 재귀 프로그램을 작성해 보자.

n!(n의 factorial)은 다음과 같다.

n · (n-1) · (n-2) · .... · 1

이것을 재귀을 사용해서 프로그램하면 다음과 같다. factorial은 처음에 종료 조건이 true인지, 즉 number가 1보다 작거나 같은지를 검사한다. 만일, number가 1보다 작거나 같으면 factorial은 1을 반환하고 더 이상의 재귀이 필요 없이 프로그램은 종료된다. 만일 number

가 1보다 크면 매개변수를 number −1 로 해서 자기 자신을 되부른다.

```
long factorial( long number )
{
    if ( number <= 1 )
        return 1;
    else
        return number * factorial( number - 1 );
}
```

함수 factorial은 long형의 매개변수를 받아들이고 long의 결과를 반환하도록 선언되어 있다. 이것은 long int의 축약형이다. long int는 적어도 4 바이트(32 비트)에 저장되므로 값의 범위는 ±2147483647이다. long 자료형을 사용했기 때문에 7!보다 큰 팩토리얼을 계산할 수 있다. 불행하게도 factorial 부프로그램은 큰 값을 너무 빨리 만들기 때문에 long 조차도 그다지 큰 팩토리얼을 계산하지 못하고 곧 변수의 범위를 넘게 된다.

보다 큰 값의 팩토리얼 계산을 위해서는 double을 사용해야 한다. 이 점은 대부분의 프로그래밍 언어의 약점인데 여러 가지 애플리케이션의 독특한 조건을 다룰 수 있도록 언어가 쉽게 확장되지 않는다는 것이다.

7.3.1 재귀과 반복

반복과 재귀은 각기 하나의 제어 구조에 기반을 두고 있다. 반복은 반복 구조를 사용하고 재귀은 선택 구조를 사용한다. 반복과 재귀은 모두 반복을 포함한다. 반복은 명시적으로 반복 구조를 사용하고 재귀은 반복적인 부프로그램 호출을 통해 반복을 사용한다. 반복과 재귀은 각기 종료 검사를 한다. 반복은 지속 조건이 실패할 때 종료되고 재귀은 기본 케이스가 인식될 때 종료된다. 카운터-제어 반복에 의한 반복과 재귀은 각기 점진적으로 종료를 향해 수렴한다. 반복은 카운터 값을 계속 변경시키고 마침내 그 카운터 값이 지속 조건을 실패가 되게 할 때까지 변경시킨다. 재귀은 원래 문제로부터 기본적인 경우에 도달할 때까지 계속해서 더 간단한 문제로 만들어 간다. 재귀과 반복은 모두 무한히 일어날 수 있다. 반복에서 무한 루프는 지속 검사가 성공이 되지 않으면 무한히 루프가 반복되는 것이다 . 무한 재귀은 매 재귀 단계에서 궁극적으로 기본적인 경우로 수렴되도록 문제를 축소시키지 못하는 경우에 발생한다.

재귀에는 많은 단점이 있다. 재귀은 반복적으로 부프로그램을 호출함으로써 부담이 커진다. 이것은 프로세서 시간이나 메모리 공간 양쪽 모두에서 비용이 든다. 각각의 재귀 호출에 의해 부프로그램의 또 하나의 복사본이 생성된다. 이것은 상당량의 메모리를 소비한다. 반복은 보통, 부프로그램 내에서 일어나기 때문에 반복적인 부프로그램 호출과 별도의 메모리 할당의 부담은 없다. 그렇다면 왜 재귀을 선택하는가?

소프트웨어 공학적 사고도 매우 중요하다. 또한 뛰어난 성능도 중요하다. 불행하게도 이 두 목표는 서로 상반된다. 소프트웨어 공학은 대규모의 복잡한 소프트웨어를 개발하는 일을 보다 체계적으로 하는

데 핵심적인 요소이다. 시스템에 있어서 고성능은 하드웨어에게 더 많은 계산 요구를 하게 될 미래의 시스템에 있어서는 핵심 요소이다. 부프로그램은 이러한 사실과 어떤 관계가 있다. 성능과 소프트웨어 공학 사이에 미묘한 균형을 염두에 두고 현명하게 자신의 프로그램을 부프로그램화 할 것을 권장한다.

7.4 참조와 참조 매개변수

매개변수를 전달하는 가장 보편적인 두 가지 방법은 값에 의한 호출(call by value)과 참조에 의한 호출(call by reference)이다. 인자가 값에 의한 전달을 할 때 인자 값의 복사본이 만들어지고 호출된 프로그램에 전달된다. 복사본의 변화는 호출자에서의 원래 변수의 값에 영향을 주지 않는다. 이것은 정확하고 신뢰성 있는 소프트웨어 시스템 개발에 커다란 걸림돌이 되는 우연한 부작용(side effect)을 막을 수 있다. 여기에서는 참조 매개변수를 소개한다. 참조에 의한 호출에서 호출자는 호출자의 데이터를 직접적으로 접근하고 수정하는 권한을 호출된 부프로그램에게 준다.

참조 매개변수는 대응하는 인자를 위한 이명(alias)이다. 부프로그램 매개변수가 참조에 의해서 전달되는 것은 지시하기 위해서 C++에서는 매개변수 앞에 &를 둔다. (Pascal은 매개변수 앞에 var이라고 하고, Ada는 매개변수 앞에 ref라고 한다. VB는 매개변수 앞에 ByRef라고 하고, Java는 오직 call by value 밖에 없다.) 부프로그램

헤더에서 매개변수의 형을 리스트하는 방식과 유사하다. 예를 들어, 선언

```
int &count
```

은 부프로그램 호출에서 이름으로 단순히 변수를 언급하고 참조에 의해서 전달될 것이다. 호출된 부프로그램의 바디에서 자체 매개변수 이름에 의해서 변수를 언급하는 것은 실제로 호출부프로그램의 원래 변수를 참조하는 것이고 원래 값은 호출된 부프로그램에 의해서 호출부프로그램의 원래 변수가 직접적으로 수정될 수 있다. 항상 프로토타입과 헤더는 일치해야 한다.

참조는 부프로그램 내에서 다른 변수들을 위한 이명으로서 사용된다. 예를 들어 다음 코드는

```
int count = 1;
int &cRef = count;
++cRef;
```

변수 count의 값을 이명 cRef를 사용하여 1 증가시키고 있다. 참조변수는 그들의 선언으로 초기화되어야 하고 다른 변수들의 이명으로 다시 지정할 수 없다. 일단 또 다른 변수로 이명(참조)이 선언되면 모든 연산들은 이명 상에서 수행될 것을 가정하는 것은 실제로 원래 변수 자체에서 수행된다. 이명은 단순히 원래 변수의 이명이다. 참조의 주소를 취하고 참조를 비교하는 것은 구문오류는 발생시키지 않지만 각 연산은 실질적으로 참조가 이명인 변수상에서 발생한다. 참조 상

수는 rvalue를 반환하는 상수나 수식이 아니라 lvalue이어야 한다.

부프로그램은 참조를 반환할 수 있지만 이것은 위험한 것이다. 참조된 부프로그램에서 선언된 변수에 참조를 반환할 때 변수는 부프로그램 내에서 static으로 선언되어야 한다. 그렇지 않으면 부프로그램이 종료할 때 없어지는 자동변수를 참조한다. 그러한 변수는 "undefined" 라고 부르고 프로그램의 행위는 예측 불가능하다.(몇몇 컴파일러는 이것이 수행될 때 경고를 발한다.) 정의되지 않은 변수의 참조는 dangling reference라고 한다.

7.4.1 디폴트 인자

부프로그램 호출은 보통 인자의 특별한 값을 전달한다. 그러한 인자는 디폴트인자(default argument)라고 한다. 프로그래머는 그 인자를 위해서 디폴트 값을 제공할 수 있다. 부프로그램 호출에서 디폴트 인자가 생략될 때 인자의 디폴트 값은 컴파일러에 의해서 자동적으로 삽입되고 호출에서 전달된다.

디폴트 인자는 부프로그램의 매개변수 리스트에서 가장 오른쪽에 있는 인자들이다. 두 세개의 디폴트 인자를 가지고 부프로그램을 호출할 때 생략된 인자가 인자 리스트의 오른쪽에 있는 것이 아니라면 그 인자의 오른쪽의 모든 인자들은 생략되어야 한다. 디폴트 인자는 그 부프로그램명의 첫번째 호출에서(전형적으로 프로토타입에서) 명세해야 한다. 디폴트 값은 상수, 전역변수 혹은 부프로그램호출이다. 디폴트 인자는 또한 inline으로 사용될 수 있다.

같은 이름의 지역변수와 전역변수를 정의하는 것이 가능하다. 가시구역에 같은 이름의 지역변수가 있을 때 전역 변수를 접근할 수 있도록 하는 단항 가시구역 해결 연산자(unary scope resolution operator)(::)를 제공한다. 단항 가시구역 해결 연산자는 외부블록에서 같은 이름의 지역변수를 접근하는데 사용될 수는 없다. 전역 변수는 가시구역에서 지역 변수와 같은 이름이 없을 때 단항 가시구역 해결 연산자를 사용하지 않고 직접적으로 접근될 수 있다.

7.5 부프로그램 오버로딩

같은 이름으로 정의된 여러 개의 부프로그램들이 있을 때, 매개변수가 다르다면 서로 다른 부프로그램으로 간주한다. 이러한 기능을 오버로딩(overloading)이라고 한다. 오버로드된 부프로그램이 호출될 때 컴파일러는 호출시 인자들의 개수와 자료형과 순서를 검사하여 적절한 부프로그램을 선택한다. 부프로그램 오버로딩은 다른 자료형에 대해서 비슷한 일을 실행하는 같은 이름을 갖는 여러 개의 부프로그램을 생성하는데 흔히 사용된다.

연산자를 오버로드하는 방법도 있다. 예를 들면

```
day1 = day1 + 99;
```

와 같은 문장이 있을 때, day1은 (년, 월, 일)로 구성된 객체이다. 그러므로 99를 더하면 일만 증가하는 것이 아니고, 경우에 따라서는 월이 증가되어야 하고, 경우에 따라서는 년이 증가되어야 한다. 이런 +는 int + int 의 +와는 다르다. 이러한 방법을 연산자 오버로딩(operator overloading)이라고 한다.

오버로드된 부프로그램은 시그너처(signature)에 의해서 식별된다. 컴파일러는 형-안전 연결(type-safe linkage)을 위해서 자체 매개변수의 개수와 형을 가지고 각 부프로그램 변수를 부호화한다(name mangling 또는 name decoration라고도 함). 형-안전 연결은 적절한 오버로드된 부프로그램이 호출되고 그 인자가 매개변수를 확인하는 것을 확실히 한다. 연결 오류는 컴파일러에 의해서 검사되고 보고된다.

7.6 부프로그램 템플릿

오버로드된 부프로그램은 다른 자료형에서 다른 프로그램 논리를 포함하는 유사한 연산을 수행하기 위해서 주로 사용된다. 각 자료형에 대하여 프로그램 논리와 연산이 동일하면 이것은 부프로그램 템플릿(function templates)를 사용함으로써 보다 완벽하고 적절하게 수행될 수 있다. 프로그래머는 단일 부프로그램 템플릿 정의를 작성한다. 호출에서 이 부프로그램에게 인자형을 제공하면, 호출의 각 유형을 적절히 조절하도록 자동적으로 분리된 템플릿 부프로그램들을 생성한다. 그래서 단일 부프로그램 템플릿을 정의하는 것은 전체 가족(family)의 해(solution)를 정의하는 것이다.

모든 부프로그램 템플릿 정의는 template 키워드로 시작하여 각괄호(〈〉) 안에 부프로그램 템플릿의 형식형 매개변수 목록을 나열한다. 모든 형식형 매개변수는 type name이나 class를 앞에 둔다. 형식형 매개변수(formal type parameter)는 부프로그램에 인자의 형을 명세하기 위해서, 부프로그램의 반환형을 명세하기 위해서, 부프로그램 정의 바디 내에서 변수를 정의하기 위해서 사용되는 원시형이거나 사용자가 정의한 형이다. 부프로그램 정의가 뒤이어 오거나 다른 부프로그램처럼 정의된다.

예를 들어 다음 템플릿 정의를 보자. 이 템플릿은 부프로그램 maximum에 의해서 검사되는 데이터의 형으로서 단일 형식형 매개변수 T를 선언한다. 컴파일러가 프로그램 소스코드에서 maximum의

```
template 〈 class T 〉  // 혹은 template〈 typename T 〉 라고 해도 된다.

T maximum( T value1, T value2, T value3 )
{
   T max = value1;

   if ( value2 〉 max )
      max = value2;

   if ( value3 〉 max )
      max = value3;

   return max;
}
```

시작(invocation)을 검사할 때 maximum에 전달되는 데이터의 형은 템플릿 정의를 통해서 T를 위해 대체된다. 컴파일러는 명시한 자료형의 세 값의 최고값을 결정하기 위해 완전한 부프로그램을 생성한다. 그래서 새롭게 생성된 부프로그램은 컴파일된다. 그래서 템플릿은 실제로 코드생성의 수단이 된다. 만약에 세 개의 부프로그램이 생성되었다면, 하나는 세 개의 정수값을 하나는 세 개의 실수값을, 하나는 세 개의 문자값을 인자로 갖는다. int형을 위해 생성된 템플릿은 다음과 같다.

```
int maximum( int value1, int value2, int value3 )
{
   int max = value1;

   if ( value2 > max )
      max = value2;

   if ( value3 > max )
      max = value3;

   return max;
}
```

형 매개변수의 이름은 특별한 템플릿 정의의 형식 매개변수 리스트에서 유일해야 한다.

7.7 부프로그램의 구현

부프로그램은 활성 레코드(activation record)로 구현한다. activation record에 의해 정적 범위 규칙(Static scope rule)이 구현될 뿐아니라, 부프로그램의 호출과 복귀, 단순 부프로그램의 구현, stack-dynamic 지역변수를 갖는 부프로그램도 구현할 수 있다. activation record는 각 procedure마다 그 procedure 내의 정보를 모아서 call될 때마다 stack에 올라온다.

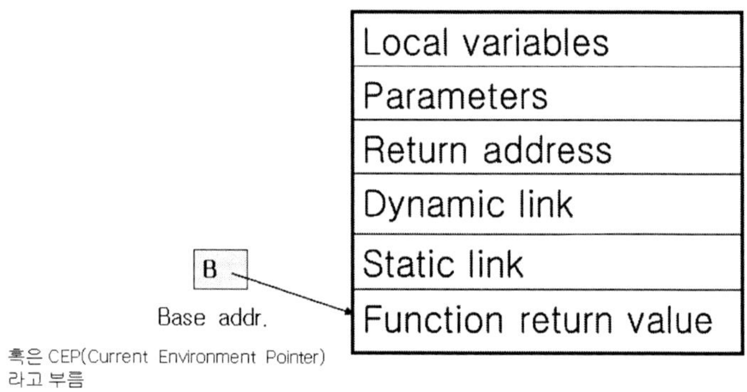

그림 1. 활성 레코드

그림 1에서 Local variables는 각 procedure들 안에 선언된 지역변수들이다. Parameters는 procedure를 호출한 호출 프로그램에서부터 넘어온 값이다. Return address는 말 그대로 procedure를 호출한 호출 프로그램으로 되돌아 가기 위한 주소이다. Static link는 자기를 포함하는 block의 activation record의 base address를 가지며,

Dynamic link는 자기를 call하는 block의 activation record의 base address를 가진다. Function return value는 procedure가 수행된 결과 반환값을 저장하는 것이다.

만약에 다음과 같은 구조의 프로그램이 있고, 호출 순서가 A-〉E-〉F-〉G-〉F-〉G-〉F 라면 활성 레코드 실행상태는 그림 2와 같이 된다. 여기서 정적링크(Static link)는 단위프로그램 내포구조 표현하고, 동적링크(Dynamic link)는 단위프로그램 호출 순서 표현한다. 그래서 F의 "y := x + 1"이 수행될 때, y는 "CURRENT + y의 옵셋(offset)"이 되고, x는 "E 활성레코드 시작 + x의 옵셋(offset)"이 된다. CURRENT 라는 것은 현재 수행되고 있는 procedure의 activation record의 시작 주소이다. 그림 1에서는 B(Base address)라고 나타나있다. 다른 책에서는 CEP(Current Environment Pointer)라고 표현한다. CURRENT가 포인트하는 activation record에는 현재 수행 중인 procedure의 지역변수(local variable)가 들어있다.

```
unit A   (x 선언)
    unit B
        unit C
            unit D
            end D
        end C
    end B

    unit E    (x 선언)
        unit F   (y 선언)
```

```
        y := x + 1;
        end F

        unit G   (x 선언)

        end G
    end E
end A
```

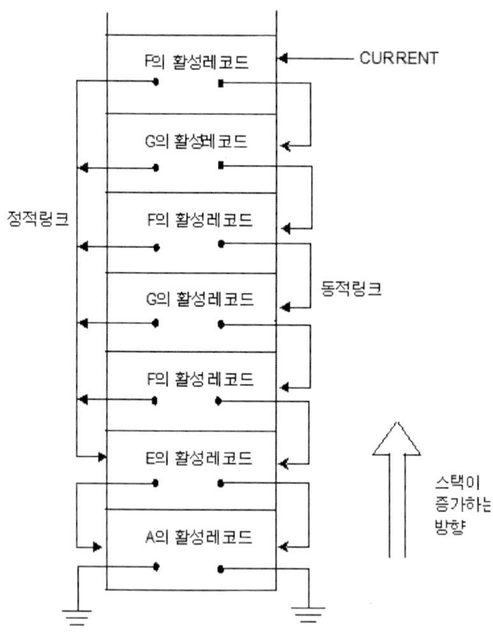

그림 2. 활성 레코드의 실행상태

F에서 x는 비지역 변수(nonlocal variable)이다. 문제는 nonlocal variable을 어떻게 참조하는가 하는 문제이다. 사실 x는 E의

activation record 안에 있다. E는 F를 포함하고 있는 바로 바깥에 존재하는 procedure이다. E의 activation record에서 F의 activation record를 찾아가는 방법은 1번만 정적링크를 따라 가면 된다. 그것을 정적 거리(static distance)라고 표현한다. 그래서 실행시 ID를 (distance, offset)로 나타낸다. 그러면 y는 (0, 0)로 표현되고, x 는 (1, 0)로 표현될 수 있다. (여기서 offset은 편의상 0로 간주한다.) 그러면 F의 "y := x + 1"은 다음과 같이 번역될 수 있다.

```
LOAD  1, 0
INC
STORE 0, 0
```

y를 나타내는 (0, 0)는 현재 수행 중인 activation record에서 발견한다. (그것이 distance = 0의 의미이다.) x를 나타내는 (1, 0)는 현재 수행 중인 activation record의 정적링크를 한번 참조하면 그 activation record에서 발견한다. (그것이 distance = 1의 의미이다.) 다른 예 한 가지를 더 들어보자.

다음과 같은 구조의 프로그램이 있고, 호출 순서가 A->B->D->B->C 이면 활성 레코드 실행상태는 그림 3과 같이 된다. 여기서 정적링크(Static link)는 단위프로그램 내포구조 표현하므로, C의 activation record에서는 B의 activation record를 가리키고, B, D의 activation record에서는 A의 activation record를 가리킨다. 동적링크(Dynamic link)는 단위프로그램 호출 순서 표현하므로, 자기를 call한 procedure의 activation record를 가리킨다.

```
procedure A
    var x, y

    procedure B
            var y = 10

        procedure C
            var a, b, z = 10
            x = z + y
        end C
    end B

    procedure D

    end D
end A
```

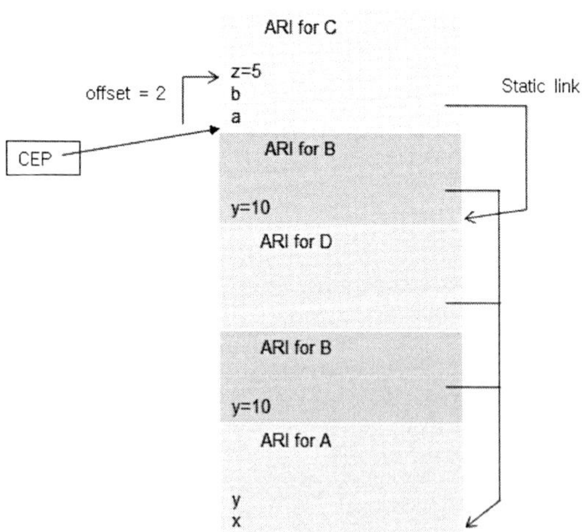

그림 3. 활성 레코드의 실행상태

그래서 C의 "x = z + y"이 수행될 때, z는 "CURRENT + z의 옵셋(offset)"이 되고, y는 "B 활성레코드 시작 + y의 옵셋(offset)"이 되고, x는 "A 활성레코드 시작 + x의 옵셋(offset)"이 된다.

이제 옵셋(offset)을 고려해 보자. 차례로 z의 옵셋은 2이고, y의 옵셋은 0이고, x의 옵셋도 0이다. 옵셋은 activation record의 시작 주소에서부터 해당하는 변수가 얼마만큼 떨어져있는가 하는 것이다. 이제 그림 3에서 CEP(CURRENT)는 것은 현재 수행되고 있는 procedure C의 activation record의 시작 주소이다. procedure B의 activation record의 시작 주소는 procedure C의 activation record의 Statick link를 한번만 따라가면 된다. 그래서 distance는 1이다. procedure A의 activation record의 시작 주소는 procedure C의 activation record의 Statick link를 한번 따라가고, (procedure B의 activation record의 시작 주소를 구한 다음) 거기서 한번 더 따라가서 procedure A의 activation record의 시작 주소를 구해야 한다. 그래서 distance는 2이다. 따라서 procedure C의 x = z + y 는 다음과 같이 번역된다.

```
LOAD   0, 2
LOAD   1, 0
ADD
STORE   2, 0
```

7.7.1 디스플레이의 등장

Static link의 단점은 비지역 변수를 reference를 위해 static chain

을 따라 distance 만큼 따라가야 한다. distance = 1이면 한번 따라가야 하고, distance = 2이면 두번 따라가야 하고, distance = 3이면 세번 따라가야 한다. 이것은 대단한 시간 낭비이다. 대안으로 나타난 것이 디스플레이(display) 이다. 어떤 주어진 시간의 display는 진행되고 있는 subprogram의 static chain과 같은 sequence of pointer를 포함한다.

그러면 ID를 참조할 때 만약 (v, d)라면, Display(v)에서 해당하는 base address를 구하고, offset(d)를 더하면 된다. 장점은 모든 비지역 변수 참조시간 동일하다는 것이고, 단점은 활성레코드의 발생, 소멸시 디스플레이 내용 변한다는 것이다. 그림 3과 동일한 예를 그림 4에서 보자. 이제 Static link는 없다. 대신 배열처럼 생긴 디스플레이가 있다.

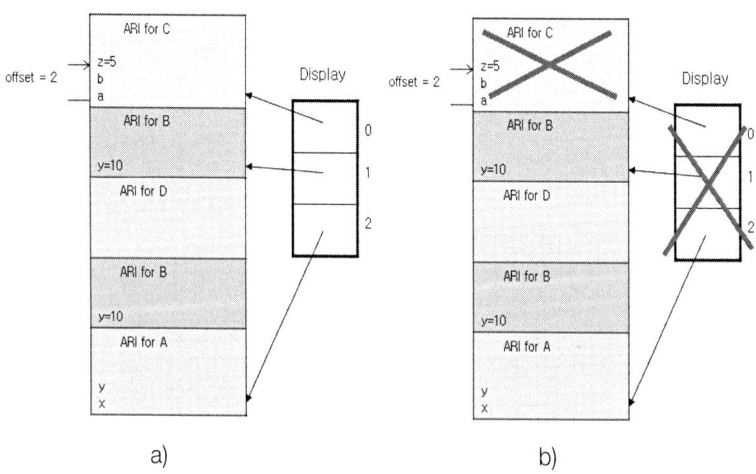

그림 4. B로 복귀한 후의 디스플레이

그림 4의 a)는 호출 순서가 A->B->D->B->C 인 경우이다. 이때는 Display(0)에는 procedure C의 activation record의 시작 주소 값이 들어있다. Display(1)에는 procedure C를 포함하는 바깥 블록, 즉 procedure B의 activation record의 시작 주소 값이 들어있다. Display(2)에는 procedure B를 포함하는 바깥 블록, 즉 procedure A의 activation record의 시작 주소 값이 들어있다. 그런데 C에서 return되어 호출 순서가 A->B->D->B 로 되면, 그림 4의 2)와 같이 변한다. Display(0)에는 procedure B의 activation record의 시작 주소 값이 들어와야 한다. 그 후 포함관계를 고려하여 Display(1)과 Display(2)의 값도 바뀌게 된다.

7.8 재귀함수의 구현

재귀함수도 역시 활성 레코드를 통해 구현된다. 다음과 같은 factorial( ) 함수가 있다고 할 때, main( ) 함수가 수행되면 main에 대한 ARI(activation record instance)가 스택에 올라오고, 이때 local 변수 value의 값은 미정이다. 첫 번째 factorial(3)으로 호출되면 factorial에 대한 첫 번째 ARI가 스택에 올라오고, 이때 parameter n의 값은 3이고, functional value의 값은 미정이다. 여기서 functional value란 function return value를 뜻한다. 두 번째 factorial(2)로 호출되면 factorial에 대한 두 번째 ARI가 스택에 올라오고, 이때 parameter n의 값은 2이고, functional value의 값은 미정이다. 세 번

연습문제

7.1 다음은 최대공약수를 구하는 재귀 함수이다. 이것을 C, C++, Java 그리고 C#으로 프로그램 하시오.

```
int rem(int x, int y) {
    return x - x/y*y;
}

int gcd(int x, int y) {
    if (y == 0) return x;
    else return gcd(y, rem(x, y));
}
```

7.2 gcd(70, 14)로 호출했을 때, 어떤 활성 레코드들이 생성되는지 그림으로 보이시오.

7.3 문제 7.2를 display를 사용한다고 가정하고 다시 보이시오.

CHAPTER

8

데이터 추상화: 클래스

CHAPTER 8 | 데이터 추상화: 클래스

8.1 소개

절차적 프로그래밍 언어(procedural programming language)는 계산중심(cac tion-oriented)이지만, OOP는 객체지향(object-oriented)이다. 절차적 프로그래밍 언어에서 프로그램의 단위는 함수이다. OOP에서의 프로그램의 단위는 클래스이고, 클래스로부터 객체가 만들어진다.

절차적 프로그래밍 언어는 함수를 작성하는데 집중한다. 행동(action)의 그룹으로 함수를 만들고, 함수의 그룹이 프로그램을 만든다. 절차적 프로그래밍 언어에서 데이터가 중요하긴 하지만 데이터는 함수를 수행하는 액션을 지원하기 위해 존재한다. 문제 기술서(problem statement)에 나타난 동사는 어떤 함수가 필요한지 결정하는데 도움이 된다. 액션이나 동사를 다른 말로 연산(operation)이라고 한다. 데이터와 그 데이터와 연관된 연산들을 패키지화한 것이 추상 데이터 타입(ADT; Abstract Data Type)이다.

ADT의 또 하나의 큰 특징은 정보 은닉(information hiding)이다. 이런 ADT 개념이 발전하여 객체지향 프로그래밍(OOP; Object-oriented Programming)으로 발전하게 되었다. OOP는 클래스라고 불리는 사용자-정의 타입을 작성해야 한다. 각 클래스는 데이터와 그 데이터를 조작하는 함수들로 구성된다. C++에서는 클래스의 데이터는 멤버 데이터라 하고, 함수는 멤버 함수라고 한다. Java 혹은 C#에서는 메소드(method)라 한다. 정수형이 내장된 변수인 것처럼 클래스도 객체가 될 수 있다. 클래스가 객체가 될 수 있는 조건은 기억장소를 배정받아야 한다. 이것을 실례(instance) 라고 한다. OOP의 주안점은 함수보다 클래스에 있다. 문제 기술서의 명사는 객체를 생성하는데 쓰이는 속성(attribute)들을 찾아내는데 도움이 된다.

OOP의 클래스는 구조체(structure)가 발전한 것이다. OOP의 클래스를 설명하려면 구조체에 대해 먼저 살펴보는 것이 좋다. 구조체에서 드러내는 약점이 클래스 등장의 배경이 되었기 때문이다. ADT의 두 가지 큰 특징이 있는데, 하나는 데이터와 연산들을 패키지화하는 것이고, 또 하나의 큰 특징은 정보 은닉이다.

C++은 클래스를 통해서 자료추상화(data abstraction)를 마련하고, Ada는 패키지(package)를 통해서 ADT를 제공한다. Java는 C++와 유사한 방식으로 자료추상화를 제공한다. Ada와 C++는 ADT의 매개변수화(parameterized ADT)를 허용하고, C++, C#, Java, 그리고 Ada는 명명된 캡슐화(naming encapsulation)를 허용한다. 이렇게 볼 때

ADT의 특징을 가장 잘 반영한 언어가 C++임을 알 수 있다. 본 장에서는 C++을 중심으로 클래스 개념과 추상 데이터 타입을 설명하고 Ada, Java, C#에서의 자료추상화 방법을 살펴보고자 한다.

8.2 클래스 정의

구조체는 서로 다른 타입의 요소들로 구성된 집합체이며, 다른 struct를 포함하기도 한다. 다음 struct 정의를 보자.

```
struct Time{
    int hour;
    int minute;
    int second;
};
```

Time은 구조체 이름이고 구조체 태그(structure tag)라고도 한다. 이 이름이 구조체 타입의 변수를 선언하는데 사용된다. 새로운 타입 이름이 Time이다. 중괄호 안에 선언된 이름은 구조체의 멤버이다. 같은 구조체 내의 멤버는 유일한 이름을 가져야 한다. 서로 다른 2개의 구조체 안에는 같은 이름의 멤버를 포함할 수도 있다. 각 구조체 정의는 세미콜론으로 끝난다. 곧 알게 되겠지만 구조체 정의와 클래스 정의는 아주 유사하다.

Time은 int 타입으로 된 세 개의 멤버—hour, minute와 second—를

갖는다. 구조체의 멤버는 어떤 타입이라도 가능하다. 즉, 하나의 구조체는 서로 다른 많은 타입의 멤버를 포함할 수 있다. 그러나 그 자체의 실례는 포함할 수 없다. 예를 들어 타입 Time의 멤버는 구조체 정의 Time 내에 선언될 수 없다. 하지만 다른 Time 구조체에 대한 포인터는 포함될 수 있다. 구조체가 같은 구조체 타입의 포인터를 멤버로 가질 때 자기-참조 구조체(self-referential structure)라고 하고, 자기-참조 구조체는 링크드 리스트, 큐, 스택, 트리와 같은 링크드 데이터 구조를 이루는 데 사용된다.

구조체 정의만으로는 기억장소의 공간을 마련하지 못한다. 정의는 변수를 선언하기 위해 새로운 자료형을 만드는 데 사용된다. 구조체 변수는 다른 타입의 변수와 같은 방법으로 선언된다. 다음 선언문은

```
Time timeObject, timeArray[ 10 ], *timePtr;
```

Time 타입의 변수 timeObject와, Time타입의 배열 timeArray[10], Time에 대한 포인터 timePtr를 선언한 것이다.

구조체 멤버(또는 클래스)는 점(·)과 화살표(->) 연산자를 사용하여 접근 가능하다. 점 연산자는 객체 변수명 또는 객체의 참조를 통해 구조체 (또는 클래스) 멤버를 접근한다. 예를 들어, 구조체 timeObject의 멤버 hour를 출력하려면 다음 문장처럼 하고,

```
cout << timeObject.hour;
```

화살표 연산자는 객체에 대한 포인터를 통하여 구조체의 멤버(또

는 클래스의 멤버)에 접근하도록 한다. 포인터 timePtr이 Time 객체를 가리키도록 선언되고, timePtr에 구조체 timeObject의 주소를 대입하였다고 가정하면 포인터 timePtr로 가리키는 구조체 timeObject의 멤버 hour를 출력하기 위해, 다음 문장을 사용하면 된다.

```
timePtr = &timeObject;
cout << timePtr->hour;
```

이런 방식으로 새로운 자료형을 만드는 것의 단점은, 초기화를 특별히 요구하지 않기 때문에 초기화되지 않은 데이터를 가질 가능성이 있고 그것이 문제를 일으킬 수 있다는 것이다. 그리고 비록 데이터가 초기화된다 해도 올바르게 초기화되지 않을 수 있다. 프로그램이 직접 데이터에 접근할 수 있으므로, 잘못된 값이 구조체의 멤버에 대입될 수 있다. 또한 만일 struct의 구현이 변경되면 struct를 사용하는 모든 프로그램이 따라서 변경되어야 한다 이것은 프로그래머가 데이터를 직접 조작하기 때문에 야기되는 것이다. 이런 단점을 한마디로 이야기 하면, 구조체에는 프로그래머가 데이터를 올바르게 사용하고 그 데이터가 일관성을 유지하게 하는 "인터페이스"가 없다는 것으로 요약할 수 있다.

또 다른 문제점은 C에서는 구조체가 한 단위(unit)로 인쇄될 수 없다는 것이다. 그저 한 번에 한 멤버씩 인쇄되고 양식화(formatted)된다. 구조체의 멤버를 적당한 양식으로 출력하는 함수를 작성할 수 있다. (예를 들어, C++에서는 〈〈 대한 "연산자 중복"을 통해, 구조체나 클래스의 객체를 쉽게 출력할 수 있다.)

문제점은 또 있다. C에서는 구조체 전체가 비교될 수 없다. 반드시 멤버와 멤버끼리 비교가 되어야 한다. (C++에서는 이것도 역시 “연산자 중복”을 통해 극복한다.)

Time 구조체를 C++ 클래스로 다시 구현해 보자. 클래스는 객체를 모델화한 것으로서 속성(멤버 데이터라고 함)과 행위 또는 연산(멤버 함수라고 함)을 포함한다. 다른 객체지향언어인 Java에서는 멤버 함수를 메소드(method)라고 불리는데 객체가 보낸 메시지(message)에 의해 호출되었을 때, 응답할 수 있는 방법을 가졌다는 뜻이다. 메시지는 한 객체가 다른 객체에 보낸 멤버-함수 호출과 같은 것이다.

```
class Time {
    int hour;
    int minute;
    int second;
public:
    Time( );
    void setTime( int, int, int );
    void printMilitary( );
    void printStandard( );
};
```

한 클래스가 정의되면 그 클래스의 이름을 사용하여 객체를 선언할 수 있다. public과 private를 멤버 접근 명세서(member access specifier)라고 한다. pu blic은 프로그램 어디에서나 접근 가능한 변수이고, private은 그 클래스가 속한 멤버 함수를 통해서만 접근 가능한 변수이다. private은 생략 가능하다. 디폴트(default)로는 private인 것이다. 또 다른 접근 명세로 protected가 있는데 다음 장에서 배우게 될 상속과 관련이 있으므로 그때 설명하게 될 것이다.

public 함수로 4가지 함수(Time, setTime, printMilitary, printStandard) 들이 선언되어 있다. 이들은 모두 함수의 이름, 파라메터, 반환타입만 있으므로 함수 원형(prototype)이다. 이것들은 public 서비스 즉, 외부와의 인터페이스 역할을 한다. 클래스의 데이터 조작을 위해서 클라이언트(client)가 이 함수들을 이용할 수 있도록 제공한다. 클래스의 멤버 데이터는 서비스의 분배를 지원하여 클라이언트 코드가 클래스 객체와 상호작용할 수 있도록 한다.

클래스의 이름과 같은 멤버 함수를 생성자(constructor)라고 한다. 생성자는 클래스 객체의 멤버 데이터를 초기화하며 클래스의 객체가 생성될 때 자동으로 호출된다. 한 클래스에 대해 여러 생성자가 있을 수 있는데 이것은 함수 중복을 통해 이루어진다. 생성자는 반환 타입을 명시할 필요가 없다.

멤버 데이터는 오직 멤버 함수에 의해서만 접근 가능한 private 데이터이다. 일반적으로 멤버 데이터는 private로 선언되고 멤버 함수는 public으로 선언된다. 간혹 멤버 함수가 private으로, 멤버 데이터가 public으로 선언되기도 하지만 이렇게 하는 것은 좋은 습관이라 할 수 없다.

일단 클래스가 정의되면 이것을 타입으로 사용해서, 객체, 배열, 포인터 정의에 사용할 수 있다. 다음 예에서

```
Time sunset,
        arrayOfTimes[ 5 ],
        *pointerToTime,
        &dinnerTime = sunset;
```

클래스 이름이 새로운 타입 명세로 사용되었다. int 타입으로 많은 변수를 만들 수 있는 것처럼 클래스 Time 타입으로 많은 객체를 만들 수 있다. 그리고 새로운 클래스 타입이 필요하면 얼마든지 생성할 수 있다. 그래서 클래스를 추상 데이터 타입이라고 한다.

private으로 선언된 멤버 데이터 hour, minute, second를 다시 보자. private 멤버 데이터는 클래스 외부에서 접근할 수 없다. 클래스 내의 데이터 표현은 클라이언트에게는 관심이 없다. 클라이언트는 public 멤버 함수를 사용하여 함수의 결과를 취할 수 있을 뿐이다. 이런 의미에서 클래스의 구현이 클라이언트에게 감추어졌다(hidden)고 하고, 이것을 정보은닉(information hiding)이라고 한다. 정보은닉은 프로그램의 변경을 용이하게 하고 클라이언트의 사용을 단순하게 할 수 있다.

클래스와 같은 이름의 함수로서 틸트(tilt; ~)가 붙어있는 것을 소멸자(destructor)라고 한다. 소멸자는 객체에 대한 메모리를 반환하기 전에 각 객체의 하우스키핑(housekeeping; 시스템 운용에 관한 루틴)을 종료한다. 소멸자는 인수를 가질 수 없으며 중첩되지 않는다.

이항 영역 해결 연산자(binary scope resolution operator ::)가 있다. 각 멤버 함수는 클래스 몸체 내에서 직접 정의될 수도 있고 클래스 몸체 바깥에서 정의될 수도 있다. 바깥에서 정의될 때 클래스 이름과 함수 이름 사이에 ::가 들어간다. 이것의 또 다른 용도는 다른 클래스가 이름이 같은 멤버를 가질 수도 있기 때문에 이항 영역 해결 연산자를 사용하여 어느 클래스에 속한 어느 멤버인지를 식별할 수 있도록 한다.

클래스 정의 내에서 선언된 멤버 함수가 클래스 바깥에서 정의되었다 하더라도, 멤버 함수는 그 클래스 영역 내에 있는 것이다. 즉 이름은 클래스 내의 다른 멤버들에게만 알려져 있다. 다시 말하면 클래스의 객체나 객체에 대한 참조 혹은 객체에 대한 포인터 등을 통해 참조되지 않는 이상 클래스 내에서만 알려진 이름이다.

만약 멤버 함수가 클래스 정의 내에서 정의되었다면 멤버 함수는 자동으로 인라인이 된다. 클래스 정의 바깥에서 정의한 멤버 함수를 인라인으로 하려면 inline라는 키워드를 사용해야 한다. 컴파일러는 어떤 함수이고 정확히 인라인으로 예약해 두지 않는다. printMilitary( )와 printStandard( )가 인수를 갖지 않는다. 이것은 Time 객체가 만들어질 때, 어떤 데이터를 사용할 것인지 미리 알고 있기 때문이다. 이렇게 함으로써 절차적 프로그래밍에서의 함수 호출보다 훨씬 간결하게 프로그램할 수 있다

클래스는 클라이언트 즉, 클래스 객체의 사용자로 하여금 객체 내에 포함된 연산에만 관심을 갖도록 함으로써 프로그래밍을 단순화시킨다. 이것은 구현에 집중하게 하는 것이 아니라 클라이언트 중심의 설계를 가능하게 한다. 다시 말하면 클라이언트는 클래스의 세부적 구현에 대해서는 알 필요가 없다는 뜻이다. 인터페이스가 바뀌기는 하지만 구현보다는 자주 바뀌지 않는다. 만약에 구현중심의 코드라

면, 구현이 바뀔 때마다 클라이언트도 따라서 바뀌어야 한다. 구현을 숨김으로써 구현의 세부 사항에 의존하는 부분들을 제거할 수 있다. 이것이 ADT의 장점이다.

클래스를 무에서부터 만들 필요는 없다. 종종 다른 클래스의 속성과 행위를 이용하기도 하며 다른 클래스의 객체를 멤버로 포함시킨다. 그러한 소프트웨어 재사용은 프로그램 생산성을 향상시킨다. 이미 존재하는 클래스로부터 새로운 클래스를 파생하는 것을 상속(inheritance)이라고 한다. 상속은 OOP에서 매우 중요한 개념이다. 상속에 대해서는 다음 장에서 다룬다. 객체를 다른 클래스의 멤버로 포함시키는 것을 포함(composition) 또는 집합(aggregation)이라고 한다.

클래스 범위 내의 멤버(데이터든지 함수든지)는 멤버 함수로부터 직접 접근될 수 있으며 이름으로도 참조될 수 있다. 클래스 범위 밖에서는 멤버가 객체의 핸들(handle)을 통해서만 참조된다. 객체 이름, 객체에 대한 참조, 혹은 객체에 대한 포인터 등이 핸들이 될 수 있다.

멤버 함수 내에서 정의된 변수는 함수 영역(function scope)를 갖는다. 단지 그 함수 내에만 알려져 있다는 뜻이다. 만약 멤버 함수가 클래스 내의 변수와 같은 이름의 변수를 정의하면, 함수 내에서 정의된 변수가 사용된다. 감추어진 변수를 접근하자면 범위해결 연산자(::) 다음에 클래스 이름을 주고 점 혹은 화살표 연산자를 사용하여 접근할 수 있다. 감추어진 전역 변수는 단항 영역 해결 연산자(::)를 사용하여 접근할 수 있다.

클래스 멤버를 접근하는데 사용되는 연산자는 구조체 멤버를 접근하는데 사용하는 연산자처럼, 점(.) 혹은 화살표(->) 연산자를 사용한다. 점은 객체의 이름 혹은 객체에 대한 참조와 결합하여 사용되며, 화살표 연산자는 객체에 대한 포인터와 결합하여 사용된다.

8.2.1 멤버에 대한 접근 제어

멤버 접근 명세 public과 private, protected가 있다. protected는 다음 장에서 다룬다. 디폴트 접근 모드는 private이다. 한 번 멤버 접근 명세가 나타나 모드가 정해지면 다음 멤버 접근 명세가 나올 때까지 유효하다. private 멤버는 멤버 함수에 의해서만 접근 가능하다(프렌드도 가능). public 멤버는 프로그램의 어떤 함수에서나 접근 가능하다. public 멤버의 목적은 클라이언트에게 클래스가 마련한 서비스를 사용 가능하게 하는 것이다. 이 서비스는 클래스의 public 인터페이스를 마련해 준다. 클라이언트는 어떻게 클래스가 일을 수행하는지 구체적인 사항에 대해서는 관여할 필요가 없다. private 멤버를 접근하는 것은 public 멤버 함수를 사용한 public 인터페이스를 통해서만 가능하다.

클라이언트는 다른 클래스의 멤버 함수이거나 또는 전역 함수일 수 있다. 클래스의 멤버를 접근하는 것은 public, protected, private를 명백하게 지정해야 한다.(디폴트로는 private이다) struct 멤버 접근도 public, protected, private를 명백히 지정해야 한다.(struct 멤버의 디폴트 접근은 public이다)

private 데이터라고 해서 클라이언트가 그 데이터를 변경시킬 수 없다는 뜻은 아니다. private 데이터는 멤버 함수 혹은 그 클래스의 프렌드에 의해 변경될 수 있다. private 데이터에 대한 접근은 접근 함수(access function)라고 부르는 멤버 함수를 사용함으로써 이루어진다. 예를 들어, private 데이터의 값을 클라이언트가 읽도록 하기 위해서 get 함수를 사용한다. private 데이터를 변경하는데는 set 함수를 사용한다. 그런 변경은 private의 개념에 위배될지 모르지만 set 함수는 set 되는 값이 합리적임을 검증하는 기능이 있다. set 함수는 인터페이스에 사용된 데이터 양식과 구현에 사용되는 양식 사이를 변환할 수 있다. get 함수는 raw 양식(raw format)의 데이터를 드러낼 필요는 없지만,대신에 데이터를 편집하고 클라이언트가 보게 될 데이터의 뷰(view)를 제한한다.

모든 멤버함수를 클래스의 인터페이스로 삼기 위해 public으로 선언할 필요는 없다. 몇몇 함수는 private으로 선언하여 유틸리티(utility) 함수로 사용한다. 유틸리티 함수는 클래스 인터페이스를 위한 public 함수가 아니라 다른 멤버 함수를 지원하기 위한 것이다. 유틸리티 함수는 클라이언트가 사용하는 것이 아니다.

접근 함수는 데이터를 읽거나 표시할 수 있다. 또 다른 용도는 조건의 참 또는 거짓을 판단하는 것이다. 그런 함수는 술어 함수(predicate function)라고 한다. 술어 함수의 예는 링크드 리스트, 스택 또는 큐 같은 컨테이너 클래스(container class; 많은 객체를 가질 수 있는 클래스)에 대한 isEmpty, isFull과 같은 함수를 말한다. 프로그램은 컨테이너 객체로부터 다른 항목을 읽기 전에 isEmpty를 테스트한다. isFull 술어 함수는 컨테이너 클래스 객체가 여분의 공간을 갖고 있는지 테스트하는 것이다.

8.2.2 생성자와 소멸자

클래스 객체가 만들어질 때 객체의 멤버는 생성자에 의해 초기화된다. 생성자는 클래스와 같은 이름을 가진 클래스 멤버 함수이다. 클래스의 객체가 생성될 때 자동으로 호출되는 생성자가 클래스를 정의할 때 포함되어야 한다. 생성자는 중첩되어서 클래스 객체를 초기화하는 여러 가지 수단을 제공한다. 멤버 데이터는 생성자에 의해 초기화되든가 아니면 객체가 생성된 후에 그 값이 지정되든가 해야 한다. 그러나 좋은 프로그래밍 습관, 혹은 소프트웨어 공학에 의하면 클라이언트가 객체의 함수를 호출하기 전에 객체를 확실히 초기화시켜야 한다.

디폴트 인수를 사용하는 생성자를 디폴트 생성자(default constructor)라고 한다. 즉 디폴트 생성자는 인수없이 호출되는 생성자이다. 클래스당 하나의 디폴트생성자만이 존재할 수 있다.

디폴트 인수를 변경하면 클라이언트 코드를 다시 컴파일해야 한다. 그러므로 만일 디폴트 인수값이 바뀔 가능성이 있으면 함수를 중첩(overload)시켜 사용하는 것이 좋다. 그러면 멤버 함수의 구현이 바뀌더라도 클라이언트 코드가 재컴파일할 필요가 없다.

만일 아무런 생성자도 정의되지 않으면 컴파일러는 디폴트 생성자를 만들어낸다. 그런 생성자는 어떤 초기화도 수행하지 않는다. 그래서 객체가 만들어질 때 일관성을 보장하지 못한다.

소멸자(destructor)는 클래스의 특별한 멤버 함수이다. 소멸자는 틸트(~) 다음에 클래스와 같은 이름을 사용한다. ~는 비트 단위의 역 연산자(complement operator)에도 사용된다. 그러므로 소멸자는 생성자의 역이라는 의미이다. 소멸자는 객체가 해제될 때 호출된다. 즉, 객체가 생성된 범위를 벗어날 때 자동으로 해제되는 자동객체에 대해서 소멸자가 호출된다. 그러나 소멸자 자체가 객체를 해제하지는 않는다. 새로운 객체가 다시 메모리를 사용하도록 시스템이 메모리를 반환하기 전에 종료 하우스키핑(housekeeping; 시스템 운용루틴)을 수행한다.

소멸자는 매개변수를 받지도 않고 값을 반환하지도 않는다. 클래스는 단 하나의 소멸자만을 갖는다. 소멸자를 중첩(overload)시킬 수는 없다. 생성자와 소멸자는 자동적으로 호출된다. 이들 함수의 호출 순서는 객체가 생성되고 해제되는 순서에 따른다. 일반적으로 소멸자는 생성자가 호출된 순서의 역이다.

전역 범위의 객체를 위한 생성자가 가장 먼저 호출된다. 해당하는 소멸자가 main이 종료될 때나 exit 함수가 수행될 때 호출된다. 만약 abort 함수를 사용해서 프로그램을 종료하면 전역 객체를 위한 소멸자는 호출되지 않는다. 실행이 객체가 정의되는 점에 도달하면 자동 지역 객체를 위한 생성자가 호출된다. 상응하는 소멸자는 객체가 그 범위 즉, 객체가 정의된 블록에서 벗어날 때 호출된다. 자동 객체에 대한 생성자와 소멸자는 객체가 범위에 들어가고 벗어날 때 호출된다. 만약 exit 함수나 abort 함수를 사용해서 프로그램을 종료하면 자동 객체를 위한 소멸자는 호출되지 않는다.

static 지역 객체를 위해서는 실행이 객체가 정의된 지점에 첫번째 도달할 때만 생성자를 호출한다. 상응하는 소멸자는 main이 종료될 때나 exit 함수가 수행될 때 호출된다. abort 함수를 사용해서 프로그램을 종료하면 static 객체를 위한 소멸자는 호출되지 않는다.

8.3 데이터 추상화와 정보 은닉

클래스는 보통 클라이언트로부터 구현 세부사항을 숨긴다. 이것을 정보은닉(information hiding)이라고 한다. 정보은닉의 예로서 stack에 대해 알아보자. stack은 상단(top)에서부터 넣는 push( )와 상단에서 부터 꺼내는 pop( )이 있다. 가장 마지막에 들어가 요소가 가장 먼저 나오는 후입선출(LIFO) 구조이다.

stack은 주로 배열이나 연결 리스트(linked list)로 구현된다. stack 클래스의 클라이언트는 그 stack이 어떻게 구성되어 있는지는 알 필요가 없다. 클라이언트는 단순히 언제 데이터가 push되며, pop되는 데이터가 무엇인지 알면 된다. 클래스의 기능성을 구현으로부터 독립시키는 것을 데이터 추상화(data abstraction)라고 한다. 클래스는 추상 데이터 타입(ADT; Abstract Data Type)이라고 해서, 사용자들이 클래스 구현의 세부사항을 안다고 할지라도 세부사항에 영향을 주는 코드를 작성하는 것을 막아주는 기능이 있다. 그 말은 public 인터페이스가 변화되지 않는 한, 특정 클래스의 구현이 바뀔 때마다 다른 시스템에 영향을 주지 않도록 하는 기능이 있다는 뜻이다.

대부분의 절차형 프로그래밍 언어들은 데이터를 가공하기 위한 실행을 강조한다. 미리 만들어진(built-in) 자료형이 몇 개밖에 없고 프로그래머들이 새로운 자료형을 만드는 것도 어렵다. 객체지향 프로그래밍은 실행보다는 데이터가 중심이 된다. 데이터의 중요성을 강화했을 뿐아니라 클래스를 통해서 새로운 타입을 만들어내고, 그 타입의 서로 다른 객체 사이에서 상호작용을 표현할 수 있도록 했다.

이런 방향전환을 위해 데이터에 대한 개념을 공식화 할 필요를 느끼게 되었고, 이렇게 공식화된 것이 추상 자료형(ADT)이다. ADT는 구조적 프로그래밍이 20년간 주목을 받은 것처럼 오늘날 주목을 받고 있다. 그러나 ADT가 구조적 프로그래밍을 완전히 대체하는 것은 아니다. 좀더 효과적으로 프로그램을 개발할 수 있다는 것이다.

내장 자료형 integer형을 생각해 보자. int는 수학적 정수와는 개념이 다르다. 컴퓨터에서의 int는 크기의 제한이 있다. 예를 들어 32비트 기계에서는 -20억 ~ +20억의 범위로 제한된다. 만약 계산 결과가 이 범위를 벗어나면, "오버플로" 오류가 발생하고 잘못된 결과에 대해 기계마다 다르게 반응한다. 수학적 정수는 이런 문제를 일으키지 않는다. 그러므로 컴퓨터의 int는 실세계의 정수 개념에 근접할 뿐이다. double도 마찬가지이고, char도 근접일 뿐이다. char는 8비트의 데이터 양식을 갖는다. 컴퓨터의 char은 실세계 문자의 수에 비하면 매우 제한적이다. 7비트 ASCII 문자는 128개의 문자를 제공한다. 이것은 수천 개의 문자를 갖는 한국어나 중국어 같은 언어에는 부적합하다.

C++에서 제공하는 내장 데이터조차도 실세계 개념과는 차이가 있는 근사값이거나 모형 밖에 되지 않는다는 것이다. int, double, char와 그 외의 타입들이 모두 추상 자료형의 예이다. 이런 추상 자료형은 컴퓨터 시스템 내에서 실세계를 표현하는 한가지 추상적 방법인 것이다. 추상 자료형은 데이터 표현(date representation)과 그 데이터에서 허용되는 연산(operations)의 두 개념을 하나로 합쳐 패키징(packaging)한 것이다. 예를 들어 int는 덧셈, 뺄셈, 곱셈, 나눗셈, 그리고 나머지 연산을 허용한다. 그러나 0을 나누는 것은 허용하지 않는다. 다른 예는 음수의 개념인데 음수의 데이터 표현과 연산은 명백하다. 그러나 음수의 제곱근을 처리하는 연산은 정의되어 있지 않다. C++와 같은 OOP들은 클래스를 사용하여 추상 자료형을 구현하는 기능을 제공한다.

8.3.1 컨테이너 클래스와 이터레이터

가장 많이 쓰이는 클래스의 타입 중 하나가 컨테이너(container) 클래스이다. 이것을 컬렉션(collection) 클래스라고도 하는데 객체를 모아두는 데 사용된다. 컨테이너 클래스는 주로 삽입, 삭제, 검색, 분류, 그리고 컬렉션의 멤버인지 알아보는 검사같은 기능을 제공한다. 배열, 스택, 큐, 트리, 그리고 연결리스트는 컨테이너 클래스의 예이다.

이터레이터(iterator) 객체(간단히 이터레이터라고도 함)는 컨테이너 클래스와 관련이 있다. 이터레이터는 컬랙션의 다음 요소를 찾아서 반환해 준다. 일단 클래스에 대한 이터레이터가 작성되면 클래스로부터 다음 요소를 구하는 것을 간단히 표현할 수 있다. 여러 사람들이 보는 책에 여러 개의 책갈피를 둘 수 있는 것처럼 한 컨테이너 클래스는 여러 개의 이터레이터를 가질 수 있다. 각각의 이터레이터는 자신의 "위치(position)" 정보를 유지한다.

C++은 표준 템플릿 라이브러리(STL; Standard Template Library) 내에 있는 모든 컨테이너에 대해 순방향(forward) 이터레이터, 양방향(bidirectional) 이터레이터, 그리고 임의접근(random access) 이터레이터를 제공한다. 포인터 타입에서 사용되는 * 와 -> 연산자도 사용되며, ++ 와 같은 수학 연산자도 사용된다. begin( )은 해당 컨테이너의 첫 번째 요소를 찾는 것이며, end( ) 마지막 요소를 찾는 것이다. 다음 예는 C++에서 이터레이터를 사용하는 예이다.

```
std::vector<int> items;
items.push_back(1);
items.push_back(2);
items.push_back(3);

for (std::vector<int>::iterator i = items.begin( );
                i != items.end( ); ++i) {
    std::cout << *i;
}
```

라고 하면 결과는 123으로 출력된다. 이때 items 벡터 내의 현재 인덱스 값을 출력하고 싶으면 *i 로 사용해야 한다. for문을 좀더 간단하게 다음과 같이 만들 수도 있다.

```
for(auto i:items){
        std::cout << i;
}
```

Java는 java.util.Iterator 인터페이스(interface)가 이터레이터 기능을 제공한다. 각 이터레이터는 next( ), hasNext( ), remove( ) 메소드를 제공한다. next( )는 이터레이터를 전진시켜 다음 요소를 반환하는 메소드이다. 물론 처음 호출되면 제일 첫 번째 요소를 반환한다. hasNext( )는 컨테이너의 모든 요소를 모두 방문했는 지를 물어보는 메소드이다. 다음 요소가 있으면 true, 아니면 false를 반환한다. 다음은 Java에서 이터레이터를 사용하는 예이다.

```
Iterator iter = list.iterator( );
while (iter.hasNext( )) {
      System.out.print(iter.next( ));
      if (iter.hasNext( ))
            System.out.print(" , ");
}
```

C#과 같은 .NET Framework에서는 이터레이터를 이뉴머레이터(enumerators)라고 부른다. 이것은 IEnumerator 라고 하는 인터페이스(interface)에서 제공하는 메소드(method)들을 사용하기 때문이다. IEnumerator는 MoveNext( )와 Reset( ) 메소드, 그리고 Current

속성(property)을 제공한다. MoveNext( )는 컬렉션의 끝에 도달할 때까지 전진해서 다음 요소를 찾는 메소드이다. Current는 현재 가리키는 요소의 값을 가지고 있다. Reset( )은 이뉴머레이터를 맨 처음 위치로 되돌려 놓는 것이다. C#에서는 IEnumerator 타입의 객체를 생성하기 위해서 GetEnumerator( ) 메소드를 먼저 호출해야 한다. 다음 예는 C#에서 이터레이터를 사용하는 예이다.

```
// explicit version
IEnumerator<MyType> iter = list.GetEnumerator( );
while (iter.MoveNext( ))
      Console.WriteLine(iter.Current);
```

while문 대신 foreach문을 사용해서 다음과 같이 할 수도 있다.

```
// implicit version
foreach (MyType value in list)
      Console.WriteLine(value);
```

8.4 여러 가지 언어들의 데이터 추상화

8.4.1 C++의 데이터 추상화

C++에 대해서는 앞에서 자세히 소개했지만, 연이어 따라오는 다른 여러 가지 언어들의 데이터 추상화와 비교하기 위해 다시 정리하여

설명하고자 한다. C++는 class로 ADT를 명세한다. C++의 class는 C의 구조체와 Simula 67의 class로부터 영향을 받았다. 다음은 stack을 C++ class로 정의한 것이다.

```
class stack {
    private:
            int  *stackPtr, maxLen, topPtr;
    public:
            stack( ) {
                    stackPtr = new int [100];
                    maxLen = 99;
                    topPtr = -1;
            };
            ~stack ( ) {delete [ ] stackPtr; };
            void push (int num) {··· };
            void pop ( ) {··· };
            int top ( ) {··· };
            int empty ( ) {··· };
}
```

8.4.2 Java의 데이터 추상화

Java에서도 class로 ADT를 명세한다. Java의 class는 C++의 class와 매우 유사하지만, 다음 여러 가지에서 다르다. 첫째 class의 모든 메소드(C++에서는 멤버 함수라고 함)는 class 안에서 구현되어야 한다. 즉, class를 통한 객체의 명세부(specification)와 그 class를 구현하는 구현부(implementation)가 따로 분리되도록 하지않고, 한 class 내에 통합하여 작성하도록 한다. 또 다른 점은 모든 객체는 힙 스토리지(heap storage)에 할당되고, 참조변수를 통해서 접근된다. 그래서 모든 객체의 생성은 new라는 키워드를 통해서 이루어진다. 세 번째 다른 점은 private 혹은 public 등의 접근 명세서가 절(clause) 단위가 아니라, 개별 엔티티(entity) 단위로 부여되어야 한다. 다시 말하면 class 단위로는 private 혹은 public을 선언할 수 없다는 뜻이며, class 내의 메소드나 변수에 직접 첨부되어야 한다는 뜻이다.

C++에는 없는 기능이 Java에만 있는 것도 있다. 여러 개의 class들을 패키지(package) 단위로 묶을 수 있다는 것이다. 그러면 범위(scope)가 패키지 단위로 확장된다. 그래서 접근 명세서를 갖지 않은 모든 엔티티(class 내의 메소드, 필드 등)들은 package 내에서 가시적(visible)이 된다. 또 한가지 C++과 구별되는 특징은 소멸자가 없다는 것이다. Java는 묵시적 가비지 수집(garbage collection)을 수행하기 때문이다. 다음은 stack을 Java class로 정의한 것이다.

```
class Stack {
    private:
        private int [ ] *stackRef;
        private int [ ] maxLen, topIndex;
        public StackClass( ) {
            stackRef = new int [100];
            maxLen = 99;
            topPtr = -1;
        };
```

```
        public void push (int num) {… };
        public void pop ( ) {… };
        public int top ( ) {… };
        public boolean empty ( ) {… };
}
```

8.4.3 C#의 데이터 추상화

C#의 class는 C++과 Java의 class와 유사하다. 그러나 몇가지 새로운 구조를 포함하고 있음에 유의하여야 한다. Java와 동일하게 private, public, protected의 접근 권한을 부여할 수 있고 추가적으로 internal과 protected internal이 있다. internal 접근 권한을 가진 멤버는 동일 어셈블리(assembly) 내부에서 public으로 적용되고, 어셈블리 외부에서는 private 처럼 적용된다. protected internal은 internal과 protected의 속성을 동시에 갖는 것으로써 비록 어셈블리가 다르더라도 상속관계에 있으면 public처럼 사용할 수 있도록 하는 것이다.

모든 클래스 인스턴스(class instance)들은 힙 동적(heap dynamic)으로 생성된다. 그리고 인스턴스의 데이터에 초기값을 주는 디폴트 생성자는 모든 클래스에 미리 정의되어 있다. 그러나 C++이나 Java처럼 사용자-정의 생성자에 의해 초기값을 부여할 수도 있다. C#은 소멸자 정의가 가능하지만, 대부분의 힙 객체들에 대해 자동적으로 가비지 수집하므로, 소멸자를 거의 사용하지 않는다. C#에서의 구조체는 C++의 구조체와 조금 다르다. 상속을 허용하지 않는 점만 빼면,

거의 class와 유사하다. 구조체와 class의 차이점은 구조체는 참조 타입이 아니라 값 타입이라는 것이다. 힙이 아니라 스택에 할당되기 때문이다. 때문에 상속이 필요없거나, 작고 간단한 타입을 구현하거나, 스택에 할당되는 것이 편리할 경우에 구조체를 사용하면 된다.

C#에서는 데이터 멤버에 접근할 때 getter와 setter라고 하는 접근자를 사용한다. 별도의 명시적인 메소드 call 없이 getter와 setter의 구현을 통해 속성값을 설정하거나 속성값을 전달할 수 있다. 다음은 DegreeDays를 속성(property)로 설정하고 getter와 setter로 private 데이터 degreeDays를 접근하는 예를 보여주고 있다. 묵시적 변수 value가 사용되었으며, degreeDays가 private으로 선언되었지만 마치 public인 것처럼 사용되고 있다.

```
public class Weather {
    public int DegreeDays {
        get {return degreeDays; }
        set {degreeDays = value; }
    }
    private int degreeDays;
    ...
    }
...
Weather w = new Weather( );
int degreeDaysToday, oldDegreeDays;
...
w.DegreeDays = degreeDaysToday;
...
```

```
oldDegreeDays = w.DegreeDays;
```

8.4.4 Ada의 데이터 추상화

Ada에서는 packages라는 캡슐화(encapsulation)을 통해서 데이터 추상화를 제공한다. 패키지는 캡슐화의 인터페이스를 제공하는 명세 패키지(Specification package)와 명세에서 명명된 대부분의 엔티티를 구현하는 바디 패키지(Body package), 두 부분으로 구성된다.

Ada는 정보 은닉을 위해 private 부분(private part)이라는 특별한 방법을 사용한다. 이것은 항상 명세 패키지의 끝 부분에 두고 클라이언트에게 은닉시키고자 할 때, private이라고 선언하는 것이다. 다음 명세 패키지는 Stack에서 보는 바와 같이, 배열로 선언된 list와 배열의 인덱스로 사용될 topsub를 구성 요소로 하는 stack_type이 private part에 나타나 있다.

Ada는 ADT에 주어지는 기본적인 연산자 (=, ==. !=, 〈, 〉 등)를 정의하고, 다른 연산들이 필요하면 그 타입을 정의한 명세 패키지 안에서 선언하여야 한다. 그래서 private 데이터는 기본적인 연산자와 명세 패키지 안에서 선언된 연산들에 대해서 가시적(visible)이다. 그런데 stack과 같은 경우, 할당 연산자(=), 비교 연산자(==, != 등), 관계 연산자(〈, 〉 등)는 거의 사용하지 않는다. 이러할 경우 타입을 선언할 때, 기본 연산자에 대해 비가시적(invisible)이 되도록 limited private 이라고 선언할 수 있다. 다시 말하면, 할당 연산자, 비교 연산자, 관계 연산자 등이 의미가 없거나 유용하지 않을 때 limited private 이라고 명세하는 것이다.

Ada에서는 ADT를 포인터로도 선언할 수 있는데, 이때는 바디 패키지에서 구조체가 정의될 때 가리키기 위한 것이다. 바디 패키지에는 코드가 시작되기 전에 항상 with절과 use절이 있다. with절은 텍스트의 입력과 출력을 위한 함수를 제공하는 외부 패키지(Ada.Text_IO 등)에서 정의된 이름을 가시적이게 한다. use절은 개체 참조할 때마다 with로 가져온 패키지를 반복적으로 작성하는 번거로움에서 해방시킨다.

```
package Stack is
    type stack_type is limited private;
      max_size: constant := 100;
    function empty(stk: in stack_type) return Boolean;
    procedure push(stk: in out stack_type; elem:in Integer);
    procedure pop(stk: in out stack_type);
    function top(stk: in stack_type) return Integer;

    private     -- 이 부분은 client에게 감춤
    type list_type is array (1..max_size) of Integer;
    type stack_type is record
      list: list_type;
      topsub: Integer range 0..max_size) := 0;
    end record;
end Stack;
```

사실 stack을 예로 드는 것은 어리석은 일이다. 왜냐하면 stack에

대한 지원은 표준클래스 라이브러리에 포함되어 있기 때문이다. 여기서는 단지 각 언어의 특장점을 비교하기 위해 예제로 사용한 것뿐이다.

연습문제

8.1 복소수 연산은 실수부와 허수부로 나누어 처리된다. 복소수 연산을 가능하게 하는 추상 데이터 타입을 C++, Java, C# 그리고 Ada로 선언하시오. (복소수연산은 덧셈, 뺄셈, 곱셈, 나눗셈, 실수부 추출, 허수부 추출을 포함하여야 한다.)

8.2 deque(double-ended queue)는 stack과 queue의 동작을 결합한 데이터 타입이다. deque의 동작을 구현하기 위한 추상 데이터 타입을 C++, Java, C# 그리고 Ada로 선언하시오. (deque의 연산은 create, empty, front, rear, addfront, addrear, deletefront, deleterear를 포함하여야 한다.)

8.3 행렬의 동작을 가능하게 하는 추상 데이터 타입을 C++, Java, C# 그리고 Ada로 선언하시오. (행렬의 연산에는 덧셈, 뺄셈, 곱셈, 역행렬 등이 있다.)

CHAPTER

9

객체지향 프로그래밍

CHAPTER 9 | 객체지향 프로그래밍

9.1 소개

객체지향 프로그래밍(OOP; Object-oriented Programming)의 개념은 1960년대 크리스텐 니가드(Kristen Nygaard)와 올레 조한 달(Ole-Johan Dahl)에 의해 개발된 SIMULA에서부터 시작되었다. 1967년에 클래스, 객체, 그리고 상속 개념을 포함한 SIMULA 67이 개발되면서 최초의 객체지향 개념이 도입되었고 진정한 최초의 객체지향 언어는 1980년에 앨런 케이(Alan Kay)에 의해 개발된 Smalltalk 80이다. 그 후 C++, Java, C# 등은 다형성까지 지원하는 기능을 갖추게 되었다.

본 장에서는 객체지향 프로그래밍이 제공하는 두 개의 중요한 기능인 상속(inheritance)과 다형성(polymorphism)을 다룬다. 상속은 새로운 클래스가 기존의 클래스의 속성과 행동을 물려받고 추가적으로 필요한 기능들을 새로운 클래스에 덧붙이거나 재정의함으로써 생성되는 소프트웨어 재사용의 한 형태이다. 소프트웨어의 재사용은 프로그램 개발 기간을 단축해 준다. 그것은 검증되고 디버깅된 고품질 소프트웨어의 재사용을 촉진시키고 따라서 시스템이 가동된 이후에 발생될 수 있는 문제를 줄여준다. 다형성은 이미 존재하거나 아직 명시되지 않은 관련된 다양한 클래스들을 다루기 위한 범용 방식(general fashion)의 프로그래밍을 가능하게 한다. 상속과 다형성은 소프트웨어의 복잡성을 다루는 효과적인 기법이다.

새로운 클래스를 생성할 때 완전히 새로운 데이터 멤버와 멤버 함수들을 작성하는 대신, 프로그래머는 새로운 클래스가 기존의 정의된 기저 클래스(base class)의 데이터 멤버와 멤버 함수들을 상속하도록 지정할 수 있다. 이러한 새로운 클래스를 파생 클래스(derived class)라고 한다. 파생 클래스 자체가 또 다른 파생 클래스의 기저 클래스가 될 수 있다. 단일 상속(single inheritance)에서는 클래스가 하나의 기저 클래스로부터 파생된다. 다중 상속(multiple inheritance)에서는 클래스가 여러 개의 기저 클래스들로부터 파생된다.

파생 클래스는 보통 자기 자신의 데이터 멤버와 멤버 함수들을 추가할 수 있으므로, 일반적으로 파생 클래스는 기저 클래스보다 크기가 크고, 구체적이며 보다 적은 그룹의 객체들을 표현한다. 단일 상속에서는 파생 클래스는 기저 클래스와 같은 핵심으로부터 출발한다. 상속의 진정한 강점은 기저 클래스로부터 상속된 특징들을 파생 클래스 내에서 추가, 교체, 상세화시킬 수 있다는 능력으로부터 비롯된다.

OOP는 세 가지 종류의 상속 즉, public, protected, private을 제시한다. 그러나 대부분은 public 상속이다. 특수한 경우 private 상속하지만 합성(composition)을 대신하는 형태로 사용된다. protected 상속은 거의 사용하지 않는다. public 상속하면 파생 클래스의 모든 객체들은 기저 클래스의 객체이기도 하다. 그러나 역은 성립하지 않는다. "파생 클래스 객체는 기저 클래스 객체이다" 라는 관계를 활용하면, 상속 관계 안에 있는 여러 하위 객체들을 기저 클래스 객체의 연결 리스트로 만들 수 있다. 이것이 다형성의 핵심이 된다.

소프트웨어 개발하다 보면 코드의 많은 부분이 밀접한 관계를 갖는 경우가 종종 있다. 이럴 때 특수한 경우들에 사로잡혀 큰 그림을 놓치기 쉽다. OOP는 나무들을 통해서 숲을 보는(이 과정을 추상화라고 한다) 방법을 제공한다. 특수한 경우에 사로잡히는 예는, switch문에서 볼 수 있다. 특수한 경우들을 case로 구분하고 각각의 경우를 처리하는 논리를 택한다. 그러나 상속과 다형을 사용하면 switch 논리를 보다 간단한 논리로 대체할 수 있다.

상속에 있어서 한 가지 문제는 파생 클래스가 필요로 하지 않는 기저 클래스의 public 멤버 함수를 상속할 수 있다는 것이다. 기저 클래스의 멤버가 파생 클래스에서 부적절한 경우, 그 멤버는 파생 클래스에서 적절한 구현으로 재정의(overloading)될 수 있다.

OOP가 매력적인 이유는 기존의 클래스 라이브러리들로부터 상속받아 새로운 클래스을 쉽게 만들 수 있나는 개념 때문이다. 개발 회사들은 자신들만의 클래스 라이브러리를 개발하거나 세계적으로 널리 사용되는 라이브러리들을 활용할 수 있다. 오늘날 하드웨어가 그런 방식으로 구성되듯이 소프트웨어도 표준화된 재사용 가능한 부품으로부터 조립하듯이 구성하게 될 것이다. 이것은 보다 강력한 소프트웨어를 개발하는데 큰 도움이 될 것이다.

9.2 상속

정사각형, 직사각형, 평생사변형 및 사다리꼴 등은 모두 일종의 사변형이다. 따라서 클래스 Rectangle(직사각형)은 클래스 Quadrilateral(사변형)로부터 상속된다고 말할 수 있다. 이러한 문맥에서 클래스 Quadrilateral을 기저 클래스(base class)라고 부르며 클래스 Rectangle을 파생 클래스(derived class)라고 부른다.

Smalltalk나 Java, C++ 등 각각의 OOP들은 서로 다른 용어를 사용한다. 기저 클래스를 슈퍼 클래스(superclass)라고 하고, 파생 클래스를 서브 클래스(subclass)라고 부르기도 한다. 이 용어들을 함부로 섞어 쓰면 혼동스럽기 때문에 기저 클래스, 파생 클래스라는 용어로 통일하겠다.

상속은 트리 형태의 계층구조를 형성한다. 기저 클래스는 파생 클래스와 계층관계 안에서 존재한다. 클래스는 독립적으로 존재할 수 있지만 클래스가 상속에 개입되면 기저 클래스가 되어서 속성과 행동들을 다른 클래스에 공급하든지 또는 파생 클래스가 되어서 그 속성과 행동들을 상속받게 된다.

간단한 상속계층을 생각해 보자. 대학사회의 구성원들은 교직원과 학생, 동창들로 구성된다. 교직원은 교원과 직원으로 구성된다. 교원은 관리자(학장과 학과장들) 또는 교수이다. 이것은 상속계층을 형성한다. 어떤 관리자는 교수와 겸한다. 이럴 때 다중상속을 사용하면 좋다. 학생은 가끔 학교를 위해 일을 하고, 교직원도 가끔 수업을 들을 수 있다면 이것도 다중상속이 될 수 있다.

상속을 나타내는 문법을 살펴보자. 클래스 CommissionWorker가 클래스 Employee로부터 상속된 것을 명시하기 위해 다음과 같이 콜론(:)을 사용한다.

```
class CommissionWorker : public Employee {
    ...
};
```

이것이 가장 많이 사용되는 public 상속이다. public 상속에서는 기저 클래스의 public 멤버와 protected 멤버가 파생 클래스의 public 멤버와 protected 멤버로 각기 상속된다. 기저 클래스의 private 멤버는 그 클래스의 파생 클래스들로부터 접근할 수 없다. (단, friend로 선언된 함수는 접근할 수 있다.)

기저 클래스 객체와 파생 클래스 객체를 유사하게 취급할 수 있다. 그 공통성은 기저 클래스의 속성과 행동에 표현된다. 같은 기저 클래스로부터 public상속으로 파생된 클래스의 모든 객체들은 모두 그 기저 클래스의 객체들로 취급될 수 있다.

기저 클래스의 public 멤버는 프로그램 내의 모든 함수에서 접근이 가능하고, private 멤버는 기저 클래스에서만 접근 가능하다. 그런데 상속 관계에서는 추가적으로 public 접근과 private 접근의 중간 수준의 protected 접근이 있다. 기저 클래스의 protected 멤버는 기저 클래스의 멤버와 friend, 또 파생 클래스의 멤버와 friend들에 의해서만 접근 가능하다. 파생 클래스의 멤버들은 기저 클래스의 public와 protected 멤버들을 단순히 그 이름을 사용함으로써 참조할 수 있다. 그러나 protected 데이터는 캡슐화 원리를 깰 수도 있음에 주의해야 한다. 기저 클래스의 protected 멤버를 변경하면 모든 파생 클래스를 변경해야 할 수도 있기 때문이다.

public 상속으로 파생된 클래스의 객체는 해당되는 기저 클래스의 객체로도 취급될 수 있다. 이것은 재미있는 조작을 가능케 한다. 예를 들면 어떤 기저 클래스에서 파생된 다양한 클래스들의 객체들은 서로 상당히 다르지만 이것들을 기저 클래스의 객체들로 취급하는 한, 그것들의 연결 리스트를 생성할 수 있다. 그러나 역은 성립되지 않는다. 기저 클래스 객체가 자동적으로 파생 클래스 객체가 되는 것은 아니다.

그러나 프로그래머는 명시적 형변환을 통해 기저 클래스 포인터를 파생 클래스 포인터로 변환(casting)할 수 있다. 이런 작업을 포인터의 하향 캐스팅(down casting)이라 부른다. 그러나 조심해야 한다. 만일 이런 포인터가 역참조되면 프로그래머는 포인터의 타입이 그 포인터가 가리키는 객체의 타입과 일치하는 것을 확인해야 한다. 이것은 다음 절에서 다루는 다형성 같은 보다 깊이있는 객체지향 프로그래밍을 다루기 위해 기초가 된다.

파생 클래스의 멤버 함수가 특정한 기저 클래스의 데이터 멤버와 멤버 함수들을 접근해야 할 필요가 있을 수 있다. 만일 파생 클래스가 기저 클래스의 private 멤버에 접근할 수 있다면 이것은 기저 클래스의 캡슐화를 위반하는 것이다. private 멤버를 숨기는 것은 검사, 디버깅, 정확한 시스템 수정에 큰 도움이 된다. 만일 파생 클래스가 기저 클래스의 private 멤버에 접근할 수 있다면 파생 클래스에서 파생된 클래스도 그 데이터에 역시 접근할 수 있고 이 관계는 상속을 통해서 계속될 것이다. 이것은 private 데이터에 대한 연쇄적인 접근이 가능하게 함으로 클래스 계층을 통해서 캡슐화의 장점을 없애 버린다.

9.2.1 파생 클래스에서 기저 클래스의 멤버를 재정의

파생 클래스는 동일한 시그너처(signature)를 지닌 새로운 버전의 함수를 제공함으로써 기저 클래스의 멤버 함수를 재정의할 수 있다. (만약 시그너처가 다르다면 이것은 함수 재정의가 아니라 함수 중복일 것이다). 파생 클래스에서 그 함수가 이름으로 언급될 때 파생 클래스의 버전이 자동적으로 선택된다. 파생 클래스에서 기저 클래스의 버전을 접근하기 위해서는 범위 해결 연산자(scope-resolution operator)가 사용될 수 있다.

기저 클래스로부터 클래스가 파생될 때 기저 클래스는 public, protected 또는 private로 상속될 수 있다. protected 상속과 private 상속은 사용하는 경우가 드물고 사용할 때 조심해야 한다. public 기저 클래스로부터 클래스가 파생될 때 기저 클래스의 public 멤버는 파생 클래스의 public 멤버가 되고 기저 클래스의 protected 멤버는 파생 클래스의 protected 멤버가 된다. 기저 클래스의 private 멤버는 파생 클래스로부터 절대로 직접 접근될 수 없으나 기저 클래스의 public와 protected 멤버를 호출하면 접근할 수 있다.

protected 기저 클래스로부터 클래스가 파생될 때 기저 클래스의 public 및 protected 멤버들은 파생 클래스의 protected 멤버가 된다. private 기저 클래스로부터 클래스가 파생될 때 기저 클래스의 public 및 protected 멤버들은 파생 클래스의 private 멤버가 된다.

기저 클래스는 파생 클래스의 직접 기저 클래스(direct base calss)가 될 수도 있고 간접 기저 클래스(indirect base calss)도 될 수 있다. 파생 클래스의 직접 기저 클래스는 파생 클래스가 선언될 때 파생 클래스의 헤더에 의도적으로 명시된다. 간접 기저 클래스는 파생 클래스의 헤더에 콜론(:) 기호로 의도적으로 명시되지 않고 두 단계 이상의 상속계층 상위로부터 상속되는 것이다.

파생 클래스는 기저 클래스 멤버들로부터 상속 받기 때문에 파생 클래스의 객체가 생성될 때, 파생 클래스 객체의 기저 클래스 멤버들을 초기화시키기 위해서 기저 클래스 생성자가 호출되어야만 한다. 기저 클래스 생성자를 구체적으로 호출하기 위해서 파생 클래스 생성자에게 기저 클래스 초기값이 제공될 수 있다. 만일 그것이 제공되지 않으면 파생 클래스 생성자는 기저 클래스의 디폴트 생성자를 묵시적으로 호출할 것이다.

기저 클래스 생성자와 기저 클래스 대입 연산자는 파생 클래스에 상속되지 않는다. 그러나 파생 클래스 생성자와 대입 연산자는 기저 클래스 생성자와 대입 연산자를 호출할 수 있다. 파생 클래스 생성자는 파생 클래스의 기저 클래스 멤버를 초기화시키기 위해서 기저 클래스의 생성자를 먼저 호출한다. 만일 파생 클래스 생성자가 생략되었으면 파생 클래스의 디폴트 생성자가 기저 클래스 생성자를 호출한다. 소멸자는 생성자 호출의 역순으로 호출된다. 따라서 파생 클래스 소멸자는 기저 클래스 소멸자가 호출되기 전에 호출된다.

9.2.2 파생 클래스 객체에서 기저 클래스 객체로 묵시적인 형변환

파생 클래스 객체는 기저 클래스 객체의 "is-a" 관계이기도 하지만, 파생 클래스형과 기저 클래스형은 다른 것이다. public 상속에서 파생 클래스 객체는 기저 클래스 객체로 취급될 수 있다. 기저 클래스 멤버들의 각각에 대해 파생 클래스는 해당하는 멤버를 가지고 있으므로 이것은 이치에 맞다. 파생 클래스는 기저 클래스보다 많은 멤버들을 갖는 것이 보통이다. 반대 방향으로 대입을 하는 것은 기저 클래스 객체를 파생 클래스에 대입하면 파생 클래스에 미 정의된 멤버들을 남겨 놓기 때문에 허용되지 않는다. 이러한 대입이 자연적으로는 허용되지 않지만 적절하게 중복된 대입 연산자나 형변환 연산자를 사용함으로 가능해질 수 있다.

public 상속에서 파생 클래스 객체는 기저 클래스 객체이기 때문에 파생 클래스 객체에 대한 포인터는 기저 클래스 객체에 대한 포인터로 묵시적으로 변환될 수 있다. 기저 클래스 포인터와 파생 클래스 포인터를 기저 클래스 객체와 파생 클래스 객체와 조합하는 네 가지 가능한 방법은 다음과 같다.

1) 기저 클래스의 포인터로 기저 클래스 객체를 참조하는 것은 당연하다.

2) 파생 클래스의 포인터로 파생 클래스 객체를 참조하는 것은 당연하다.

3) 기저 클래스 포인터로 파생 클래스 객체를 참조하는 것은 파생 클래스 객체가 기저 클래스 객체도 되기 때문에 안전하다. 이러한 코드는 기저 클래스 멤버만을 참조할 수 있다. 만일 이러한 코드가 기저 클래스 포인터를 통해서 파생 클래스에만 있는 멤버를 참조하면 컴파일러는 구문오류 메시지를 보낸다.

4) 파생 클래스 포인터로 기저 클래스 객체를 참조하는 것은 구문오류이다. 파생 클래스 포인터는 먼저 기저 클래스 포인터로 형변환이 되어야 한다.

파생 클래스 객체를 기저 클래스 객체로 취급하고, 또한 모든 객체를 기저 클래스 포인터로 조작하는 것은 간편한 것 같지만 이렇게 하는 데는 문제가 있다. 예를 들어 급여 시스템에서 고용인의 연결 리스트를 따라가면서 각 사람의 주급을 계산하기를 원한다고 하자. 그러나 기저 클래스 포인터를 사용하는 것은 프로그램이 기저 클래스 급여 계산 루틴(만일 기저 클래스에 그러한 루틴이 있다면)만을 사용할 수 있게 한다. 각 객체가 기저 클래스 객체이든지 파생 클래스 객체이든지 간에 단순히 기저 클래스 포인터를 사용함으로써 각 객체에 대한 적절한 급여 계산 루틴을 호출하는 방법을 필요로 한다. 그 방법은 다음에 다루게 될 다형성을 사용하는 것이다.

9.2.3 상속을 사용한 소프트웨어 엔지니어링

기존의 소프트웨어를 필요에 맞추기 위해서 상속을 사용할 수 있다. 기존 클래스의 속성과 행동들을 상속한 다음 클래스를 필요에 맞추도록 속성과 행동들을 추가한다. OOP에서는 파생 클래스가 기저 클래스의 원시코드에 접근하지 않고 상속할 수 있지만 파생 클래스와 기저 클래스의 목적코드와 연결할 수 있어야 한다. 이러한 강력한 기능은 독립 소프트웨어 공급자들에게는 매력적인 것이다. 독립 소프트웨어 공급자는 판매나 라이선스를 위한 클래스를 개발하고 그것을 목적코드 형태로 사용자에게 제공할 수 있다. 사용자는 독립 소프트웨어 공급자의 재산인 원시코드에 접근하지 않고 이러한 라이브러리 클래스로부터 신속하게 새로운 클래스를 파생시킬 수 있다. 독립 소프트웨어 공급자가 목적코드와 함께 제공해야 하는 것은 헤더파일이 전부이다.

보통은 대규모 소프트웨어 프로젝트의 설계자와 구현자가 직면하는 문제점을 실감하기는 어렵다. 이러한 문제를 경험해 본 사람들은 소프트웨어의 재사용만이 소프트웨어 개발 과정을 개선할 수 있다고 말할 것이다. 소프트웨어의 재사용을 가능하게 하는 것이 OOP이다. OOP는 실질적이고 유익한 클래스 라이브러리를 많이 제공함으로써 상속을 통한 소프트웨어 재사용성의 혜택을 극대화할 수 있다. 개인용 컴퓨터의 도래에 따라 독립 소프트웨어에 공급자에 의해 생산된 포장된 소프트웨어가 폭발적인 성장 산업이 된 것처럼 클래스 라이브러리의 생산과 판매도 그렇다. 응용 소프트웨어 설계자는 이 라이브러리들을 사용해서 자신들의 응용프로그램을 구축할 것이고 라이브러리 설계자들은 그들의 라이브러리가 응용 소프트웨어들과 함께 판매됨으로 보상을 받게 된다. 현재 컴파일러와 함께 공급되는 라이브러리들은 보통 범용이고 제한된 범위인 경향이 있지만, 전망하기로는 엄청나게 다양한 응용 분야에 대한 클래스 라이브러리의 개발이 전 세계적으로 일어날 것이다.

기저 클래스는 공통성을 명시한다. 하나의 클래스에서 파생된 모든 클래스들은 그 기저 클래스의 기능들을 상속한다. 객체지향 설계 과정에서 설계자는 공통성을 찾아서 그것을 추출해서 기저 클래스를 형성한다. 기저 클래스로부터 상속된 기능들을 능가하도록 파생 클래스들을 설계한다. 비 객체지향 시스템의 설계자가 불필요한 함수의 팽창을 피하려고 하듯이 객체지향 시스템의 설계자는 불필요한 클래스들을 확대 생산하는 것을 피해야 한다. 이러한 클래스의 팽창은 관리의 문제를 만들어내고 잠재적 사용자들이 거대한 더미에서 원하는 클래스를 찾는 것이 더 힘들기 때문에 소프트웨어 재사용을 저해할 수 있다. 중요한 추가적 기능성을 제공하는 것과 소량의 클래스를 생성하는 것은 서로 상충된다.

9.2.4 다중 상속

지금까지 각 클래스가 하나의 기저 클래스로부터 파생되는 단일 상속을 다루었다. 하나의 클래스가 하나 이상의 여러 기저 클래스로부터 파생될 수 있다. 이러한 파생을 다중 상속(multiple inheritance)

이라고 한다. 다중 상속은 몇 개의 기저 클래스들로부터 파생 클래스가 상속을 받는다는 뜻이다. 이러한 강력한 기능이 소프트웨어 재사용의 재미있는 형태를 북돋우지만 여러 가지 모호성 문제를 야기할 수 있다. 다음의 예를 보자.

```
class A {
    ⋮
};
class B {
    ⋮
};
class C : public A, public B {
    ⋮
};
```

class C는 class A와 class B의 특성들을 상속받는다. 특성이라 함은 기저 클래스에 포함된 데이터와 연산들을 모두 통틀어 말한다. class A가 잘 만들어진 편집기이고 class B가 번역기이면, class A와 class B를 다중 상속받아 번역기능을 갖춘 편집기인 class C를 만들 수 있다.

다중 상속은 여러 개의 클래스를 상속받음으로써 클래스의 재사용과 코딩의 효율을 높이는 장점이 있지만, 보이지 않는 치명적인 문제를 내포하고 있다. 이 문제 때문에 Java에서는 클래스의 다중 상속을 지원하지 않는다. C++은 다중 상속을 지원한다. 그러나 다음과 같은 코드라면 치명적인 문제가 생긴다.

```
class Top {
public:
    int mode;
        ⋮
};
class A: class Top {
        ⋮
};
class B: class Top {
        ⋮
};
class C : public A, public B {
        ⋮
};
```

상기의 상속 관계에 있는 클래스들에 대해 다음과 같이 main( )을 구성했다면,

```
int main( ){
    C testObj;
        ⋮
    testObj.mode = 5;   // 컴파일 오류
}
```

먼저 class C의 변수들에 대한 기억공간이 생기고, 기저 클래스인 class A의 변수들에 대한 기억공간이 생기고, 그리고 다시 class Top의 변수(mode를 포함해서)들에 대한 기억공간이 생긴다. 뿐만 아니라 다중상속 되었기 때문에 기저 클래스인 class B의 변수들에 대한

기억공간도 생기고, 그리고 다시 class Top의 변수(mode를 포함해서)들에 대한 기억공간도 생긴다. 이렇게 생긴 객체 testObj에 대해서

```
testObj.mode = 5;
```

하면 mode의 공간이 두 개가 생기기 때문에 컴파일 오류가 발생한다.

이런 문제를 원천적으로 차단하기 위해 Java에서는 다중상속을 허용하지 않는다. 하지만 C++은 가상상속(virtual inheritance)을 통해 이 문제를 해결하고 있다. 이것은 파생 클래스의 선언문에서 기저 클래스 앞에 virtual로 선언하는 것이다. 그러면 파생 클래스의 객체가 생성될 때 기저 클래스의 멤버는 오직 한 번만 생성되게 한다. 가상상속은 기저 클래스의 멤버가 중복하여 생성되는 것을 방지해 주는 역할을 한다.

```
class Top {
  public:
     int mode;
        ⋮
  };
  class A: virtual class Top {
     ⋮
  };
  class B: virtual class Top {
     ⋮
  };
  class C : public A, public B {
```

```
      ⋮
   };
```

9.2.5 Java에서의 상속

Java에서의 상속은 C++과 아주 유사하다. extends라는 키워드를 사용해서 기저 클래스를 확장했다는 의미로 사용한다. 다음은 class employee를 기저 클래스로 해서 파생 클래스 permanent를 정의한 것이다.

```
class employee {
protected int annualsalary;
         ⋮
public String getName ( ) { … }
         ⋮
}

class permanent extends employee {
private int bonus;
         ⋮
public void changeBasicSalary( ) { … } {
         ⋮
}
```

9.3 가상 함수와 다형성

가상 함수(virtual funtion)와 다형성(polymorphism)을 이용하여 쉽게 확장할 수 있는 시스템을 설계하고 구현하는 것이 가능하다. 계층 구조에 포함되는 모든 클래스의 객체를 포괄적으로 처리하도록 프로그램을 작성할 수 있다. 프로그램을 개발하는 시점에 존재하지 않았던 클래스들을 전혀 수정하지 않거나 약간의 수정을 통해 포괄적 영역으로 포함될 수 있다. 단, 이러한 클래스들은 포괄적으로 처리되는 계층 구조에 속해 있어야 하고 계층구조에 추가되는 특정 클래스들에 대해 필요한 부분들만 수정하면 된다.

타입이 다른 객체들을 다루는 한 가지 방법은 switch문을 사용해서 각 객체의 타입에 근거해서 그 객체에 적합한 동작을 취하도록 하는 것이다. 예를 들면 자신의 종류를 데이터 멤버로 지정하고 있는 각 도형의 계층 구조에서 switch 구조를 사용하면 특정 객체의 종류에 맞는 print 함수가 불려지는 것을 결정할 수 있다.

switch 논리를 사용하는 것은 문제가 많다. 프로그래머는 테스트를 해야 할 필요가 있을 때에 테스트하는 것을 잊을 수 있다. switch 기반의 시스템이 새로운 타입을 추가함으로써 수정된다면 프로그래머는 기존의 모든 switch문에 case들을 추가하는 것을 잊을 수 있다. 새로운 타입을 다루기 위한 클래스의 모든 추가나 삭제는 시스템의 모든 switch문을 수정하게 한다. 이러한 것을 일일이 검사하는데는 시간이 걸리고 오류가 발생하기 쉽다.

곧 알게 되겠지만, 가상 함수와 다형성 프로그래밍은 switch 논리의 필요를 없애줄 수 있다. 프로그래머는 자동적으로 같은 종류의 논리를 수행하기 위해 가상 함수 메커니즘을 사용할 수 있다. 따라서 switch 논리와 연관된 여러 종류의 고질적인 오류를 피할 수 있게 된다.

9.3.1 가상 함수

기저클래스 Shape로부터 Circle, Triangle, Rectangle, Square 등의 도형 클래스들이 파생되었다고 가정하자. OOP의 입장에서 보면 이러한 각각의 클래스들은 자신들을 그릴 수 있게 할 수 있다. 각 클래스마다 draw 함수를 갖고 있지만 각각의 draw 함수는 서로 다른 것이다. 그것이 무엇이든 상관없이 도형을 그릴 때 기저 클래스 Shape의 객체로서 포괄적으로 이러한 모든 객체들을 다룰 수 있다면 좋을 것이다. 그러면 어떠한 도형을 그릴 때라도 단지 기저 클래스 Shape의 draw 함수를 호출하기만 하고 프로그램이 동적으로 즉, 실행시간에 어떤 파생 클래스의 draw 함수를 사용할 것인지를 결정한다.

이런 종류의 동작이 가능하려면 기저 클래스에 draw를 가상 함수(virtual function)로 선언하고 각각 적절한 도형을 그릴 파생 클래스에 draw를 오버라이드해야 한다. 가상 함수는 기저 클래스 안에서 함수 원형 앞에 virtual이라는 키워드를 붙임으로써 선언된다. 예를 들어,

```
virtual void draw( ) const;
```

와 같은 표현을 기저 클래스 Shape에 둔다. 위의 원형은 draw 함수가 인수가 없고 아무 것도 반환하지 않는 상수(constant) 함수이며 가상 함수라고 선언하고 있다.

만약 기저 클래스에서 draw 함수가 가상 함수로 정의되었고 또 기저 클래스의 포인터나 참조를 파생 클래스 객체를 가리키는 데 사용하고 draw 함수를 포인터(예, shapePtr-〉draw( ))나 참조(reference)를 사용해서 호출한다면 프로그램은 객체의 타입을 근거로 적절한 파생 클래스의 draw 함수를 동적으로 즉, 실행시간에 선택할 수 있다.

이름과 점 선택 연산자(.)를 사용해서 특정 객체를 참조(예, squareObject.draw( )) 함으로써 가상 함수가 호출되면 참조는 컴파일 시간에 결정되고(static binding) 호출된 가상 함수는 그 특정 객체의 클래스를 위해 정의된 것이다.

9.3.2 추상 기저 클래스와 구체 클래스

클래스를 타입으로 생각한다면 그 타입의 객체가 생성될 것이라고 가정한다. 하지만 프로그래머는 어떤 객체도 생성하지 않을 목적으로 클래스를 정의하는 것이 유익한 경우도 있다.

이러한 경우를 추상 클래스(abstract class)라 부른다. 이러한 것은 상속 관계에서 기저 클래스로 사용되기 때문에 일반적으로 추상 기저 클래스(abstract base class)라고 한다. 추상 기저 클래스는 객체를 생성하지 않을 수 있다.

추상 클래스의 유일한 목적은 인터페이스나 구현 또는 모두를 상속하는 클래스에 적절한 기저 클래스를 제공하는 것이다. 객체가 생성될 수 있는 클래스들을 구체 클래스(concrete class)라 한다.

예를 들어 TwoDimensionalShape라는 추상 기저 클래스를 가질 수 있고 Square, Circle, Triangle 등과 같은 구체 클래스를 파생시킬 수도 있다. 또한 TreeDimensionalShape라는 추상 기저 클래스를 가질 수 있고 Cube, Sphere, Cylinder 등과 같은 구체 클래스를 파생시킬 수 있다. 추상 기저 클래스는 실제 객체들을 정의하기에는 너무 포괄적이다. 따라서 객체를 생성할 생각을 하기 전에 좀더 구체화할 필요가 있다. 이것이 구체 클래스(concrete class)들이 하는 것이다. 즉, 객체를 생성하기에 적당하도록 세부 특성을 제공하는 것이다.

클래스의 하나 이상의 가상 함수를 순수(pure)로 선언함으로써 추상 클래스를 만든다. 순수 가상 함수(pure virtual function)는 다음과 같이 그 선언에 = 0이라는 초기값을 붙인 것이다.

```
virtual double earnings( ) const = 0 ;    // pure virtual
```

상속 계층이 항상 추상 클래스를 가져야 할 필요는 없지만, 많은 좋은 객체지향 시스템은 추상 기저 클래스에서 시작하는 클래스 계층을 갖고 있다. 때로는 추상 클래스가 계층 상부의 몇 개의 계층을 구성하기도 한다. 이것의 좋은 예가 도형 계층이다. 계층은 추상 기저 클래스 Shape로 시작될 수 있다. Shape 아래 계층은 TwoDimensionalShape와 ThreeDimensionalShape와 같은 두 개 이상의 추상 기저 클래스를 가질 수 있다. 그 다음 아래 계층은 원과 정사각형과 같은 2차원 도형을 위한 구체 클래스들과 구와 육면체와 같은 3차원 도형을 위한 구체 클래스를 정의하기 시작한다.

9.3.3 다형성

OOP는 다형성(polymorphism)을 지원한다. 다형성이란 상속관계에 의해 연관된 다른 클래스의 객체가 같은 메시지(즉, 멤버 함수 호출)에 다르게 반응하도록 하는 기능이다. 예를 들어 Rectangle 클래스가 Quadrilateral 클래스에서 파생되었다면, Rectangle 객체는 Quadrilateral 객체보다 구체화된 단계이다. Quadrilateral 객체에서 수행될 수 있는 연산(둘레의 길이나 넓이를 계산하는 것과 같은)은 Rectangle 객체에서도 수행될 수 있다.

다형성은 가상 함수를 이용해 구현된다. 기저 클래스 포인터(또는 참조)를 이용해 가상 함수를 이용하려고 하면, 그 객체와 연관된 파생 클래스에서 적절한 오버로드(overload)된 함수를 선택한다. 때때로 가상 함수가 아닌 멤버 함수가 기저 클래스에서 정의되고 파생 클래스에서 오버로드된다. 이러한 멤버 함수가 기저 클래스 포인터를 통해 파생 클래스 객체를 호출하면 기저 클래스 버전이 사용된다. 만약 그 함수가 파생 클래스 포인터를 통해 호출된다면, 파생 클래스 버전이 사용된다. 이것은 비다형적인 행위이다.

Employee 기저 클래스와 HourlyWorker 파생 클래스를 사용하는 예제를 살펴보자.

```
Employee   e, *ePtr = &e;
HourlyWorker   h, *hPtr = &h;
ePtr -> print( );
hPtr -> print( );
ePtr = &h;
ePtr -> print( );
```

여기서, ePtr->print( )는 기저 클래스의 print function를 호출하는 것이 되고, hPtr->print( )는 파생 클래스의 print 함수를 호출하는 것이다. ePtr = &h에 의해 묵시적 형변환이 일어나지만, ePtr->print( )는 여전히 기저 클래스의 print 함수를 호출하는 것이 된다.

Employee 기저 클래스와 HourlyWorker 파생 클래스는 각각 print 함수를 정의하고 있다. 그 함수들이 virtual로 선언되지 않았고 같은 특징(signature)을 갖고 있기 때문에, Employee 포인터를 이용해 print 함수를 호출하면 Employee::print( )가 호출되고, HoulyWorker 포인터를 이용해 print 함수를 호출하면 HourlyWorker::print( )가 호출된다. 예를 들면 기저 클래스 print 함수는 파생 클래스에서도 사용될 수 있지만, 기저 클래스의 print를 파생 클래스 객체를 가리키는 포인터를 통해 호출하려면 다음과 같이 명시적으로 호출해야 한다.

```
hPtr -> Employee::print( );
```

이것은 기저 클래스 print가 호출되도록 명시적으로 지정하는 것이다.

가상 함수와 다형성을 이용하면 한 멤버 함수 호출이 그 호출을 받는 객체의 타입에 따라 다르게 적용되도록 할 수 있다. 이것은 프로그래머에게 굉장한 표현력을 제공한다. 추상 기저 클래스에 대한 객체를 생성할 수는 없지만 추상 기저 클래스에 대한 포인터나 참조를 선언할 수는 있다. 이러한 포인터와 참조는 파생 클래스 객체가 구체 클래스로부터 생성될 때 다양한 조작을 하기 위해 사용될 수 있다.

다형성과 가상 함수의 응용 프로그램에 대해 생각해 보자. 화면 관리자는 화면 관리자가 만들어진 후에 시스템에 추가될 새로운 객체를 포함하여 다른 클래스들의 다양한 객체를 출력해야 한다. 이 시스템은 정사각형, 원, 삼각형, 직사각형, 점, 선 등이 있다고 가정한다. 각 도형 클래스는 기저 클래스 Shape로부터 파생되었다. 화면 관리자는 표시될 모든 객체를 관리하기 위해 기저 클래스 포인터 또는 참조를 사용한다. 상속 계층구조에서 어느 단계에 나타나느냐에 상관없이 어떤 객체라도 화면 관리자는 그 객체에 대한 기저 클래스 포인터(또는 참조)를 사용하고 단지 그 객체에 draw 메시지만 보내면 된다. draw 함수는 기저 클래스 Shape에서 순수 가상으로 선언되었고 각 파생 클래스들에서 오버라이드(override)되었다. 각 Shape 객체는 그 자신을 어떻게 그려야 하는지 알고 있다. 화면 관리자는 각 객체의 타입이 무엇인지, 또 그 객체가 전부터 알고 있던 타입인지 걱정할 필요가 없다. 화면 관리자는 그저 각 객체에 draw를 명령하기만 하면 된다.

다형성은 특히 계층화된 소프트웨어 시스템에 효과적이다. 예를 들면 운영 체제의 각기 다른 종류의 물리적 장치들은 서로 다르게 동작할 것이다. 그럼에도 불구하고 장치에서 데이터를 읽거나 쓰는 명령은 어떤 공통성을 가질 수 있다. 장치 드라이버 객체로 전달된 쓰기 메시지는 그 장치 드라이버와 그 장치 드라이버가 특정 종류의 장치를 어떻게 조작하는지의 문맥에 따라 특수하게 해석되어야 한다. 하지만 쓰기 호출 자체는 시스템의 다른 어떤 장치에 대한 쓰기와 다를 바 없다. 이것은 단지 몇 개의 바이트들을 메모리에서 그 장치로 옮기는 것뿐이다. 객체지향 운영 체제는 모든 장치 드라이버에 적합한 인터페이스를 제공하기 위해 추상 기저 클래스를 사용할 것이다. 장치 드라이버가 제공하는 기능들은 추상 기저 클래스의 순수 가상 함수로 제공된다. 이러한 가상 함수의 구현은 장치 드라이버의 특정 종류와 일치하는 파생 클래스에서 제공된다.

다형적인 프로그래밍에 있어서 프로그램은 클래스 계층 구조의 다양한 수준의 객체에 대한 포인터의 배열과 같은 컨테이너를 통해 동작한다. 그러한 배열의 포인터들은 모두 파생 클래스 객체들에 대한 기저 클래스 포인터일 것이다. 예를 들어 TwoDimensionalShape 클래스의 객체들의 배열은 Square, Circle, Triangle, Rectangle, Line 등의 파생 클래스의 객체에 대한 포인터 TwoDimensionalShape*를 포함할 수 있다. 다형성을 이용하여 그 배열의 각 객체에 그리라는 메시지를 보내면 화면에 정확한 그림이 그려진다.

9.3.4 새로운 클래스들과 동적 바인딩

모든 가능한 클래스들이 미리 알려지지 않았을 때 다형성과 가상 함수들은 훌륭하게 작동한다. 하지만 새로운 종류의 클래스들이 시스템에 추가되었을 때에도 작동한다. 새로운 클래스들은 동적 바인딩에 의해 추가된다. 가상 함수 호출이 컴파일될 때 객체의 타입을 컴파일 시간에 알 필요는 없다. 가상 함수 호출은 실행시간에 호출한 객체의 적합한 멤버 함수와 연결된다.

화면 관리자 프로그램은 이제 새로운 종류의 객체가 시스템에 추가되면 다시 컴파일 될 필요없이 그 객체를 표시할 수 있다. draw 함수 호출은 종전과 같다. 새로운 객체들이 실제로 그리는 기능을 포함하고 있다. 이러한 점이 최소한의 영향으로 새로운 기능을 추가하는 것을 쉽게 한다. 이것은 또한 소프트웨어 재사용을 증진시킨다.

동적 바인딩은 독립적 소프트웨어 공급자들(ISV; independent software vendor)이 재산 가치가 있는 비밀들을 드러내지 않고 소프트웨어를 공급할 수 있도록 해준다. 공급되는 소프트웨어는 헤더 파일들과 목적 파일들만으로 구성될 수 있다. 소스코드는 꼭 public이 될 필요는 없다. 그리고 소프트웨어 개발자들은 ISV들이 공급한 것에서 새로운 클래스들을 파생시키기 위해 상속을 이용할 수 있다. ISV들이 공급한 클래스들이 작동하는 소프트웨어는 파생된 클래스들도 마찬가지로 작동할 것이고 그러한 클래스들에 제공된 오버라이드된 가상 함수들을 동적 바인딩을 통해 사용할 것이다.

9.3.5 가상 소멸자

클래스 계층 구조에서 동적으로 할당된 객체들을 처리하기 위해 다형성을 사용하면 문제가 발생할 수 있다. 만약 어떤 가상 소멸자를 갖고 있지 않은 객체가 그 객체에 대한 기저 클래스 포인터를 delete

연산자를 적용해서 명시적으로 파괴하면 기저 클래스의 소멸자 함수가 그 객체에 대해 호출된다. 이러한 현상은 기저 클래스 포인터가 가리키고 있는 객체의 타입이 무엇이든 간에 그리고 각각의 클래스의 소멸자가 다른 이름을 갖고 있다는 사실에도 불구하고 발생하게 된다.

이러한 문제에 대한 간단한 해결책이 있다. 가상 기저 클래스 소멸자를 선언하는 것이다. 이렇게 하면 기저 클래스의 소멸자와 이름이 다르더라도 모든 파생 클래스의 소멸자를 가상 함수로 만든다. 이제 계층 구조의 한 객체를 파생 클래스 객체에 대한 기저 클래스 포인터를 delete 연산자를 적용해서 명시적으로 파괴하면 적합한 객체에 대한 소멸자가 호출된다. 파생 클래스 객체가 파괴될 때 파생 클래스 객체의 기저 클래스 부분도 파괴된다는 것을 기억하라. 기저 클래스 소멸자는 파생 클래스 소멸자가 실행된 후에 자동으로 실행된다.

9.3.6 C++로 구현한 다형성

```
class student {
private:
    char *name;
protected:
    int scorecomputer;
    int scorekoreann;
public:
    student(char *na, int computer, int korean) {
        name = new char[strlen(na)+1];
```

```
        strcpy(name, na);
        scorecomputer = computer;
        scorekorean = korean;
    }
    ~student( ) {
        delete [ ]name;
    }
    char* getName( ) {
        return name;
    }
    virtual int getAverage( ) = 0;
};
class firstGrade : public student {
private:
    int scoremath;
public:
    firstGrade(char *na, int computer, int korean, int math) :
                student(na, computer, korean) {
        scoremath = math;
    }
    int getAverage( ) {
        return (scorecomputer + scorekorean + scoremath) / 3;
    }
};
class secondGrade : public student {
private:
    int scorescience;
    int scoremoral;
public:
```

```
    secondGrade(char *na, int computer, int korean, int science,
                int moral) :    student(na, computer, korean) {
        scorescience = science;
        scoremoral = moral;
    }
    int getAverage( ) {
        return (scorecomputer + scorekorean + scorescience
                        + scoremoral) / 4;
    }
};
class thirdGrade : public student {
private:
    int scoreenglish;
    int scorehistory;
public:
    thirdGrade(char *na, int computer, int korean, int english,
            int history) : student(na, computer, korean) {
        scoreenglish = english;
        scorehistory = history;
    }
    int getAverage( ) {
        return (scorecomputer + scorekorean + scoreenglish
                        + scorehistory) / 4;
    }
};
```

9.3.7 Java로 구현한 다형성

```
class student {
    private String name;
    protected int computer;
    protected int korean;
    public student( ) {}
    public student(String name, int computer, int korean) {
        this.name =  name;
        this.computer = computer;
        this.korean = korean;
    }
    public String getName( ) {
        return name;
    }
    public int getAverage( ) {
        return (computer + korean ) / 2;
    }
}
class firstGrade extends student {
    private int math;
    public firstGrade(String name, int computer, int korean, int math)
   {
        super(name, computer, korean);
        this.math = math;
    }
    public int getAverage( ) {
        return (computer + korean + math) / 3;
    }
```

```
}
class secondGrade extends student {
    private int science;
    private int moral;
    public secondGrade(String name, int computer,
                                  int korean, int science, int moral) {
      super(name, computer, korean);
      this.science = science;
      this.moral = moral;
    }
    public int getAverage( ) {
      return (computer + korean + science + moral) / 4;
    }
}
class thirdGrade extends student {
    public thirdGrade(String name, int computer, int korean) {
      super(name, computer, korean);
    }
}
```

연습문제

9.1 다음의 Point, Circle, Cylinder는 상속 관계로 계층구조를 이룬다. 상위의 클래스는 공통된 특성을 갖는다고 했다. Point는 Circle에 대해 어떤 공통된 특성을 가지고 있는가? 또 Circle은 Cylinder에 대해 어떤 공통된 특성을 가지고 있는가?

```
class Point {
public:
  Point( int = 0, int = 0 );
  void setPoint( int, int );
  int getX( ) const { return x; }   // x 좌표 구하기
  int getY( ) const { return y; }   // y 좌표 구하기
protected:
  int x, y;            // Point의 좌표
};

class Circle : public Point {
public:
  Circle( doubel r = 0.0, int x = 0, int y= 0 );
  void setRadius( double );
  double getRadius( ) const;     // 반지름 구하기
  double area( ) const;          // 면적 구하기
protected:
  double redius;   // Circle의 반지름
};
```

```
class Cylinder : public Circle {
public:
   Cylinder( double h = 0.0, double r = 0.0, int x = 0, int y = 0 );
   void setHeight( double );
   double getHeight( ) const;    // 높이 구하기
   double area( ) const;         // 면적 구하기
   double volume( ) const;       // 부피 구하기
protected:
   double height;                // Cylinder의 높이
};
```

9.2 상속으로 작성된 모든 프로그램은 포함(composition)으로 해결될 수 있으며 그 반대의 경우도 성립한다. 문제 9.1의 프로그램을 상속 대신에 포함을 사용하여 다시 작성하시오.

9.3 Shape가 최상위에 존재하고 그 아래로 TwoDimensional Shape와 ThreeDimensional-Shape가 존재하는 계층구조를 정의하고자 한다. 그러나 Shape는 클래스가 아닌 인터페이스로 정의하고 TwoDimensionalShape와 ThreeDimensionalShape도 추상 클래스로 정의하려 한다. 형(type 즉, 클래스명)과 각 클래스의 차원(몇 차원인지)을 출력하는 버추얼 print( ) 함수를 정의하시

오. 또한 TwoDimensionalShape에는 버추얼 함수 area( )를 포함시켜 면적을 구하도록 하고, ThreeDimensionalShape에는 버추얼 함수 volume( )을 포함시켜 부피를 계산하는 프로그램을 작성하시오. Shape 계층구조를 구동하는 main( )을 작성하시오.

CHAPTER

10

함수언어

CHAPTER 10 | 함수언어

10.1 소개

본 교재의 앞부분은 주로 명령형 언어(imperative language)에 관한 것이다. 명령형 언어들은 폰 노이만(von Neumann)의 컴퓨터 구조에 맞추어져 있기 때문에, 소프트웨어 개발 측면보다는, 폰 노이만 컴퓨터 구조를 효율적으로 사용하는데 초점이 맞추어져 있다.

함수언어는 수학적 함수에 기초한 언어이다. 그래서 프로그램을 수행하는 기계의 아키텍처 보다는 사람들의 사고 개념과 좀더 가깝다. 수학적 함수는 정의역(domain set)이라는 집합의 원소를 치역(range set)이라는 집합으로 사상(mapping)하는 것이다. 수학 함수의 특징 중 하나는 사상 표현식을 계산하는 순서가 순차적이거나 반복적이지 않고, 재귀(recursion)을 근거로 한다는 것이다. 또한 메모리에 있는 값을 가져와서 그것들에 대한 연산들을 통해 결과를 생산하는 것이 아니라, 매개변수를 값에 사상한다.

함수 정의는 함수 이름, 매개변수, 사상 표현식의 순서로 작성된다. 예를 들면,

```
cube(x) = x * x * x
```

와 같다. cube가 함수 이름, x가 매개변수이다.

명령형 언어에서는 x를 변수라고 해서 값이 바뀌고 그 값은 메모리에 저장된다. 그러나 수학적 함수에서는 함수식이 평가되는 동안 특정한 원소를 나타내도록 고정된다.

Alozo Church는 1941년 람다식(lambda expression)을 고안하였다. 이것은 이름없는 함수와 같다. 단지 매개변수와 사상 표현식만 명시한다. 예를 들면,

다음과 같다.

```
λ(x) x * x * x
```

이것은 함수 cube (x) = x * x * x 와 같다. 람다식에서는 매개변수에 적용해야 할 값을 다음과 같이 표현식 뒤에 적어준다.

```
(λ(x) x * x * x) (2)
```

결과는 8이 된다.

고차함수(higher-order function) 즉, 함수적 형태(functional form)라는 것은 함수를 매개변수로 취하거나 혹은 함수를 결과로 만들어

내는 것이다. 그 두 가지 모두가 해당될 수도 있다. 가장 일반적인 함수적 형태는 두 개의 함수를 매개변수로 취하여 두 번째 실 매개변수 함수의 결과에 첫 번째 실 매개변수 함수를 적용한 결과로 함수를 산출하는 것이다. 이것을 합성함수(function composition)라고 한다.

합성함수는 ∘를 연산자로 사용하여 다음과 같이 작성한다.

$$h = f \circ g$$

이 뜻은 h (x) = f (g (x)) 이다. 예를 들어, f (x) = x + 2 이고 g (x) = 3 * x 라면, h는

$$h(x) = f(g(x))$$

과 같이 되고 이것은 h(x) = (3 * x)+ 2 이다.

매개변수로 단일 함수와 매개변수 리스트를 취해, 주어진 함수를 매개변수 리스트의 각 원소에 적용한 결과를 리스트로 산출하는 함수적 형태도 있다. 이것을 apply-to-all 함수라고 하고, ρ로 나타낸다. 프로그래밍 언어에서는 map 함수라고 한다. 만약 h(x)가

$$h(x) = x * x$$

과 같으면, ρ(h, (2, 3, 4))이고 이것은 (4, 9, 16)를 산출한다.

함수언어의 목적은 이런 수학적 함수를 최대한 모방하는 것이다. 이것은 명령형 언어의 계산 과정과는 근본적으로 다르다. 명령형 언어에서는 결과가 변수에 저장되었다가 나중에 다시 사용된다. 명령

형 언어에서는 변수의 관리가 지속적인 관심이 되고 복잡도를 증가시키는 요인이 된다.

함수언어에서는 변수나 할당문을 사용하지 않는다. 변수가 없으면 반복문도 있을 수 없다. 함수에 대한 결과는 동일한 매개변수가 주어지면 항상 동일한 결과를 생산한다. 이것을 참조 투명성(referential transparency)이라고 한다. 그리고 함수언어는 부작용(side-effect)를 발생하지 않고 단지 입력을 받아들여 출력을 구한다.

함수언어에는 LISP, Scheme, ML, Haskell, F# 등 여러 가지가 있다. 제일 최초에 만들어진 함수언어가 LISP이다. 1959년 John McCarthy에 의해 만들어진 LISP는 이후 많은 변종들이 탄생하게 되었다. LISP 변종들은 명령형 언어처럼 변수, 할당문, 반복문처럼 명령형 언어의 특징을 포함하지만, 함수언어의 기본 개념들은 여전히 유지하고 있다. 본 교재에서는 함수언어 교육에 많이 활용되는 Scheme 중심으로 살펴보고자 한다.

10.2 Scheme

Scheme은 1975년 MIT에서 함수언어를 교육하시 위하여 LISP의 변종으로 개발되었다. Common LISP와 유사하지만, Common LISP보다 더 간단하다. Scheme의 특징은 정적 영역(static scoping) 규칙만을 사용하고, 함수는 일계(first-class) 개체로서, 표현식의 값이 될 수도 있고, 리스트의 요소도 될 수 있고, 변수에 할당될 수도 있고, 매개변수로 전달될 수도 있다.

Scheme 인터프리터는 리스트 형태의 식에 대해 읽기-평가-쓰기(read-evaluate-write)를 반복한다. 이 말은 사용자가 작성한 표현식을 읽고, 해석하고, 결과 값을 디스플레이 한다는 뜻이다. 먼저 각 매개변수는 특정한 순서없이 평가된다. 그런 다음 매개변수의 값들이 함수의 바디 내에 전달되고, 함수가 수행된다. 그 결과가 인터프리터에 의해 디스플레이 된다. 최근 Racket 언어로 발전하게 되었다.

Scheme을 사용하기 위해서는 http//racket-lang.org/download에서 DrRacket 다운받고 실행하면 된다. 언어설정은 왼쪽 아래에"use the lang. declared in the source"라는 버튼이 있다. 코딩 창의 첫 줄에 "#lang scheme"이라고 적고, 둘째 줄부터 코딩하면 된다. 코딩 후, F5 혹은 Run으로 실행한다.

10.2.1 기본적인 수치함수

아주 간단한 함수를 예로 들면 다음과 같다.

```
〉 (+ 3 7)
Value: 10
```

Scheme은 식(expression)으로 이루어진다. 식은 원자(atom)와 리스트(list)로 구분되며, 원자의 종류는 숫자, 스트링, boolean, 문자, id가 있다. 숫자는 21, 3.14과 같은 것이며, 스트링은 "hello", boolean은 #t, #f, 문자는 #₩a, id는 X, + 와 같은 것들을 예로 들 수 있다. 리스트는 식들을 괄호로 둘러싼 것으로써 다음 예와 같다.

```
〉(+ 1  3)
Value: 4
〉(* ( + 2 4)  (-6  2))
Value: 24
```

기본적인 수치함수로 +, -, *, /, ABS, SQRT, REMAINDER, MIN, MAX 와 같은 것들이 있다. 그 중 +, -, *, / 는 두 개 이상의 매개변수를 가진다. 예를 들어

```
〉( + 2  4  6 )
Value: 12
〉( -  13  7  2 )
Value: 4
```

과 같다.

리스트는 식들을 괄호로 둘러싼 것이라고 했다. 그래서 수로만 이루어진 리스트 (1 3 5)도 있다. 그러나 Scheme 인터프리터가 리스트 형태의 식을 읽으면 평가를 시도할 수 있기 때문에 quote를 사용해서 평가하는 것을 막을 수 있다. quote는 매개변수를 받아서 매개변수에 대한 평가없이 그 자체 그대로 반환하는 것이다.

```
〉(quote (1  3  5))
Value: (1  3  5)
```

(quote (A B))는 '(A B)로 쓸 수도 있다.

10.2.2 함수정의

1) define문

함수언어는 작은 함수들을 미리 만들어 놓고 그 함수들을 사용해서 더 큰 함수를 만들어가는 방식이다. 이것이 1절에서 언급한 합성함수를 실현하는 방식이다. 예를 들어 정렬되지 않은 리스트에서 가장 작은 값의 데이터를 추출하는 과정은, 오름차순으로 정렬하는 sort 함수와 리스트에서 가장 앞에 구하는 first 함수를 정의한 다음 다음과 같이 합성하면 된다.

```
〉 (define list  '(X1, X2,  ..., Xn))
〉 (first  (sort  list))
```

여기서 define문은 이름을 값으로 정의하거나 함수를 정의할 수 있도록 하는 것이다. 예를 들어 이름 x를 값 21로 정의하자면

```
(define  x  21)
```

라고 하면, x를 21로 정의한 것이다. 다음과 같이 실행하면 21이 반환한다.

```
〉 x
Value: 21
```

다음은 square 함수를 정의한 예이다.

```
(define (square x) (* x x))
```

square를 정의한 후에 다음과 같이 실행하면 25가 반환된다.

```
> (square 5)
Value: 25
```

다음은 원의 넓이를 구하는 circlearea 함수 정의한 것이다. 먼저 원주율에 해당하는 pi 정의하고, 또 square 정의를 정의한다.

```
> (define pi 3.14159265)
> (define (square x) (* x x))
```

pi와 square를 이용하여 circlearea 정의를 정의한다.

```
> (define (circlearea radius)
        (* pi (square radius) ))
```

다음과 같이 실행하면 결과 78.53981625를 얻을 수 있다.

```
> (circlearea 5)
Value: 78.53981625
```

2) 람다 식(lambda expression)

람다 식(lambda expression)이란 이름을 부여하지 않고 함수를 생성하는 식이다. 이와 같이 생성된 함수 무명 함수(anonymous function)라고 한다. 예를 들어, x의 제곱을 반환하는 무명 함수는 다음과 같다.

```
(lambda (x)  (* x x))
```

매개변수 x에 5라는 값을 부여하면 다음과 같이 평가된다.

```
> ((lambda (x)  (* x x) ) 5)
Value: 25
```

define을 이용하면 다음과 같이 무명 함수에 이름을 부여할 수 있다.

```
(define square (lambda (x)  (* x x) ))
(define (square x)  (* x x) )
```

3) let 함수

let 함수는 식의 값에 임시로 이름을 바인딩하는 것이다. 다음과 같이 let을 사용하면 식1의 값에 이름1이, 식2의 값에 이름2가, …, 그리고 식n의 값에 이름 n이 바인딩되고, let 본체에 해당하는 식 {식}이 실행된다.

```
(let (
    (이름1 식1)
    (이름2 식2)
```

```
       ⋮
    (이름n 식n))
    식 {식} )
```

예를 들어 다음과 같이 let 함수를 작성하면 7에 x라는 이름이, 10에 y라는 이름이 임시로 바인딩되고, let 본체에 해당하는 식인 (+ x y)에서 x와 y값이 사용되어 더하기 연산이 수행된다.

```
〉 (let ((x 7) (y 10)) (+ x y))
Value: 17
```

그러나 let 영역을 벗어나면 이름이 유지되지 않는다. 예를 들어 다음과 같이 하면 오류이다.

```
〉 x    … 오류
```

4) 입출력 함수

'읽기-평가-쓰기'의 과정을 통해 평가한 결과를 출력하는 것이다. 일반적으로는 다음과 같이 display 함수를 사용하여 매개변수를 출력한다. newline은 줄을 건너 뛰는 것이다.

```
(display expression)
(newline)
```

예를 들어,

```
〉(display 21)
21
〉(display "hello")
hello
```

define문은 다음과 같이 출력된다.

```
〉(define x 21)
Value: x
```

x의 값을 출력하고 싶으면 display 하여야 한다.

```
〉(display x)
21
```

그러나 다음 수식 같은 경우는 display 하지 않아도 결과를 볼 수 있다.

```
〉(+ 2 3)
Value: 5
```

read 함수는 키보드에서 친 내용을 입력하는 것이다.

```
〉(read)
123    … 입력
Value: 123
```

예를 들어, 키보드에서 입력한 내용인 7을 x의 값으로 정의하고, x의 값을 출력하고 싶으면 다음과 같이 하면 된다.

```
〉 (define x (read))
7   … 입력
Value: x
〉 x
Value: 7
```

10.2.3 리스트 함수

리스트 함수(list function)란 리스트 처리를 위한 함수이다. LISP도 LISt Processing 이라는 약자이다. 리스트 처리를 위하여 여러 가지 기본적인함수를 만들어 두었다. car는 리스트의 첫 번째 원자를 반환한다. cdr는 리스트에서 car를 제거한 후 나머지를 반환한다. cons 첫 번째 매개변수를 두 번째 매개변수의 새로운 car로 삽입한다. list 여러 개의 원자를 리스트로 만든다.

1) car

예를 들어,

```
〉 (car '(1 3 5))
Value: 1
```

는 리스트 (1 3 5)에서 첫 번째 원자인 1을 반환하는 예이다. 다음은 리스트 ((1 3) 5 7)에서 첫 번째 원자인 (1 3)을 반환하는 예이다.

```
〉 (car '((1 3) 5 7))
Value: (1 3)
```

다음 예는 1이 리스트가 아니므로 오류이다.

```
〉 (car 1)    … 오류
```

다음과 같은 예도 들 수 있다.

```
〉 (car '(A B C))
Value: A
〉 (car '((A B) C D))
Value: (A B)
```

2) cdr

cdr는 리스트에서 car을 제거한 후 나머지를 반환하는 함수이다. 예를 들어 다음은 리스트 (1 3 5)에서 car인 1을 제거한 나머지인 (3 5)를 반환한다.

```
〉 (cdr '(1 3 5))
Value: (3 5)
```

다음은 리스트 ((1 3) 5 7)에서 car인 (1 3)을 제거한 나머지인 (5 7)을 반환하는 예이다.

```
〉(cdr '((1 3) 5 7))
Value: (5 7)
```

다음의 예에서 1이 리스트가 아니므로 오류이다.

```
〉(cdr 1)    … 오류
```

리스트의 내용을 문자로 바꾸어 다음과 같은 예도 만들 수 있다.

```
〉(cdr '(A B C))
Value: (B C)
〉(cdr '((A B) C D))
Value: (C D)
```

car와 cdr를 이용해서 새로운 함수를 정의할 수도 있다. 다음은 second 함수로 정의한 예이다.

```
〉(define (second lst) (car (cdr lst)))
Value: second
〉(second '(1 3 5))
Value: 3
```

car와 cdr가 연속으로 나오면, 예를 들어서 (car (cdr '(A B C))) 이면

```
〉(cadr '(A B C))
Value: B
```

로 줄여서 쓸 수 있다.

3) cons

cons는 첫 번째 매개변수를 두 번째 매개변수의 새로운 car로 삽입하는 것이다. 첫 번째 매개변수는 원자거나 리스트가 될 수 있지만, 두 번째 매개변수는 반드시 리스트여야 한다. 다음 예를 보면, 첫 번째 매개변수인 1을 두 번째 매개변수인 (2 3)의 새로운 car로 삽입하여 (1 2 3) 리스트를 반환한다.

```
〉 (cons 1 '(2 3))
Value: (1 2 3)
```

다음 예는 (2 3 4)로 정의된 lst에 1을 새로운 car로 삽입하는 예이다.

```
〉 (define lst '(2 3 4))
Value: lst
〉 (cons 1 lst)
Value: (1 2 3 4)
```

첫 번째 매개변수인 (1 2)를 두 번째 매개변수인 리스트 (3 4)의 새로운 car로 삽입하는 예를 보자.

```
〉 (cons '(1 2) '(3 4))
Value: ((1 2) 3 4)
```

숫자가 아닌 문자로 된 리스트의 예도 들어보자.

```
> (cons 'A '(B C))
Value: returns (A B C)
```

4) list

list는 여러 개의 원자를 리스트로 만드는 함수이다. 예를 들어 원자 1, 2, 3을 리스트 (1 2 3) 으로 만들기 위해서 다음과 같이 하면 된다.

```
> (list 1 2 3)
Value: (1 2 3)
```

다음은 (1 2)와 (3 4)를 하나의 리스트로 만드는 예이다.

```
> (list '(1 2) '(3 4))
Value: ((1 2) (3 4))
```

만약에 list가 아니라 cons 이면

```
> (cons '(1 2) '(3 4))
Value: ((1 2) 3 4)
```

가 된다.

10.2.4 술어 함수(predicate function)

술어함수는 불린 값을 반환하는 함수이다. 참이면 #t를, 거짓이면

( )를 반환한다. #t는 true 이고, ( )는 false를 의미한다. 대표적인 술어 함수는 다음과 같다.

함수	의미
=	두 매개변수가 같으면 #t를 반환하고, 그렇지 않으면 ( )를 반환한다.
〉	첫 번째 매개변수가 두 번째 매개변수보다 크면 #t를 반환하고, 그렇지 않으면 ( )를 반환한다.
〈	첫 번째 매개변수가 두 번째 매개변수보다 작으면 #t를 반환하고, 그렇지 않으면 ( )를 반환한다.
〉=	첫 번째 매개변수가 두 번째 매개변수보다 크거나 같으면 #t를 반환하고, 그렇지 않으면 ( )를 반환한다.
〈=	첫 번째 매개변수가 두 번째 매개변수보다 작거나 같으면 #t를 반환하고, 그렇지 않으면 ( )를 반환한다.
even?	매개변수가 짝수면 #t를 반환하고, 그렇지 않으면 ( )를 반환한다.
odd?	매개변수가 홀수면 #t를 반환하고, 그렇지 않으면 ( )를 반환한다.
zero?	매개변수가 0이면 #t를 반환하고, 그렇지 않으면 ( )를 반환한다.
eq?	두 매개변수가 원자이고 같으면 #t를 반환하고, 그렇지 않으면 ( )를 반환한다.
null?	매개변수가 공 리스트이면 #t를 반환하고, 그렇지 않으면 ( )를 반환한다.
list?	매개변수가 리스트이면 #t를 반환하고, 그렇지 않으면 ( )를 반환한다.

예를 들어 x를 11로 정의하고, 11로 정의된 x가 11과 같은 지 물으면, #t를 반환한다.

```
〉(define x 11)
Value: x
〉(= x 11)
Value: #t
```

다음과 같이 물으면, x가 11보다 크지 않으므로 ( ) 반환, x가 15보다 작으므로 #t를 반환한다.

```
〉(〉 x 11)
Value: ( )
〉(〈 x 15)
Value: #t
```

x가 짝수인지, 홀수인지를 파악하기 다음과 같이 물을 수 있다.

```
〉(even? x)
Value: ( )
〉(odd? x)
Value: #t
```

주어진 값이 0인지 파악하기 위해서는 zero?를 사용하면 된다.

```
〉(define y 0)
Value: y
〉(zero? y)
Value:  #t
```

비슷하게 리스트가 null인지 파악하기 위해서는 null?을 사용하면 된다.

```
〉 (null? '( ))
Value: #t
〉 (null? '(1 3))
Value: ( )
```

eq?는 두 매개변수가 같은 원자이면 #t를 반환하고, 아니면 ( )를 반환한다. 즉,

```
〉 (eq? 'A 'A)
Value: #t
〉 (eq? 'A 'B)
Value: ( )
```

과 같이 된다. 만약에 eq?의 매개변수 둘 중 어느 하나라도 리스트이면 ( )이 된다. 그리고 매개변수가 수치 원자일 경우에는 작동하지 않는다.

list?는 매개변수가 리스트이면 #t를 반환하고, 그렇지 않으면 ( )를 반환한다. 예를 들면 다음과 같다.

```
〉 (list? '(1 3))
Value: #t
〉 (list? '1)
Value: ( )
〉 (list? '( ))
```

```
Value: #t
```

10.2.5 제어구조

프로그램 실행 순서를 제어하는 구조로 세 가지가 있다. 조건구조로써 if 함수와 cond 함수가 있고, 반복 구조로써 재귀(recursion)이 있다.

1) if 함수

if 함수의 형식은 (if 조건 식1 식2) 와 같다. 조건이 참이면 식1을, 거짓이면 식2를 실행하는 함수이다. 예를 들어

```
> (if (> 3 2) 'yes 'no)
Value: yes
```

는 조건 (> 3 2)가 참이면 'yes'가, 거짓이면 'no'가 반환된다.

```
> (define x 7)
> (define y 10)
> (if (> x y)
      (- x y)
      (- y x))
Value: 3
```

는 7인 x가 10인 y보다 크지 않으므로 (- y x)인 3을 반환한다.

```
〉 (define (test x)
          (if (〉 = x 70)
          (display "pass")
          (display "fail"))
  )
〉 (test 75)
pass
```

는 test의 매개변수 x가 70보다 크거나 같으면 'pass'를 출력하고, 그렇지 않으면 'fail'을 출력하는 함수이다.

```
〉 (define (difference x y)
    (if ( 〉 x y)
    (- x y)
    (- y x))
   )
〉 (difference 7 10)
Value: 3
〉 (difference 10 7)
Value: 3
```

는 difference의 x와 y의 차이를 구하는 함수로써, x가 y보다 크면 x에서 y를 뺀 값을, 그렇지 않으면 y에서 x를 뺀 값을 반환한다. 그래서 두 경우의 결과가 같다.

factorial 함수를 정의하면 다음과 같다.

```
〉 (define (factorial n)
        (if ( 〈= n 1)
```

```
            1
            (* n factorial (- n 1)))
    ))
```

2) cond 함수

cond 함수는 조건1이 참이면 식1이 반환되고, 조건1이 거짓이고 조건2가 참이면 식2가 반환된다. 어떤 조건도 참이 아니면 else 절의 식인 식n이 반환된다.

```
(cond
    (조건1 식1)
    (조건2 식2)
         ⋮
    (else 식n))
```

예를 들어, 다음 문장은 age가 6보다 작거나 같으면 0을, 그렇지 않고 60보다 작으면 5000을, 두 조건 모두 거짓이면 2500을 반환하는 것이다. 만약 age가 5이면 0을 반환한다.

```
> (define age 5)
> (cond
      ((< = age 6) 0)
      ((< age 60) 5000)
      (else 2500)
  )
```

```
Value: 0
```

예를 들어, age(나이)에 따른 입장료를 계산하는 admissionfee 함수를 다음과 같이 정의하면,

```
〉 (define (admissionfee age)
       (cond
           ((〈 = age 6) 0)
           ((〈 age 60) 5000)
           (else 2500))
   )
〉 (admissionfee 65)
Value: 2500
```

age가 65일 때, else문이 수행되어 결과 2500을 반환한다.

다음 예는 compare의 x와 y 값의 크기를 비교하여 그 내용을 출력하는 함수이다.

```
〉 (define (compare x y)
      (cond
          ((〉 x y) (display x)
             (display " is greater than ")
             (display y)
             (newline))
          ((〈 x y) (display y)
             (display " is greater than ")
```

```
              (display x)
              (newline))
            (else   (display x)
              (display " and ")
               (display y)
              (display " are equal")
              (newline)))
    )
〉 (compare 20 30)
30 is greater than 20
〉 (compare 30 10)
30 is greater than 10
```

앞의 compare 함수에 키보드로부터 직접 두 개의 값을 입력받도록 하는 기능을 추가하면, 다음과 같이 변경할 수 있다.

```
〉 (define (compare)
     (display "input two integer: ")
     (newline)
     (define x (read))
     (define y (read))
     (cond
        ((〉 x y) (display x)
           (display " is greate than ")
           (display y)
           (newline))
        ((〈 x y) (display y)
           (display " is greater than ")
```

```
                (display x)
                (newline))
              (else (display x)
                (display " and ")
                (display y)
                (display " are equal")
                (newline)))
        )
〉 (compare)
input two integer:
7  ··· 입력한 값
11  ··· 입력한 값
11 is greater than 7
```

3) 재귀(recursion)

factorial 함수는 앞에서도 봤지만, 다음과 같이 재귀가 사용된다.

```
〉 (define (factorial n)
        (if (= n 0)
            1
            (* n (factorial (- n 1))))
   )
〉 (factorial 3)
Value: 6
```

다음 adder 함수는 lst에 속한 원자의 합을 구하는 함수로 lst가 공리스트면 0을 반환하는 함수이다.

```
〉(define (adder lst)
        (if (null? lst)
            0
            (+ (car lst) (adder (cdr lst))))
  )
〉(adder '(1 2 3))
Value: 6
```

그러나 다음과 같이 하면 (2)가 리스트이기 때문에 오류이다.

```
〉(adder '(1 (2) 3))  … 오류
```

이 문제를 해결하기 위해서 adder를 다음과 같이 수정해야 한다.

```
〉(define (adder lst)
      (cond
          ((null? lst) 0)
          ((list? (car lst)) (+ (adder (car lst)) (adder (cdr lst))))
          (else (+ (car lst) (adder (cdr lst)))))
  )
〉(adder '(1 (2) 3))
Value: 6
```

10.2.6 Scheme 예제 프로그램

다음은 원자를 리스트에 삽입하는 insert 함수의 예이다.

```
(define (insert atm lst)
    (cond
        ((null? lst) (cons atm '( )))
        ((< atm (car lst)) (cons atm lst))
        (else (cons (car lst) (insert atm (cdr lst)))))
)
```

insert 함수를 이용해서 lst의 데이터를 정렬하는 sort 함수를 정의하면 다음과 같다.

```
(define (sort lst)
    (if (null? lst)
        '( )
        (insert (car lst) (sort (cdr lst))))
)
```

만약에 이것을 실행하고자 하면 다음과 같이 하면 된다.

```
> (sort '(3 7 5 1 9))
Value: (1 3 5 7 9)
```

유명한 하노이탑(Hanoi tower) 프로그램은 다음과 같이 작성할 수 있다.

```
(define (hanoi n a b c)
    (cond
        ((= n 1)
```

```
          (display " move ")
          (display n)
          (display " from ")
          (display a)
          (display " to ")
          (display c)
          (newline))
        (else
          (hanoi (- n 1) a c b)
          (display " move ")
          (display n)
          (display " from ")
          (display a)
          (display " to ")
          (display c)
          (newline)
          (hanoi (- n 1) b a c)))
)
```

이것을 실행하면 다음과 같은 결과를 얻을 수 있다.

```
> (hanoi 3 "left" "middle" "right")
move 1 from left to right
move 2 from left to middle
move 1 from right to middle
move 3 from left to right
move 1 from middle to left
move 2 from middle to right
move 1 from left to right
```

member 함수는 주어진 원자가 리스트의 원소인지 아닌지를 테스트하는 함수이다. 매개변수로 원자와 단순 리스트(simple list)를 취한다. 단순 리스트란 리스트의 원소로 원자만으로 구성된 리스트를 말한다.

```
(define (member atm lis)
        (cond
              ((null? lis) '( ))
              ((eq? atm (car lis)) #t)
              ((else (member atm (cdr lis)))
))
```

다음 equalsimp 함수는 두 개의 주어진 단순 리스트가 동등한지를 테스트하는 함수이다. 매개변수로 두 개의 단순 리스트를 취한다.

```
(define (equalsimp lis1 lis2)
        (cond
              ((null? lis1) (null? lis2))
              ((null? lis2) '( ))
              ((eq? (car lis1) (car lis2))
                    (equalsimp (cdr lis1)(cdr lis2)))
              (else '( ))
))
```

이것을 일반 리스트를 비교하는 equal 함수로 바꾸면 다음과 같다. 일반 리스트는 한 리스트 네에 다른 리스트가 원소로 들어갈 수 있는 리스트를 말한다.

```
(define (equal lis1 lis2)
        (cond
              ((not (list? lis1))(eq? lis1 lis2))
              ((not (list? lis2)) '( ))
              ((null? lis1) (null? lis2))
              ((null? lis2) '( ))
              ((equal (car lis1) (car lis2))
                     (equal (cdr lis1)(cdr lis2)))
              (else '( ))
))
```

이것이 앞의 equalsimp 함수와 다른 점을 좀더 자세히 설명할 필요가 있다. 세 번째와 네 번째 라인은 "lis1(혹은 lis2)이 리스트가 아니면"하고 묻는다. 이것은 ((atom lis1) ...)과 같은 것이다. lis1이 원자이면 eq?를 통해서 같은 원자인지를 검사한다. 그러니까 7번째 라인의 ((equal ...))은 리스트이면서 null이 아닌 경우에 수행하게 된다. ((equal ...)) 이 수행되면 car를 통해서 lis1과 lis2의 첫 번째 요소들끼리 비교하게 하고, cdr를 통해서 첫 번째 요소를 제외한 나머지들을 비교하게 한다. 이와 같이 car와 cdr 두 부분으로 나누어 분할 정복(divide and conquer) 하는 것이다.

여기서 잠깐 다음 LISP와 비교해 보자. 매개변수를 작성하는 방법이 약간 다르다. 그리고 (not (list? ...)) 라고 하는 대신 (ATOM lis1) ... 라고 했다. (null? lis1) ... 이 빠진 이유는 ATOM이 null도 포함하기 때문이다. car, cdr로 자르다가 null을 만나게 되면 ATOM에서 true를 반환할 수 있기 때문이다.

```
(DEFUN equal (lis1 lis2)
        (COND
              ((ATOM lis1) (EQ lis1 lis2))
              ((ATOM lis2) NIL)
              ((equal (CAR lis1) (CAR lis2))
                      (equal (CDR lis1) (CDR lis2)))
              (T NIL)
))
```

만약에 다음과 같이 호출하면

```
> (equal '((A B) C D) '((A B) C D))
Value: #t
```

로 평가된다. 다음의 append 함수는 두 개의 리스트를 매개변수로 받아서 처음 매개변수의 뒤쪽에 두 번째 매개변수의 요소들을 차례로 덧붙이는 함수이다.

```
(define (append lis1 lis2)
        (cond
             ((null? lis1) lis2)
             (else (cons (car lis1)
                                (append (cdr lis1) lis2)))
))
```

만약에 다음과 같이 호출하면

```
> (append '(A B) '(C D E))
Value: (A B C D E)
```

로 평가되고, 다음과 같이 호출하면

```
> (append '((A B) C) '(D (E F)))
Value: ((A B) C D (E F))
```

로 평가된다.

다음은 let 함수를 이용하여 이차방정식의 근의 공식을 이용해서 두 개의 근을 구하는 quadratic_roots 함수를 정의한 것이다.

```
(define (quadratic_roots a b c)
        (let (
             (root_part_over_2a
                    (/ (sqrt (- (* b b) (* 4 a c)))(* 2 a)))
             (minus_b_over_2a (/ (- 0 b) (* 2 a)))
        (display (+ minus_b_over_2a root_part_over_2a))
        (newline)
        (display (- minus_b_over_2a root_part_over_2a))
))
```

합성함수를 이용하면 더욱 간결한 프로그램을 작성할 수 있다. 합성함수는 mapcar를 사용한다. mapcar는 주어진 함수 fun을 매개변수의 모든 원소에 적용한다. mapcar는 다음과 같이 정의된다.

```
(define (mapcar fun lis)
        (cond
              ((null? lis) '( ))
              (else (cons (fun (car lis))
                     (mapcar fun (cdr lis))))
))
```

다음은 eval 함수를 소개한다. eval 함수는 리스트의 맨 처음 요소가 수치 함수이면 강제로 평가되도록 하는 것이다. 이것을 설명하기 전에 먼저 앞에서 본 adder 함수를 보자.

```
(define (adder lst)
        (cond
              ((null? lst) 0)
              (else (+ (car lst) (adder (cdr lst))))
))
```

만약 adder 함수를 (adder '(3 4 5)) 로 호출하면,

(adder '(3 4 5)) -> (+ 3 (adder '(4 5))) -> (+ 3 (+ 4 (adder '(5)))) -> (+ 3 (+ 4 (+ 5 (adder '( ))))) -> (+ 3 (+ 4 (+ 5 0))) -> (+ 3 (+ 4 5)) -> (+ 3 9) -> (12) 로 진행된다. 이렇게 하면 평가 단계가 많아져서 수행 속도에 문제가 생긴다. 이를 개선한 것이 eval 함수이다. eval을 사용하여 수정하면 다음과 같다.

```
(define (adder lst)
        (cond
```

```
            ((null? lst) 0)
            (else (eval (cons '+ lst)))
    ))
```

이때는 (adder '(3 4 5)) 로 호출하면, (adder '(3 4 5)) -> (eval (+ 3 4 5)) -> (12) 로 평가되어 수행 속도가 크게 향상된다.

10.3 파이썬에서의 함수언어

최근에 파이썬(Python)이 각광받고 있다. 파이썬은 짧고 간결하여 읽기 쉽고, 직관적인 코드를 작성할 수 있다. 그러면서도 성능이 강력하고, 리스트나 딕셔너리 같은 고수준의 자료구조들이 내장되어 있으며, 네트워킹, 과학 계산, 웹 프로그래밍 등 여러 분야에서 고품질의 라이브러리들을 제공하고 있다.

파이썬은 대화형 프로그래밍 언어로써 객체지향 언어의 특징 뿐아니라, 함수언어의 특징도 가지고 있다. 본 교재에서 파이썬의 함수언어의 특징을 소개하고자 한다.

10.3.1 파이썬 설치

파이썬 공식 홈페이지(http://www.python.org/downloads)에서 윈도우용 파이썬 언어 패키지를 다운로드한다. Python 3.x로 시작하는 버전 중 가장 최근의 윈도우 인스톨러를 다운로드하면 된다. 최신 버전은 3.5.2이다.

설치하면 C: ₩python34 폴더가 생성된다. GUI 편집기인 IDLE을 사용할 수 있다. 파이썬 3.4 매뉴얼도 함께 생성되니 참고하면 된다. 본교재는 매뉴얼 중 함수언어 모듈(Functional Programming Module)을 주로 참조하였다.

10.3.2 아나콘다 설치

아나콘다(Anaconda)란 가장 유명한 파이썬 자료 과학 플랫폼으로 파이썬과 함께, 다양한 자료 분석 라이브러리들을 제공한다. 아나콘다를 사용하면 다양한 라이브러리들을 기본으로 제공하기 때문에 하나하나 설치하지 않아도 되므로, 하나씩 설치할 때보다 훨씬 안정적이고 수월하다. 아나콘다는 https://www.continuum.io/downloads에서 다운로드 받을 수 있다. 물론 파이썬 인터프리터도 함께 들어있기 때문에 따로 설치하지 않아도 된다.

아나콘다를 설치하면 IPython, Jupyter, QTConsole, Spyder 등 여러 라이브러리들이 있고, 아나콘다에 속하지 않은 PyCharm, scikit-learn, Pandas, DJango 등 많은 라이브러리들이 있다. 파이썬이 대세이고 오픈소스이기 때문이다. 처음 접하는 사람들에게는 용어가 매우 중요하기 때문에 몇 가지만 정리하고자 한다.

IPython, Jupyter notebook(줄여서 notebook이라고 한다), Spyder, PyCharm은 IDLE과 함께 편집기(editor)이다. 파이썬을 처음 접할 때는 IDLE을 많이 사용하지만, 차차 더 나은 편집기를 원하니까, PyCharm을 많이 사용하는 것 같다. QTConsole은 원래 Jupyter QTConsole이다. 이것은 데이터를 분석해서 분석한 결과를 챠트등 그림으로 출력해 줄 수 있는 도구이다. 데이터 분석은 scikit-learn이나 Pandas 등을 이용한다. Numpy 라는 수치연산을 위한 라이브러리도 있다. 과학계산 통계분석을 위해서는 파이썬 만으로는 안되고 Numpy와 Pandas 혹은 scikit-learn을 꼭 사용하여야 한다. DJango는 웹 어플리케이션을 만들기 위한 도구이다. 그래픽 지원을 위해서는 turtle graphic, tkinter 등이 있다. turtle이 사용하기 쉽고 이해하기 쉽지만, 다양한 그림을 그리거나 속도가 느리기 때문에 게임같은 어플리케이션을 작성할 때는 tkinter를 사용한다.

10.3.3 파이썬 예제

다음은 IDLE로 편집하고 실행한 것이다. IDLE에서는 화면을 파이썬 쉘(shell)이라고 하고 파이썬 쉘에 프롬프트(prompt) 〉〉〉이 나타나면 시작하면 된다. 대화형이기 때문에 결과는 바로 나타난다.

다음 예제는 분을 초로 변환하는 것이다. 기본 자료형은 리스트이고 리스트 안의 각 요소는 for-in 이라는 키워드를 사용한다.

```
>>> mins = [1, 2, 3]
>>> secs = [m*60 for m in mins]
>>> secs
[60, 120, 180]
```

다음은 소문자를 대문자로 변환하는 예제이다. upper( )라는 함수가 내장되어 있고, s가 소문자일 때, s.upper( )로 대문자로 바꿀 수 있다.

```
>>> lower = ["I", "don't", "like", "spam"]
>>> upper = [s.upper( ) for s in lower]
>>> upper
['I', "DON'T", 'LIKE', 'SPAM']
```

함수 f를 다음과 같이 정의할 수 있다. L이라는 리스트에 a라는 변수값을 차례로 append 하는 것이다. 물론 append( )는 미리 만들어진 함수이다.

```
>>> def f(a, L=[ ]):
        L.append(a)
        return L
>>> print(f(1))
[1]
>>> print(f(2))
[1, 2]
>>> print(f(3))
[1, 2, 3]
```

소문자를 대문자로 변환하는 코드를 다음과 같이 작성할 수도 있다. map은 Scheme에서 언급한 mapcar와 같은 함수이다. upper라는 함수를 리스트의 각 원소에 적용하여 대문자를 구한다. list는 결과를 리스트로 형태로 만드는 함수이다.

```
>>> def upper(s):
        return s.upper( )
>>> list(map(upper, ["sentence", "spam"]))
['SENTENCE', 'SPAM']
```

다음은 피보나치 수열을 만드는 함수이다. 자기 자신을 되부르는 재귀(recursion) 구조를 가지고 있다. 대괄호를 사용해서 list 함수를 대신할 수 있다.

```
>>> def fib(n):
        if n < 2:
           return n
        return fib(n-1) + fib(n-2)
>>> [fib(n) for n in range(16)]
[0, 1, 1, 2, 3, 5, 8, 13, 21, 34, 55, 89, 144, 233, 377, 610]
```

다음 예제는 초기값 0를 사용해서 리스트 [1,2,3,4]의 모든 원소를 더하는 함수이다. 여기서 operator.add는 operator라는 라이브러리가 제공하는 함수이고, reduce는 리스트와 같이 반복 가능한(iterable) 자료구조 내의 모든 원소에 대해 주어진 함수를 적용시키는 함수이다. reduce는 functools 내에 존재하므로 import 시켜야 한다.

```
>>> from functools import reduce
```

```
>>> import operator
>>> reduce(operator.add, [1,2,3,4], 0)
10
```

reduce 함수는 Lib/functools.py 내에 다음과 같이 정의되어 있다.

```
def reduce(function, iterable, initializer=None):
  it = iter(iterable)
  if initializer is None:
       value = next(it)
  else:
       value = initializer
  for element in it:
       value = function(value, element)
  return value
```

역시 operator.add( ) 도 Lib/operator.py 내에 다음과 같이 정의되어 있다.

```
def operator.add(a, b)
    return a + b
```

iterable은 반복 가능한(iterable) 리스트 [1,2,3,4]이다. 9장에서 학습한 이터레이터를 파이썬에서는 iter로 만든다. 그것의 객체를 it라고 하고 it 내에 있는 모든 요소에 대해 function(여기서는 operator.add)을 적용한다. 초기값은 디폴트로는 None이지만 여기서는 초기값을 0로 주었기 때문에, else문에서 value = 0가 되고, for문을 통해 이터레이터가 수행된다.

연습문제

10.1 다음은 a^b 을 계산하는 C 함수이다.

```
float power(float a, int b)
{
  int i;
  float temp = 1.0;
  for ( i = 1; i <= b; i++ )
      temp *= a;
  return temp;
}
```

a) 이 함수를 Scheme으로 작성하시오.

b) 이 함수를 Python으로 작성하시오.

10.2 다음의 Scheme 함수는 무엇을 하는 것인가?

```
(define (y s lst)
   (cond
      ((null? lst) '( ))
      ((equal? s (car lst)) lst)
      (else (y s (cdr lst)))
))
```

10.3 다음은 fibonacci 수열의 수학적 정의이다.

```
fib(0) = 1
fib(1) = 1
fib(n) = fib(n-1) + fib(n-2)  if n 〉 1
```

a) 이 함수를 Scheme으로 작성하시오.

b) 이 함수를 Python으로 작성하시오.